# Three.js로
# 3D 그래픽 만들기 2/e

# Three.js로
# 3D 그래픽 만들기 2/e

## WebGL을 위한
### 자바스크립트 3D 라이브러리

요스 디룩센 지음

류영선 옮김

i!i
에이콘

에이콘출판의 기틀을 마련하신 故 정완재 선생님 (1935-2004)

# 지은이 소개

**요스 디륵센**<sub></sub>Jos Dirksen

**요스 디륵센**Jos Dirksen

십 년 이상 소프트웨어 개발자 및 아키텍처로 일했다. 자바와 스칼라 같은 백엔드 기술부터, HTML5와 CSS, 자바스크립트 같은 프론트엔드 개발에 이르기까지 폭넓은 범위의 기술 개발에 많은 경험이 있다. 이 외에도, 정기적으로 컨퍼런스에서 연설하고 자신의 블로그에 새롭고 흥미로운 기술에 대해 쓰는 것을 좋아한다. 또한 새로운 기술을 실험하고 어떻게 하면 그 결과를 아름답게 시각화할 수 있는지에 관심이 많다. 연구 결과는 블로그(http://www.smartjava.org/)에서 확인할 수 있다.

현재 네덜란드 금융기관에서 컨설턴트로 일하고 있으며, 네덜란드의 대형 교육자료 출판사인 맘버그Malmberg에서 엔터프라이즈 아키텍처 역할도 수행했다. 그곳에서 1차, 2차, 직업 교육용 콘텐츠의 제작 및 출판을 위한 새로운 디지털 플랫폼을 만드는 데 도움을 줬다. 그전에는 필립스와 ASML 같은 민간기업에서 국방부 같은 공공기관에 이르기까지 다양한 분야에서 여러 역할을 수행했다.

이 책 외에도 Three.js의 가장 중요한 기능을 예제로 설명하는 『Three.js Essentials』(Packt, 2014)와 예제를 기반으로 Three.js의 중요한 유스케이스를 커버하는 『Three.js Cookbook』(Packt, 2015)이란 두 권의 책을 썼다.

프론트엔드 자바스크립트와 HTML5 기술 외에도 REST와 전통적인 웹 서비스 기반의 백엔드 서비스 개발에도 관심이 있다.

# 감사의 글

책을 집필하는 것은 혼자서 할 수 있는 작업이 아니다. 이 책을 쓰는 데 많은 사람들의 도움과 지원이 있었다. 특별히 다음 사람들에게 감사의 말씀을 전한다.

- 이 책을 작성하고, 검토하고, 레이아웃하는 동안 나를 도와준 팩트출판사의 모든 담당자들에게 감사의 말씀을 전한다.
- Three.js 라이브러리를 만든 리카르도 카벨로에게 감사드린다.
- 기술 감수자들에게 감사드린다. 그들의 훌륭한 피드백과 긍정적인 의견으로 훌륭한 책이 완성될 수 있었다.
- 물론 사랑하는 가족도 빼놓을 수 없다. 항상 나를 지원해 주는 아내 브리짓, 그리고 항상 키보드와 컴퓨터에서 멀리 떨어질 수 있는 이유를 찾게 해 주는 두 딸 소피와 앰버에게 너무 고맙다.

# 기술 감수자 소개

**아드리안 파르**Adrian Parr

런던에서 일하고 있으며, BAFTA[1] 수상 경력이 있는 프리랜서 프론트엔드 개발자다. 1997년 매크로 미디어 디렉터의 CD-ROM으로 양방향 콘텐츠를 제작한 이래, 테이블을 이용해 웹사이트를 제작하고, WAP을 사용해 모바일 사이트를 구축했으며, 플래시 4로 게임을 제작해 왔다. 콘텐츠 개발 및 기술팀을 관리해온 경험을 바탕으로 크고 작은 런던의 기관에서 일했다.

어도비 플래시 플랫폼의 액션스크립트 전문가로 오랜 기간 일한 후, 지금은 오픈 웹 표준(HTML5와 CSS3, 자바스크립트) 개발에 전념하고 있다. 현재 AngularJS와 D3, 페이저phaser, SVG 애니메이션, 프로세싱processing, 아두이노, 라즈베리 파이, 파이썬, 그리고 Three.js를 사용한 웹GLWebGL로 작업하고 있다. 일 외에 사이클과 윈드 서핑, 스노우 보드를 즐긴다. 다음을 통해 그와 연락할 수 있다.

- 블로그: www.adrianparr.com
- 트위터: www.twitter.com/adrianparr
- 코드펜: www.codepen.io/adrianparr
- 링크드인: www.linkedin.com/in/adrianparr

---

1 영국의 영화 및 텔레비전 예술상으로 영국의 아카데미라고 불린다. – 옮긴이

**프라모드 S** Pramod S

오픈지엘OpenGL과 웹GL 그래픽 프로그래밍 분야에서 8년 이상 일한 경험이 있다. 여러 가지 PC와 콘솔, 모바일 플랫폼용 게임 타이틀을 작업해 왔다.

현재 포춘 100대 기업 중 한 회사에서 3D 시각화 분야의 기술 리더로 일하고 있다.

---

현재의 그래픽과 3D 라이브러리가 있게끔 헌신적으로 일해온 우리의 선구자들에게 감사의 말씀을 전하고 싶다.

---

**사라스 살림** Sarath Saleem

웹 애플리케이션 개발에 탄탄한 경력을 가진 자바스크립트 개발자다. IT 업계의 다양한 조직에서 수년간 일한 경험이 있으며, 대규모 웹 도구 및 성능 최적화, 자바스크립트 아키텍처 분야에 전문성이 있다.

현재, 두바이 BITS에서 소프트웨어공학 석사 과정을 이수하고 두바이의 웹 호스팅 회사에서 일한다. 여가 시간에는 기술과 예술을 결합해 자신의 창조적인 열정을 연마한다. 데이터 시각화와 웹 2D/3D 그래픽, 이론 물리학에 열정이 있다. 시각화에 대한 웹사이트(http://graphoverflow.com)를 운영 중이며 트위터(@sarathsaleem)로 연락할 수 있다.

**세자르 토레스**Cesar Torres

캘리포니아 대학에서 컴퓨터과학을 전공하고 있는 박사 과정 학생이다. 연구 프로젝트는 새로운 미디어 같은 흥미로운 디지털 제조 기술을 다루고 있다. Three.js 같은 프레임워크로, STEM 교육을 더 매력적으로 만들어 줄 수 있는 전산 설계 툴을 구축하고 있다.

# 옮긴이 소개

류영선(youngsun.ryu@gmail.com)

소프트웨어 엔지니어로서 오랫동안 웹 브라우저와 웹 서버를 개발했다. 그 경험을 바탕으로 현재는 W3C 및 다양한 국제 표준화 단체에서 웹과 관련된 표준화 업무를 담당하고 있다. 최근에는 웹 기술을 PC에서 벗어나 모바일이나 DTV, 디지털 사이니지Digital Signage, 웨어러블Wearable, 오토모티브Automotive 등 다양한 IoT 디바이스에 접목하는 오픈 웹 플랫폼Open Web Platform에 관심을 갖고 관련 기술을 계속 연구 중이다. 또한 워크숍이나 세미나 강연 등을 통해 기술 전파에 힘쓰고 있다. 에이콘출판사에서 펴낸 『반응형 웹 디자인』(2012)과 『실전 예제로 배우는 반응형 웹 디자인』(2014), 『HTML5 웹소켓 프로그래밍』(2014), 『WebRTC 프로그래밍』(2015), 『자바스크립트 JSON 쿡북』(2017), 『객체지향 자바스크립트 3/e』(2017), 『모던 C++ 프로그래밍 쿡북』(2019), 『리액트 머티리얼 UI 쿡북』(2020), 『프레임워크 없는 프론트엔드 개발』(2021)을 번역했다.

# 옮긴이의 말

Three.js는 웹GL을 쉽게 사용할 수 있게 해 주는 자바스크립트 라이브러리다. 플러그인 없이 웹 브라우저만으로 동작하는 고품질의 3D 그래픽을 구현할 수 있게 해 주는 웹GL 1.0 규격이 발표된 것이 2011년이지만 웹GL이 제공해 주는 무궁한 가능성에 비해 실제 구현이 많지 않은 것이 사실이다. 이는 직접 웹GL 장면을 제작하기 위해서는 많은 작업과 3D 그래픽에 대한 이해가 필요하기 때문이 아닐까 싶다.

Three.js는 이런 작업을 쉽게 해 주는 강력한 프레임워크다. 책에서 제공하는 풍부한 예제를 따라 하다 보면 웹 브라우저만으로 이렇게 멋지고 화려한 3D 그래픽을 쉽게 제공할 수 있다는 사실에 놀라게 될 것이다.

이제 브라우저만 있으면 많은 작업들이 가능해졌다. 브라우저로 디바이스를 직접 제어하고 네이티브 애플리케이션에 버금가는 웹 애플리케이션 개발이 가능할 뿐 아니라, 화상통신이나 웹소켓 같은 다양한 통신 방법의 제공, 2D 캔버스 그래픽을 이용한 게임도 지원 가능하다. 다음 단계는 3D 그래픽이 될 것이다.

꽤 많은 노력을 기울이고 단어 하나, 조사 하나의 선택에도 많은 고민을 했지만, 저자의 의도를 충분히 전달하지 못하거나 잘못 번역된 부분이 있을 수 있다. 잘못된 부분이나 책의 내용과 관련된 어떤 의견이라도 보내주면 소중히 다루겠다.

끝으로 항상 내 삶의 원동력이 돼 주는 아내 지은과 딸 예서, 사랑하는 가족에게 감사드린다. 상투적인 문구일지 모르겠지만, 특히 이번 작업은 가족 겨울 여행과 아빠와의 놀이 시간이 희생된 결과다. 이들이 옆에 없었다면 이 책은 결코 완성되지 못했을 것이다.

웹GL, 웹 3D 환경이 소개된 지 꽤 오랜 시간이 흘렀음에도 아직 웹 3D 환경이 시장의 주류로 자리 잡지는 못한 것 같다. 하지만 최근에 VR, AR 기술과 AR Glass 등이 각광받기 시작하면서 웹 3D 환경도 다시금 주목을 받고 있다. 실제로 Vuforia 플랫폼과 Three.js를 결합하면 손쉽게 실세계와 가상세계를 연결하는 AR 환경을 구현할 수 있다.

책이 출간되고 몇 년이 흐르는 동안 Three.js도 꾸준히 업데이트되어 현재는 Release 126라는 숫자를 자랑하고 있다. 크고 작은 버그도 수정되고 새로운 기능도 추가되었지만 Three.js의 기본적인 사용법이나 지원하는 기능은 달라지지 않았다. 이 책의 모든 예제 코드는 지금도 정상적으로 잘 동작한다. 다만 책에 소개된 웹사이트 중 일부는 웹 환경의 변화 속도가 그렇듯이 현재 연결이 되지 않는 경우도 있다. 참조가 필요한 중요한 웹사이트는 변경된 주소를 각주로 달아 놓았으니 책을 읽어 나가는 데 큰 문제는 없으리라 생각된다. 모쪼록 이 책이 Three.js를 이해하고 웹 3D 환경으로 멋진 제품을 만드는 데 이바지하기를 기대해본다.

# 차 례

지은이 소개      5

감사의 글      6

기술 감수자 소개      7

옮긴이 소개      10

옮긴이의 말      11

들어가며      21

## 1장   Three.js로 첫 번째 3D 장면 제작      29

Three.js 사용에 필요한 요구사항      33

소스 코드 가져오기      35

깃을 사용해 저장소 복제      36

아카이브를 다운로드하고 추출      36

예제 테스트      37

대부분의 유닉스/맥 시스템에서 동작하는 파이썬 기반의 웹 서버      38

Node.js로 작업하는 경우의 npm 기반 웹 서버      38

맥 또는 윈도우용 몽구스 포터블 버전      38

파이어폭스와 크롬에서의 보안 설정 비활성화      39

HTML 스켈레톤 생성      41

3D 객체의 렌더링과 표시      43

물질과 광원, 그림자 추가      48

애니메이션으로 장면 개선      51

requestAnimationFrame 소개      52

정육면체 애니메이션      54

공 바운싱      55

dat.GUI로 실험을 쉽게 만든다      56

브라우저 크기 변경에 따라 자동으로 결과물의 크기 조정      58

요약      59

## 2장 Three.js 장면의 기본 구성요소     61

장면 작성     62

장면의 기본 기능     62

장면에 안개 추가     69

overrideMaterial 속성 사용     70

지오메트리와 메시     72

지오메트리의 속성과 함수     73

메시용 함수와 속성     79

두 가지 카메라의 사용     85

직교카메라 대 원근카메라     85

특정 지점을 바라보기     90

요약     92

## 3장 Three.js에서 사용할 수 있는 다양한 광원     93

Three.js가 제공하는 다양한 빛     94

기본 광원     95

THREE.AmbientLight     95

THREE.Color 객체 사용     98

THREE.PointLight     101

THREE.SpotLight     105

THREE.DirectionalLight     111

특수 광원     114

THREE.HemisphereLight     114

THREE.AreaLight     116

LensFlare     119

요약     123

## 4장  Three.js 물질로 작업     125

### 물질의 공통 속성     126
기본 속성     127

브렌딩 속성     128

고급 속성     129

### 간단한 메시부터 시작     130
THREE.MeshBasicMaterial     131

THREE.MeshDepthMaterial     134

물질의 결합     136

THREE.MeshNormalMaterial     138

THREE.MeshFaceMaterial     142

### 고급 물질     145
THREE.MeshLambertMaterial     145

THREE.MeshPhongMaterial     147

THREE.ShaderMaterial로 자신만의 셰이더 제작     148

### 라인 지오메트리에서 사용할 수 있는 물질     156
THREE.LineBasicMaterial     156

THREE.LineDashedMaterial     158

### 요약     160


## 5장  지오메트리로 작업     161

### Three.js가 제공하는 기본 지오메트리     162
2D 지오메트리     163

THREE.PlaneGeometry     163

THREE.CircleGeometry     165

THREE.RingGeometry     167

THREE.ShapeGeometry     168

3D 지오메트리     174

THREE.BoxGeometry     174

THREE.SphereGeometry     176

| | |
|---|---|
| THREE.CylinderGeometry | 178 |
| THREE.TorusGeometry | 180 |
| THREE.TorusKnotGeometry | 182 |
| THREE.PolyhedronGeometry | 184 |
| 요약 | 188 |

## 6장 고급 지오메트리와 이항 연산 · 191

| | |
|---|---|
| THREE.ConvexGeometry | 192 |
| THREE.LatheGeometry | 194 |
| 압출로 지오메트리 생성 | 196 |
| THREE.ExtrudeGeometry | 197 |
| THREE.TubeGeometry | 199 |
| SVG에서 압출 | 201 |
| THREE.ParametricGeometry | 204 |
| 3D 텍스트 생성 | 207 |
| 텍스트 렌더링 | 207 |
| 사용자 정의 폰트 추가 | 210 |
| 이항 연산으로 메시 결합 | 212 |
| subtract 함수 | 214 |
| intersect 함수 | 219 |
| union 함수 | 220 |
| 요약 | 221 |

## 7장 파티클과 스프라이트, 포인트 클라우드 · 223

| | |
|---|---|
| 파티클의 이해 | 224 |
| 파티클과 THREE.PointCloud, THREE.PointCloudMaterial | 227 |
| HTML5 캔버스로 파티클에 스타일 주기 | 230 |
| HTML5 캔버스를 THREE.CanvasRenderer와 함께 사용 | 230 |

HTML5 캔버스를 WebGLRenderer와 함께 사용　　　　　233

텍스처로 파티클에 스타일 주기　　　　　236

스프라이트 맵으로 작업　　　　　242

고급 지오메트리에서 THREE.PointCloud 제작　　　　　247

요약　　　　　250


**8장　고급 메시와 지오메트리의 생성과 로딩　　　　　251**

지오메트리의 그룹화와 병합　　　　　252

객체의 그룹화　　　　　252

여러 메시를 병합해 하나의 메시 생성　　　　　254

외부 자원에서 지오메트리 로딩　　　　　257

Thee.js JSON 포맷으로 저장하고 로딩　　　　　259

THREE.Mesh의 저장과 로딩　　　　　259

장면의 저장과 로딩　　　　　261

블렌더로 작업　　　　　264

블렌더에 Three.js 익스포터 설치　　　　　265

블렌더에서 모델을 로딩하고 내보내기　　　　　267

3D 파일 포맷에서 가져오기　　　　　270

OBJ와 MTL 포맷　　　　　270

콜라다 모델의 로드　　　　　274

STL과 CTM, VTK, AWD, Assimp, VRML, 바빌론 모델 로딩　　　　　276

단백질 데이터 은행에서 가져온 단백질 구조 표시　　　　　279

PLY 모델로 파티클 시스템 제작　　　　　281

요약　　　　　283


**9장　애니메이션과 카메라 이동　　　　　285**

기본 애니메이션　　　　　286

간단한 애니메이션　　　　　287

객체 선택 288

Tween.js를 이용한 애니메이션 290

## 카메라를 이용한 작업 293

TrackballControls 295

FlyControls 297

RollControls 300

FirstPersonControls 301

OrbitControl 302

## 모핑과 스켈레탈 애니메이션 304

모프 타깃으로 애니메이션 306

MorphAnimMesh를 이용한 애니메이션 306

morphTargetInfluence 속성으로 애니메이션 생성 309

뼈대와 스키닝을 이용한 애니메이션 311

## 외부 모델을 사용해 애니메이션 생성 314

블렌더로 뼈대 애니메이션 생성 315

콜라다 모델에서 애니메이션 로딩 318

퀘이크 모델에서 애니메이션 로드 320

## 요약 321

## 10장 텍스처 로딩과 작업 323

### 물질에서 텍스처 사용 324

텍스처를 로딩하고 메시에 적용 324

범프 맵을 사용해 주름 생성 329

법선 맵으로 더 세밀한 범프와 주름 생성 331

라이트 맵으로 페이크 그림자 생성 333

환경 맵으로 페이크 반영 생성 334

스페큘라 맵 341

### 고급 텍스처 사용 343

사용자 정의 UV 매핑 343

래핑 반복 347

캔버스에 렌더링하고 이를 텍스처로 사용 349

캔버스를 텍스처로 사용 349

캔버스를 범프 맵으로 사용 351

비디오의 출력을 텍스처로 사용 354

요약 356

# 11장 사용자 정의 셰이더와 렌더링 후처리 357

후처리를 위한 Three.js 설정 358

THREE.EffectComposer 359

후처리를 위한 THREE.EffectComposer 설정 360

render 루프 업데이트 361

후처리 패스 362

간단한 후처리 패스 363

THREE.FilePass를 사용해 TV 효과 생성 364

THREE.BloomPass로 장면에 블룸 효과 추가 365

장면을 점의 집합으로 출력 367

동일 화면의 여러 렌더러의 결과 보기 368

마스크를 사용한 고급 EffectComposer 흐름 370

THREE.ShaderPass로 사용자 정의 효과 주기 375

간단한 셰이더 377

블러링 셰이더 380

고급 셰이더 382

사용자 정의 후처리 셰이더 생성 384

사용자 정의 그레이스케일 셰이더 384

사용자 정의 비트 셰이더 생성 389

요약 391

## 12장 장면에 물리 이론과 사운드 추가     393

기본 Three.js 장면 제작     394

물질 속성     400

기본 지원 형상     403

제약조건을 사용해 객체의 움직임 제한     410

    PointConstraint를 사용해 두 지점 사이의 움직임 제한     411

    HingeConstraint로 문 같은 제약조건 생성     413

    SliderConstraint로 움직임을 단일 축으로 제한     415

    ConeTwistConstraint로 구상관절 같은 제약조건 생성     418

    DOFConstraint로 상세한 제어 생성     420

    장면에 사운드 추가     425

요약     427

찾아보기     429

# 들어가며

지난 몇 년간 브라우저는 복잡한 애플리케이션과 그래픽을 제공할 수 있는 더 강력한 플랫폼으로 성장해 왔다. 대부분의 최신 브라우저들은 웹GLWebGL을 채택했다. 웹GL로 브라우저에서 아름다운 2D 애플리케이션과 그래픽을 만들 수 있을 뿐만 아니라, GPU를 사용해 아름답고 성능 좋은 3D 애플리케이션까지 만들 수 있게 되었다.

하지만 웹GL로 직접 프로그래밍하는 것은 매우 복잡하다. 웹GL의 내부를 상세히 이해하고 복잡한 셰이더 언어를 배워야 한다. Three.js는 웹GL의 기능을 아주 쉽게 사용할 수 있는 자바스크립트 API를 제공해 웹GL을 배우지 않고도 아름다운 3D 그래픽을 만들 수 있게 해 준다.

Three.js는 브라우저에서 직접 3D 장면을 만드는 데 사용할 수 있는 많은 기능과 API를 제공한다. 이 책에서 제공하는 대화형 예제와 샘플 코드를 통해 Three.js가 제공하는 다양한 API를 배울 수 있다.

## 이 책의 구성

**1장, Three.js로 첫 번째 3D 장면 제작** Three.js 시작에 필요한 기본 단계를 설명한다. 1장을 마치면 첫 번째 Three.js 장면을 만들고 브라우저에서 첫 3D 장면을 실행시킬 수 있게 될 것이다.

**2장, Three.js 장면의 기본 구성요소** Three.js로 작업하는 데 필요한 기본 구성요소에 대해 설명한다. 조명과 메시, 지오메트리, 물질 및 카메라에 대해 알아본다. 또한

2장을 통해 Three.js가 제공하는 다양한 조명과 장면에서 사용할 수 있는 카메라에 대한 개요를 배운다.

**3장, Three.js에서 사용할 수 있는 다양한 광원** 장면에서 사용할 수 있는 다양한 조명에 대해 자세히 알아본다. 예제를 통해 스포트라이트, 방향 조명, 주변광, 점 조명, 반구 조명 및 지역 조명에 대해 설명한다. 또한 광원에 렌즈 플레어 효과를 적용하는 방법도 알아본다.

**4장, Three.js 물질로 작업** 메시에 사용할 수 있는 Three.js의 물질에 대해 살펴본다. 물질을 구성할 때 설정할 수 있는 모든 속성을 알아보고 대화형 예제를 통해 Three.js에서 사용할 수 있는 물질을 실험해 볼 수 있다.

**5장, 지오메트리로 작업** Three.js가 제공하는 모든 지오메트리에 대해 알아보는 두 개의 장 중 첫 번째 장이다. 이 장에서는 Three.js에서 지오메트리를 구성하고 생성하는 방법을 설명한다. 또한 대화형 예제를 통해 평면, 원, 형상, 정육면체, 실린더, 토러스, 토러스 매듭, 다면체 같은 지오메트리를 실험해 본다.

**6장, 고급 지오메트리와 이항 연산** 5장에 이어 지오메트리를 알아본다. Three.js가 제공하는 콘벡스Convex와 레이드Lathe 같은 Three.js의 고급 지오메트리를 구성하는 방법을 알아본다. 또한 2D 형상에서 3D 형상을 압출하는 방법과 이항 연산으로 지오메트리를 결합해 새로운 지오메트리를 만드는 방법을 배운다.

**7장, 파티클과 스프라이트, 포인트 클라우드** Three.js에서 포인트 클라우드를 사용하는 방법을 설명한다. 새롭게 또는 기존 지오메트리에서 포인트 클라우드를 만드는 방법을 배운다. 또한 스프라이트와 포인트 클라우드 물질을 사용해 개별 포인트의 모습을 변경하는 방법도 살펴본다.

**8장, 고급 메시와 지오메트리의 생성과 로딩** 외부 소스에서 메시와 지오메트리를 가져오는 방법과 Three.js의 내부 JSON 포맷을 사용해 지오메트리와 장면을 저장하는 방법을 알아본다. 또한 이 장에서는 OBJ와 DAE, STL, CTM, PLY 같은 파일 포맷에서 모델을 로드하는 방법을 설명한다.

**9장, 애니메이션과 카메라 이동** 장면을 살아있게 만드는 데 사용할 수 있는 다양한 형태의 애니메이션을 알아본다. Three.js와 함께 Tween.js 라이브러리를 사용하는 방법과 모피morph 타깃과 스켈레톤skeleton 애니메이션 작업 방법을 설명한다.

**10장, 텍스처 로딩과 작업** 4장에서 배운 물질을 확장해 텍스처에 대해 자세히 알아본다. 이 장에서는 사용 가능한 다양한 텍스처를 소개하고 어떻게 메시에 적용하는 방법을 제어하는지 살펴본다. 또한 HTML5 video와 canvas 요소의 출력을 직접 텍스처의 입력으로 사용하는 방법을 알아본다.

**11장, 사용자 정의 셰이더와 렌더링 후처리** Three.js로 렌더링된 장면에 후처리 효과를 적용하는 방법을 알아본다. 후처리로 렌더링된 장면에 블러blur나 틸트 시프트tilt shift, 세피아sepia 같은 효과를 적용할 수 있다. 이 외에도 자신만의 후처리 효과와 사용자 정의 꼭지점 셰이더, 프레그먼트 셰이더를 만드는 방법을 알아본다.

**12장, 장면에 물리 이론과 사운드 추가** Three.js 장면에 물리 이론을 추가하는 방법을 알아본다. 물리 이론으로 객체 사이의 충돌을 발견하거나 중력에 반응하게 만들고, 마찰을 적용할 수 있다. 이 장에서는 Physijs 물리 엔진을 사용하는 방법을 설명한다. 또한 Three.js 장면에 위치 오디오를 추가하는 방법을 알아본다.


## 준비 사항

예제를 편집할 텍스트 에디터(예를 들어, 서브라임Sublime 같은)와 예제를 실행할 최신 웹 브라우저만 있으면 충분하다. 일부 예제는 로컬 웹 서버가 필요하며, 1장에서 예제와 함께 사용할 수 있는 초경량 웹 서버 설정 방법에 대해 설명한다.

## 이 책의 대상 독자

이미 자바스크립트에 대해 알고 있으면서 모든 브라우저에서 실행되는 3D 그래픽을 만들고 싶어 하는 사람들을 위한 책이다. 고급 수학이나 웹GL에 대한 지식이 없어도 좋다. 자바스크립트와 HTML에 대한 일반적인 지식만 있으면 충분하다. 이책에서 사용된 모든 도구는 오픈소스며 필요한 자원과 예제는 자유롭게 다운로드할 수 있다. 오늘날의 모든 브라우저에서 실행되는 아름다운 대화형 3D 그래픽을 만들고 싶다면, 이 책이 많은 도움이 될 것이다.

## 편집 규약

정보의 종류를 구분하기 위해 여러 가지 편집 규약을 사용했다. 각 사용 예와 의미는 다음과 같다.

본문에서 코드 단어는 다음과 같이 표시한다.

"이 코드에서 map 속성 설정 외에 텍스처에 bumpMap 속성도 설정했다."

코드 블록은 다음과 같이 표시한다.

```
function createMesh(geom, imageFile, bump) {
  var texture = THREE.ImageUtils.loadTexture("../assets/textures/
    general/" + imageFile)
  var mat = new THREE.MeshPhongMaterial();
  mat.map = texture;
  var bump = THREE.ImageUtils.loadTexture("../assets/textures/ general/"
    + bump)
  mat.bumpMap = bump;
  mat.bumpScale = 0.2;
  var mesh = new THREE.Mesh(geom, mat);
  return mesh;
}
```

코드 블록에서 특정 부분을 강조하고 싶을 때는 관련된 행이나 항목을 굵게 표시한다.

```
var effectFilm = new THREE.FilmPass(0.8, 0.325, 256, false);
effectFilm.renderToScreen = true;

var composer4 = new THREE.EffectComposer(webGLRenderer);
composer4.addPass(renderScene);
composer4.addPass(effectFilm);
```

명령행 입력이나 출력은 다음과 같이 표시한다.

**# git clone https://github.com/josdirksen/learning-threejs**

메뉴 혹은 대화 상자에 표시되는 단어는 다음과 같이 표시한다.

"Preferences ➤ Advanced에서 Show develop menu in menu bar를 체크한다."

 경고나 중요한 노트는 박스 안에 이와 같이 표시한다.

 팁과 트릭은 박스 안에 이와 같이 표시한다.

# 독자 의견

독자로부터의 피드백은 항상 환영이다. 이 책에 대해 무엇이 좋았는지 또는 좋지 않았는지 소감을 알려주기 바란다. 독자 피드백은 독자에게 필요한 주제를 개발하는 데 매우 중요하다.

일반적인 피드백을 우리에게 보낼 때는 간단하게 feedback@packtpub.com으로 이메일을 보내면 되고, 메시지의 제목에 책 이름을 적으면 된다. 여러분이 전문 지식을 가진 주제가 있고, 책을 내거나 책을 만드는 데 기여하고 싶으면 www.packtpub.com/authors에서 저자 가이드를 참조하기 바란다.

## 고객 지원

팩트출판사의 구매자가 된 독자에게 도움이 되는 몇 가지를 제공하고자 한다.

## 예제 코드 다운로드

이 책에 사용된 예제 코드는 http://www.packtpub.com의 계정을 통해 다운로드할 수 있다. 다른 곳에서 구매한 경우에는 http://www.packtpub.com/support를 방문해 등록하면 파일을 이메일로 직접 받을 수 있다. 또한 에이콘출판사의 도서정보 페이지인 http://www.acornpub.co.kr/book/threejs에서도 예제 코드를 다운로드할 수 있다.

## 컬러 이미지 다운로드

이 책에서 사용된 스크린샷과 다이어그램의 컬러 이미지를 PDF 파일로 제공한다. 컬러 이미지는 결과물의 변화를 이해하는 데 도움이 될 것이다. https://www.packtpub.com/sites/default/files/downloads/2215OS_Graphics.pdf에서 PDF 파일을 다운로드할 수 있다. 또한 에이콘출판사의 도서정보 페이지인 http://www.acornpub.co.kr/book/threejs에서도 컬러 이미지를 다운로드할 수 있다.

## 오탈자

내용을 정확하게 전달하기 위해 최선을 다했지만, 실수가 있을 수 있다. 팩트출판사의 책에서 코드나 텍스트상의 문제를 발견해서 알려준다면 매우 감사하게 생각할 것이다. 그런 참여를 통해 다른 독자에게 도움을 주고, 다음 버전에서 책을 더 완성도 있게 만들 수 있다. 오자를 발견한다면 http://www.packtpub.com/support를 방문해 이 책을 선택하고, 정오표 제출 양식을 통해 오류 정보를 알려주기 바란다. 보내준 내용이 확인되면 웹사이트에 그 내용이 올라가거나, 해당 서적의 정오표 섹션에 그 내용이 추가될 것이다. http://www.packtpub.com/support에서 해당 타이틀을 선택하면 지금까지의 정오표를 확인할 수 있다. 한

국어판은 에이콘출판사 도서 정보 페이지 http://www.acornpub.co.kr/book/threejs에서 찾아볼 수 있다.

## 저작권 침해

저작권 침해는 모든 인터넷 매체에서 벌어지고 있는 심각한 문제다. 팩트출판사에서는 저작권과 라이선스 문제를 아주 심각하게 인식하고 있다. 어떤 형태로든 팩트출판사 서적의 불법 복제물을 인터넷에서 발견했다면 적절한 조치를 취할 수 있게 해당 주소나 사이트 명을 즉시 알려주길 부탁한다. 의심되는 불법 복제물의 링크를 copyright@packtpub.com으로 보내주기 바란다. 저자와 더 좋은 책을 위한 팩트출판사의 노력을 배려하는 마음에 깊은 감사의 뜻을 전한다.

## 질문

이 책에 관련된 질문이 있다면 questions@packtpub.com을 통해 문의하기 바란다. 최선을 다해 질문에 답해 드리겠다. 한국어판에 관한 질문은 이 책의 옮긴이나 에이콘출판사 편집팀(editor@acornpub.co.kr)으로 문의해주길 바란다.

# 1

# Three.js로 첫 번째 3D 장면 제작

오늘날의 브라우저는 자바스크립트로 직접 접근할 수 있는 더욱 강력한 기능들을 가지게 되었다. 새로운 HTML5 `video`와 `audio` 태그로 비디오와 오디오를 쉽게 추가할 수 있으며 HTML5 캔버스를 사용해 대화형 구성요소를 생성할 수 있다. HTML5와 더불어 현재의 브라우저들은 웹GLWebGL을 지원하기 시작했다. 웹GL로 직접 그래픽 카드의 처리 자원을 활용해 고성능 2D, 3D 컴퓨터 그래픽을 제작할 수 있다. 그러나 자바스크립트로 직접 웹GL을 프로그래밍해 3D 애니메이션을 제작하는 것은 매우 복잡한 작업이며 오류가 발생하기 쉽다. Three.js는 이런 일들을 아주 쉽게 해 주는 라이브러리다. 다음 목록은 Three.js로 쉽게 할 수 있는 몇 가지를 보여준다.

- 간단하고 복잡한 3D 지오메트리geometries 생성하기
- 3D 장면scene에서 오브젝트의 애니메이션과 이동하기
- 오브젝트에 텍스처texture와 물질material 적용하기

- 장면을 조명하는 다양한 광원을 사용하기
- 3D 모델링 소프트웨어에서 오브젝트 로딩하기
- 3D 장면에 진보된 후처리 효과 적용하기
- 사용자 정의 셰이더custom shader로 작업하기
- 포인트 클라우드point cloud 생성하기

자바스크립트 코드 몇 줄이면 간단한 3D 모델부터 다음 스크린샷(브라우저에서 http://www.vill.ee/eye/를 열어 직접 확인해 보자)과 같은 사실적인 실시간 장면까지 무엇이든 만들 수 있다.

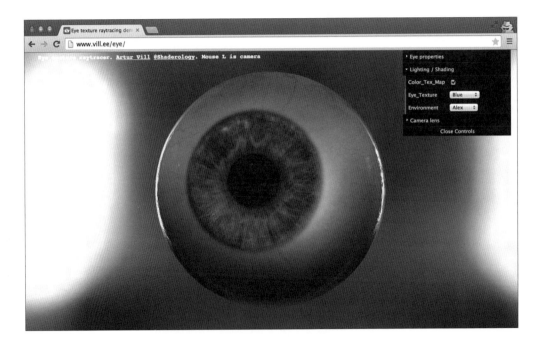

이번 장에서는 바로 Three.js의 세계로 뛰어들어 Three.js가 어떻게 동작하는지 보여주는 잘 동작하는 몇 가지 예제를 직접 작성해 보겠다. 하지만 아직 상세한 기술을 모두 설명하진 않는다. Three.js의 상세한 기술들은 나머지 장에서 천천히 다루겠다. 이번 장에서 다루는 내용은 다음과 같다.

- Three.js로 작업하는 데 필요한 도구
- 이 책에서 사용된 소스 코드와 예제의 다운로드
- 최초의 Threee.js 장면 작성하기
- 물질material, 조명light, 애니메이션으로 최초의 장면 개선하기
- 통계치와 장면 컨트롤을 위한 헬퍼helper 라이브러리 소개

먼저 Three.js에 대한 짧은 소개로 이 책을 시작하고 바로 첫 번째 예제와 코드 샘플로 넘어가겠다. 시작하기에 앞서 가장 중요한 브라우저와 웹GL 지원 여부에 대해 알아보자.

이 책을 쓴 시점에서 웹GL은 다음의 데스크탑 브라우저에서 잘 동작한다.

| 브라우저 | 지원 |
|---|---|
| 모질라 파이어폭스 | 모질라 파이어폭스(Firefox) 버전 4.0부터 웹GL을 지원한다. |
| 구글 크롬 | 구글 크롬(Chrome) 버전 9부터 웹GL을 지원한다. |
| 사파리 | 사파리(Safari) 버전 5.1과 맥 OS X 마운틴 라이언(Mountain Lion), 라이언(Lion) 또는 스노우 레오파드(Snow Leopard)에 인스톨된 브라우저에서 웹GL을 지원한다. 사파리에서 웹GL 기능이 활성화되어 있는지 확인하라. Preferences > Advanced에서 Show develop menu in menu bar를 체크한다. 그런 다음 Develop > Enable WebGL로 이동한다. |
| 오페라 | 오페라(Opera) 버전 12부터 웹GL을 지원한다. 하지만 웹GL 기능을 사용하기 위해서는 opera:config를 열고 WebGL과 Enable Hardware Acceleration의 값을 1로 설정하고 브라우저를 재가동한다. |
| 인터넷 익스플로러 | 인터넷 익스플로러(IE, Internet Explorer)는 웹GL을 지원하지 않는 유일한 주요 브라우저였다. 하지만 IE11부터 마이크로소프트도 웹GL을 지원하기 시작했다.[1] |

Three.js는 구버전의 IE를 제외한 오늘날의 모든 브라우저에서 잘 동작한다. 따라

---

[1] 엣지(Edge) 브라우저는 웹GL을 잘 지원하고 있다.

서 구버전의 IE를 사용하고 싶다면, 추가적인 절차가 필요하다. IE10과 그 이전의 브라우저를 위한 iewebgl 플러그인을 https://github.com/iewebgl/iewebgl에서 다운로드할 수 있다. 이 플러그인을 IE10 또는 그 이전 버전 브라우저에 인스톨하면 웹GL을 사용할 수 있다.

또한 Three.js는 모바일 단말에서도 잘 동작한다. 웹GL의 지원 여부와 성능은 단말에 따라 차이가 크지만, 빠른 속도로 개선되고 있다.

| 모바일 단말 | 지원 |
| --- | --- |
| 안드로이드 | 안드로이드 네이티브 브라우저는 웹GL을 지원하지 못할 뿐더러 많은 HTML5 기능들이 잘 지원되지 않는다. 안드로이드에서 웹GL을 사용하고자 한다면 최신의 크롬이나 파이어폭스, 오페라 모바일 버전을 사용하면 된다.[2] |
| IOS | IOS 8부터 웹GL을 지원한다. IOS 사파리 버전 8은 웹GL을 아주 잘 지원한다. |
| 윈도우 모바일 | 윈도우 모바일은 버전 8.1부터 웹GL을 지원한다. |

웹GL로 데스크탑과 모바일 단말 모두에서 아주 잘 동작하는 대화형 3D 시각화를 만들 수 있다.

 이 책에서는 Three.js가 제공하는 웹GL 기반의 렌더러(renderer) 위주로 설명하지만, CSS 3D 기반의 3D 장면을 쉽게 작성할 수 있는 API를 제공하는 CSS 3D 기반의 렌더러도 있다. CSS 3D 기반 접근 방법의 가장 큰 장점은 거의 모든 모바일과 데스크탑 브라우저에서 이를 지원하며, HTML 요소를 CSS 3D 공간에 렌더링할 수 있다는 점이다.

이 장에서는 최초의 3D 장면을 만들어 본다. 이 예제는 앞에서 언급한 모든 브라우저에서 잘 동작할 것이다. 아직 너무 복잡한 Three.js 기능들을 많이 소개하지는 않겠지만, 이 장을 마칠 때는 다음 스크린샷과 같은 Three.js 장면을 직접 작성할 수 있게 될 것이다.

---

2 안드로이드5 브라우저 부터는 웹GL을 잘 지원하고 있다.

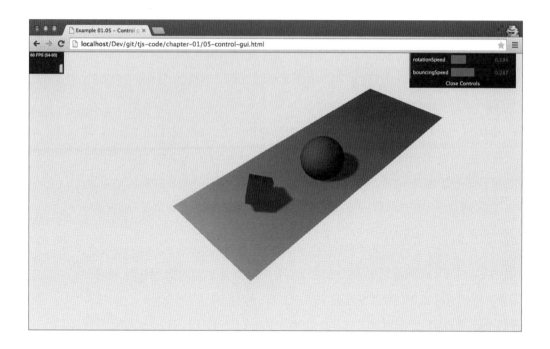

이 첫 번째 장면을 제작하기 위해 Three.js의 기본과 애니메이션 제작에 대해 배울 것이다. 작업을 시작하기에 앞서 앞으로 몇 절 동안 Three.js로 작업하는 데 유용한 도구들을 살펴보고 이 책에서 사용할 예제를 다운로드한다.

## Three.js 사용에 필요한 요구사항

Three.js는 자바스크립트 라이브러리다. 따라서 Three.js 웹GL 애플리케이션 작성에 필요한 것은 텍스트 에디터와 결과를 렌더링하는 데 필요한 브라우저가 전부다. 지난 몇 년간 내가 사용했던 두 개의 자바스크립트 에디터를 추천한다.

- **웹스톰**WebStorm: 제트브레인JetBrains사의 에디터로 자바스크립트 편집을 멋지게 지원한다. 코드 자동완성code completion이나 자동 전개automatic deployment, 자바스크립트 디버깅을 에디터에서 직접 지원한다. http://www.jetbrains.com/webstorm/에서 시험 버전을 다운로드할 수 있다.

- **노트패드++**Notepad++: 노트패드++는 다양한 프로그래밍 언어의 코드 하이라이팅code highlighting을 지원하는 범용적인 목적의 에디터로 자바스크립트를 손쉽게 표기하고 편집할 수 있다. 노트패드++는 윈도우에서만 사용할 수 있다. http://notepad-plus-plus.org/에서 노트패드++를 다운로드할 수 있다.

- **서브라임 텍스트 에디터**Sublime Text Editor: 서브라임은 자바스크립트 편집을 잘 지원하는 멋진 에디터다. 또한 멀티라인 선택과 같은 매우 유용한 선택 기능과 편집 옵션들을 제공하니 한번 사용해 보기 바란다. 좋은 자바스크립트 편집 환경을 제공해 줄 것이다. 서브라임 역시 http://www.sublimetext.com/에서 무료로 다운로드해 테스트할 수 있다.

이들 에디터가 아니더라도 오픈소스나 상업용의 다양한 에디터를 사용해 자바스크립트를 편집하고 자신의 Three.js 프로젝트를 제작할 수 있다. http://c9.io에서 흥미로운 프로젝트를 살펴볼 수 있다. 이것은 클라우드 기반의 자바스크립트 에디터로 깃허브 계정으로 연결된다. 이 방법으로 이 책의 모든 소스 코드와 예제를 직접 접근하고 실험해 볼 수 있다.

 이런 텍스트 기반의 편집기 외에도 Three.js 역시 자체적으로 온라인 에디터를 제공한다. http://threejs.org/editor/의 에디터로 Three.js 장면을 그래픽 기반으로 작성할 수 있다.

앞에서 오늘날 사용되는 대부분의 브라우저들이 웹GL을 지원하기 때문에 Three.js 예제를 실행시킬 수 있다고 말했다. 나는 보통 크롬에서 코드를 수행하는데, 크롬이 웹GL을 가장 잘 지원하고 성능이 우수하며, 또한 정말 멋진 자바스크립트 디버거를 가지고 있기 때문이다. 이 디버거로 다음 스크린샷처럼 브레이크 포인트break point와 콘솔 출력console output 같은 도구를 사용해 문제를 빠르고 정확하게 찾아낼 수 있다. 이 책 전반을 통해 디버거 사용법 및 기타 디버거 팁과 트릭을 제공하겠다.

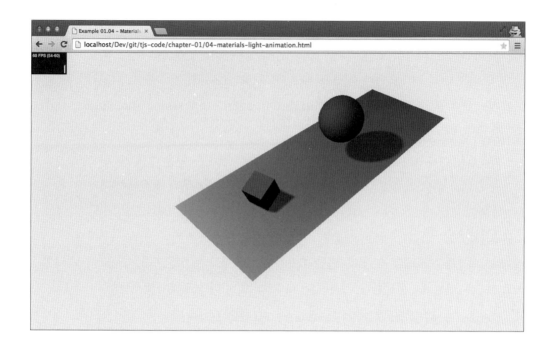

Three.js에 대한 소개는 이것으로 충분하다. 이제 소스 코드를 가져와서 첫 번째 장면을 만들어 보자.

## 소스 코드 가져오기

이 책에서 사용된 모든 소스 코드는 깃허브GitHub(https://github.com/)로 접근 가능하다. 깃허브는 소스 코드를 저장하고, 접근하고, 버전 관리할 수 있는 깃 기반의 온라인 저장소repository다. 소스를 가져오는 데는 몇 가지 방법이 있다.

- 깃 저장소를 복제
- 아카이브를 다운로드해 추출

다음 두 절에서 이들 옵션에 대해 자세히 살펴본다.

## 깃을 사용해 저장소 복제

깃Git은 이 책에서 사용된 모든 예제를 만들고 버전을 관리하는 데 사용한 오픈소스 분산 버전 관리 시스템이다. 이를 위해, 나는 무료인 온라인 깃 저장소인 깃허브를 사용했다. 이 저장소는 https://github.com/josdirksen/learning-threejs로 접근할 수 있다.

git 명령행 도구를 사용하면 이 저장소를 복제해 모든 예제를 얻을 수 있다. 먼저 자신의 운영체제에 맞는 깃 클라이언트를 다운로드한다. 대부분의 최신 운영체제 용 클라이언트는 http://git-scm.com에서 다운로드하거나 깃허브(맥이나 윈도우용) 자체가 제공하는 클라이언트를 사용할 수 있다. 깃을 인스톨한 후에 이를 사용해 이 책의 저장소를 복제할 수 있다. 명령어 프롬프트를 열고 소스 코드를 다운로드 하고 싶은 디렉토리로 이동한다. 그리고 이 디렉토리에서 다음 명령어를 실행한다.

```
# git clone https://github.com/josdirksen/learning-threejs
```

그러면 다음 스크린샷처럼 모든 예제의 다운로드가 시작된다.

이제 learning-three.js 디렉토리에는 이 책에서 사용하는 모든 예제가 담겨 있을 것이다.

## 아카이브를 다운로드하고 추출

깃을 이용해 깃허브로부터 직접 소스를 다운로드하는 것이 내키지 않는 다면, 아카이브를 다운로드하는 방법도 있다. 브라우저에서 https://github.com/josdirksen/learning-threejs를 열고 다음처럼 오른쪽에 있는 Download ZIP 버튼

을 클릭한다.[3]

원하는 디렉토리에 압축을 풀면 모든 예제를 사용할 수 있다.

## 예제 테스트

이제 소스 코드를 다운로드하거나 복제했으므로 모든 코드가 잘 동작하는지 확인하고 디렉토리 구조에 익숙해져 보자. 코드와 예제는 이 책의 장별로 구성되어 있다. 예제를 보는 데는 두 가지 다른 방법이 있다. 브라우저에서 직접 폴더를 열어 특정 예제를 실행시키거나, 로컬 웹 서버를 인스톨하는 것이다. 첫 번째 방법은 대부분의 기본 예제에서 잘 동작하지만, 모델이나 텍스처 이미지와 같이 외부 리소스를 읽어들이기 시작할 때부터는 HTML 파일을 여는 것만으로 충분하지 않다. 이 경우에는 외부 리소스를 제대로 읽어들이기 위해 로컬 웹 서버가 필요하다. 다음 절에서는 테스트를 위해 간단한 로컬 웹 서버를 설정하는 몇 가지 방법을 설명한다. 로컬 웹 서버를 설정할 수 없지만 크롬이나 파이어폭스를 사용하는 경우에는 특정 보안 기능을 비활성화시켜 로컬 웹 서버 없이 테스트할 수 있는 방법도 알아본다.

---

3  현재는 깃허브의 UI가 일부 변경되어 Download ZIP 버튼이 바로 보이지 않는다. 먼저 Code 버튼을 누르면 팝다운 메뉴로 Download Zip 메뉴를 찾을 수 있다.

로컬 웹 서버의 설정은 시스템에 어떤 것이 이미 인스톨되어 있는지에 따라 아주 쉬워질 수 있다. 시스템에 인스톨되어 있는 것에 따라 여러 다양한 방법이 가능하기 때문에, 여기서는 어떻게 설정하는지 몇 가지 예만 나열해 보기로 한다.

## 대부분의 유닉스/맥 시스템에서 동작하는 파이썬 기반의 웹 서버

대부분의 유닉스/리눅스/맥 시스템에는 파이썬Python이 인스톨되어 있다. 이들 시스템에서는 아주 쉽게 로컬 웹 서버를 시작할 수 있다.

```
> python -m SimpleHTTPServer
Serving HTTP on 0.0.0.0 port 8000 ...
```

소스 코드를 체크아웃하거나 다운로드한 디렉토리에서 이 명령어를 실행하면 된다.

## Node.js로 작업하는 경우의 npm 기반 웹 서버

Node.js로 작업하는 경우, npm을 인스톨했을 것이다. npm이 있는 경우 테스트를 위한 로컬 웹 서버를 설정하는 두 가지 간단한 옵션이 있다. 첫 번째 옵션은 http-server 모듈을 다음처럼 사용하는 것이다.

```
> npm install -g http-server
> http-server
Starting up http-server, serving ./ on port: 8080
Hit CTRL-C to stop the server
```

또는 다음처럼 simple-http-server 옵션을 사용할 수도 있다.

```
> npm install -g simple-http-server
> nserver
simple-http-server Now Serving: /Users/jos/git/Physijs at http://
localhost:8000/
```

두 번째 방법은 첫 번째 방법에 비해 자동으로 디렉토리 목록을 보여주지 못한다는 단점이 있다.

### 맥 또는 윈도우용 몽구스 포터블 버전

파이썬이나 npm이 인스톨되어 있지 않다면 간단하고 사용하기 편한 웹 서버인 몽구스Mongoose를 사용할 수도 있다. 먼저 https://code.google.com/p/mongoose/downloads/list에서 플랫폼에 맞는 바이너리를 다운로드한다. 윈도우를 사용 중이라면 예제가 있는 디렉터리에 이를 복사하고 실행 파일을 더블 클릭해 웹 서버를 실행한다.

다른 운영체제에서는 실행 파일을 목적하는 디렉터리에 복사하는 것은 동일하지만, 실행 파일을 더블 클릭하는 대신 명령행에서 이를 실행시켜야 한다. 어떤 경우든 웹 서버는 8080 포트로 시작될 것이다. 다음 스크린샷은 이번 절에서 설명한 내용을 보여준다.

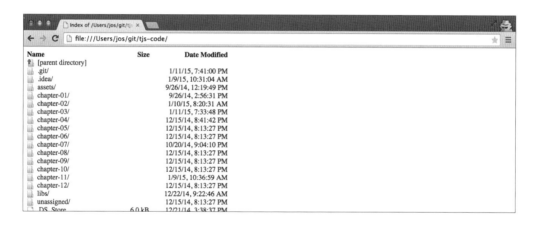

원하는 장을 선택하면 해당 장의 모든 예제를 볼 수 있다. 이 책에서 설명하는 모든 예제는 코드가 들어 있는 폴더와 파일 이름을 알려줘 여러분이 직접 코드를 테스트하고 수행해 볼 수 있도록 하겠다.

### 파이어폭스와 크롬에서의 보안 설정 비활성화

파이어폭스를 사용 중이라면 특정 보안 설정을 비활성화해 웹 서버 없이 크롬으로 예제를 볼 수 있는 방법이 있다. 이를 위해서는 다음 방법으로 크롬을 실행한다.

- 윈도우에서는 다음을 실행한다.

```
chrome.exe --disable-web-security
```

- 리눅스에서는 다음처럼 실행한다.

```
google-chrome --disable-web-security
```

- 맥에서는 다음처럼 크롬을 시작하면 설정을 비활성화할 수 있다.

```
open -a Google\ Chrome --args --disable-web-security
```

이런 방법으로 크롬을 시작하면 로컬 파일 시스템에 있는 모든 예제들에 직접 접근할 수 있다.

파이어폭스 사용자는 조금 다른 과정이 필요하다. 파이어폭스를 열고 URL 창에 about:config를 입력한다. 다음과 같은 화면을 보게 될 것이다.

이 화면에서 I'll be careful, I promise![4] 버튼을 클릭한다. 파이어폭스를 미세 조정할 수 있는 모든 속성을 보여준다. 화면의 탐색 박스에서 security.fileuri.strict_origin_policy를 입력하고 이 속성의 값을 다음 스크린샷처럼 false로 변경한다.

---

4 한글판에서는 '고급 기능 사용 동의' 버튼 – 옮긴이

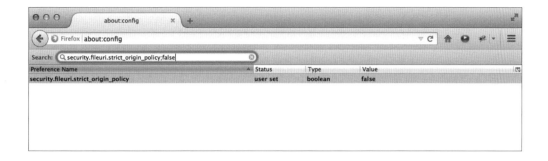

이렇게 하면 파이어폭스에서도 이 책에서 제공하는 모든 예제를 직접 실행할 수 있게 된다.

이제 웹 서버를 인스톨하거나 필요한 보안 설정을 비활성화했으므로 우리의 첫 Three.js 장면을 작성할 모든 준비가 끝났다.

## HTML 스켈레톤 생성

가장 먼저 할 일은 모든 예제에서 사용할 빈 스켈레톤skeleton(뼈대) 페이지를 생성하는 것이다.

```
<!DOCTYPE html>

<html>
  <head>
    <title>Example 01.01 - Basic skeleton</title>
    <script src="../libs/three.js"></script>
    <style>
      body{
        /* 전체 페이지를 사용하기 위해 margin을 0으로, overflow를 hidden으로 설정한다. */
        margin: 0;
        overflow: hidden;
      }
    </style>
  </head>
  <body>
```

```
<!-- 결과물을 표시할 Div 요소 -->
<div id="WebGL-output">
</div>

<!-- Three.js 예제를 구동하는 자바스크립트 코드 -->
<script>

  // 로딩이 끝나면 Three.js를 수행한다.
  function init() {
    // 여기에 Three.js 코드를 추가한다.
  };
  window.onload = init;

</script>
  </body>
</html>
```

**예제 코드 다운로드**

http://www.PacktPub.com에서 구매한 모든 팩트 책의 예제 코드 파일을 다운로드할 수 있다. 책을 다른 곳에서 구매했다면 http://www.PacktPub.com/support를 방문해서 직접 보내진 이메일에 있는 파일을 가지고 등록하면 된다. 에이콘출판사 도서정보 페이지 (http://www.acornpub.co.kr/book/threejs)에서도 다운로드할 수 있다.

목록에서 확인할 수 있듯이 스켈레톤은 몇 개의 요소만 가지고 있는 아주 간단한 HTML 페이지다. <head> 요소에서 예제에 쓰이는 외부 자바스크립트 라이브러리를 불러온다. 모든 예제에서 최소한 Three.js 라이브러리인 three.js를 불러들여야 한다. 또한 <head> 요소에서 몇 개의 CSS 라인을 추가한다. 이 스타일 요소는 풀 페이지의 Three.js 장면을 만들 때 불필요한 스크롤바를 없앤다. 페이지의 <body> 요소에는 하나의 <div> 요소가 있다. Three.js 코드를 작성할 때 Three.js 렌더러의 결과물은 이 요소에 표시된다. 페이지의 하단에는 이미 약간의 자바스크립트 코드가 들어 있다. window.onload 속성에 init 함수를 지정함으로써 HTML 문서의 로딩이 끝났을 때 함수를 호출할 수 있다. init 함수 안에 모든 Three.js 자바스크립트 코드를 작성할 것이다.

Three.js는 두 가지 버전이 있다.

- **Three.min.js**: 이 라이브러리는 일반적으로 인터넷상에서 Three.js 사이트를 운영할 때 사용한다. 이것은 UglifyJS를 사용해 만든 최소화된 버전으로 보통의 Three.js 버전의 약 1/4 크기다. 이 책의 모든 예제와 코드는 2014년 10월에 릴리스된 Three.js r69 버전을 기반으로 작성되었다.

- **Three.js**: 보통의 Three.js 라이브러리다. Three.js 소스 코드를 읽고 이해하기 쉬우며 디버깅을 가능하게 해 주기 때문에 우리가 작업할 예제에서는 이 라이브러리를 사용한다.

지금까지 작업한 페이지를 브라우저에서 보면 예상하듯이 빈 페이지만 보인다.

다음 절에서는 최초의 3D 객체를 추가하고 HTML 스켈레톤에 정의한 `<div>` 요소에 렌더링하는 과정을 배운다.


## 3D 객체의 렌더링과 표시

이제 첫 번째 Three.js 장면을 만들고 몇 개의 객체와 카메라를 추가해 본다. 첫 번째 예제는 다음 객체를 포함한다.

| 객체 | 설명 |
|---|---|
| Plane | 배경으로 사용할 2차원 사각형이다. 이 장의 두 번째 스크린샷처럼 장면의 가운데에 회색의 사각형으로 렌더링된다. |
| Cube | 빨간색으로 렌더링되는 3차원 정육면체다. |
| Sphere | 파란색으로 렌더링되는 3차원 구체다. |
| Camera | 카메라는 결과물이 어떻게 보여질 것인지를 결정한다. |
| Axes | x축과 y축, z축이 있다. 객체가 3차원 공간에서 렌더링되는 위치를 확인하는 유용한 디버깅 툴이다. x축은 빨간색, y축은 녹색, z축은 파란색으로 표시된다. |

먼저 어떻게 코드(소스 코드는 chapter-01/02-first-scene.html을 확인한다)로 작성되는
지 살펴보자. 그런 다음 동작을 설명한다.

```
function init() {
  var scene = new THREE.Scene();
  var camera = new THREE.PerspectiveCamera(45, window.innerWidth / window.
    innerHeight, 0.1, 1000);
  var renderer = new THREE.WebGLRenderer();
  renderer.setClearColorHex(0xEEEEEE);
  renderer.setSize(window.innerWidth, window.innerHeight);

  var axes = new THREE.AxisHelper(20);
  scene.add(axes);

  var planeGeometry = new THREE.PlaneGeometry(60, 20, 1, 1);
  var planeMaterial = new THREE.MeshBasicMaterial({color: 0xcccccc});
  var plane = new THREE.Mesh(planeGeometry, planeMaterial);

  plane.rotation.x = -0.5 * Math.PI;
  plane.position.x = 15
  plane.position.y = 0
  plane.position.z = 0
  scene.add(plane);

  var cubeGeometry = new THREE.BoxGeometry(4, 4, 4)
  var cubeMaterial = new THREE.MeshBasicMaterial({color: 0xff0000,
    wireframe: true});
  var cube = new THREE.Mesh(cubeGeometry, cubeMaterial);

  cube.position.x = -4;
  cube.position.y = 3;
  cube.position.z = 0;

  scene.add(cube);

  var sphereGeometry = new THREE.SphereGeometry(4, 20, 20);
  var sphereMaterial = new THREE.MeshBasicMaterial({color: 0x7777ff,
    wireframe: true});
  var sphere = new THREE.Mesh(sphereGeometry, sphereMaterial);
```

```
        sphere.position.x = 20;
        sphere.position.y = 4;
        sphere.position.z = 2;

        scene.add(sphere);

        camera.position.x = -30;
        camera.position.y = 40;
        camera.position.z = 30;
        camera.lookAt(scene.position);

        document.getElementById("WebGL-output")
          .appendChild(renderer.domElement);
          renderer.render(scene, camera);
    };
    window.onload = init;
```

브라우저에서 예제를 실행해 보면 우리가 목적했던 결과(33페이지의 스크린샷 참조)
와 유사해 보이긴 하지만 아직 갈 길이 멀다.

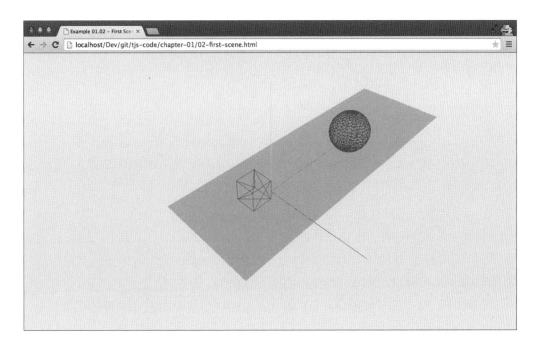

예제를 좀 더 예쁘게 꾸미기 전에, 먼저 코드가 무엇을 하는지 이해할 수 있도록 한 단계씩 차근차근 살펴보자.

```
var scene = new THREE.Scene();
var camera = new THREE.PerspectiveCamera(45, window.innerWidth / window.innerHeight, 0.1, 1000);
var renderer = new THREE.WebGLRenderer();
renderer.setClearColorHex()
renderer.setClearColor(new THREE.Color(0xEEEEEE));
renderer.setSize(window.innerWidth, window.innerHeight);
```

먼저 scene과 camera, renderer를 정의했다. scene 객체는 렌더링할 모든 객체와 사용할 모든 광원을 저장하는 데 쓰이는 컨테이너다. THREE.Scene 객체 없이는 Three.js는 아무것도 렌더링할 수 없다. THREE.Scene 객체에 대한 추가 정보는 다음 장에서 살펴본다. 렌더링할 구체와 정육면체는 나중에 추가한다. 코드의 시작부에서 camera 객체를 생성한다. camera 객체는 장면을 렌더링했을 때 어떻게 보여질 것인지를 정의한다. camera 객체에 전달할 수 있는 인수argument는 2장에서 다룬다. 다음으로 renderer를 정의한다. renderer 객체는 scene 객체가 camera 객체의 각도에 따라 브라우저에서 어떻게 보이는지 산출하는 역할을 담당한다. 이 예제에서 장면을 렌더링하는 데 그래픽 카드를 사용하도록 WebGLRenderer를 생성한다.

 Three.js(http://threejs.org/)에서 제공하는 소스 코드와 문서를 살펴보면 웹GL 기반 외에도 다양한 렌더러를 사용할 수 있음을 알 수 있다. 캔버스(canvas) 기반의 렌더러나 심지어 SVG 기반의 렌더러도 있다. 이들 렌더러가 잘 동작하고 간단한 장면을 잘 렌더링해주기는 하지만, 이들의 사용을 권장하지는 않는다. 이들은 CPU에 집중적인 부하를 주며 물질(material)과 그림자(shadow) 같은 좋은 기능들을 지원하지 않기 때문이다.

여기서 renderer의 배경색을 setClearColor 함수로 거의 흰색(new THREE.Color(0XEEEEEE))으로 설정했고 setSize 함수로 장면이 얼마나 크게 렌더링되어야 하는지 설정했다.

지금까지 기본 장면과 렌더러, 카메라를 작업했다. 아직까지 렌더링할 것은 없다. 다음 코드는 보조 축과 평면을 추가한다.

```
var axes = new THREE.AxisHelper( 20 );
scene.add(axes);

var planeGeometry = new THREE.PlaneGeometry(60,20);
var planeMaterial = new THREE.MeshBasicMaterial({color: 0xcccccc});
var plane = new THREE.Mesh(planeGeometry,planeMaterial);

plane.rotation.x=-0.5*Math.PI;
plane.position.x=15
plane.position.y=0
plane.position.z=0
scene.add(plane);
```

코드에서 보듯이 axes 객체를 생성하고 scene.add 함수로 이 축을 장면에 추가했다. 다음으로 평면을 생성한다. 이 작업은 두 단계로 진행된다. 먼저 새로운 THREE.PlaneGeometry(60,20) 코드를 사용해 평면이 어떻게 보일지 설정한다. 이 경우 평면의 폭은 60이고 높이는 20이다. 또한 Three.js에 이 평면이 어떻게 보일지(예를 들어, 평면의 색상이나 투명도 등) 알려줘야 한다. Three.js에서는 material 객체를 만들어 이 과정을 수행한다. 첫 번째 예제에서는 기본 material(THREE.MeshBasicMaterial)을 0xcccccc 색상으로 생성했다. 다음으로 이들을 Mesh 객체로 결합하고 plane으로 이름 붙인다. plane을 장면에 추가하기 전에 정확한 위치를 지정해줘야 한다. 이를 위해 x축으로 90도를 회전시키고 position 속성으로 장면에서의 위치를 정의한다. 이에 대해 관심이 있다면 2장의 코드 폴더에서 회전과 위치에 대해 잘 설명해 주는 06-mesh-properties.html 예제를 살펴보기 바란다. 다음으로 axes와 마찬가지로 plane을 scene에 추가해야 한다.

동일한 방법으로 cube와 sphere 객체를 추가한다. 하지만 wireframe 속성을 true로 설정해 Three.js에서 솔리드 객체solid object가 아닌 와이어프레임wireframe으로 렌더링되도록 한다. 이제 예제의 마지막 부분을 살펴보자.

```
camera.position.x = -30;
camera.position.y = 40;
camera.position.z = 30;
camera.lookAt(scene.position);

document.getElementById("WebGL-output")
.appendChild(renderer.domElement);
renderer.render(scene, camera);
```

이것으로 렌더링하고자 하는 모든 요소를 올바른 위치에 추가했다. 앞에서 카메라로 렌더링할 것을 정의한다고 말했다. 코드에서 x, y, z 속성을 사용해 카메라가 장면의 위에 떠다니도록 했다. 카메라가 객체를 향하도록 하기 위해 lookAt 함수로 장면의 중앙을 가리키도록 한다. 기본값은 (0,0,0)의 위치로 되어 있다. 남은 작업은 HTML 스켈레톤의 <div> 요소에 렌더러의 결과를 추가하는 것이다. 표준 자바스크립트를 사용해 정확한 output 요소를 선택하고 appendChild 함수로 div 요소에 추가한다. 마지막으로 renderer에게 앞에서 정의한 camera 객체를 사용해 scene을 렌더링하도록 지시한다.

다음 절에서는 광원이나 그림자, 추가 물질, 애니메이션 등을 추가해 장면을 멋있게 꾸며보자.

## 물질과 광원, 그림자 추가

Three.js에서 새로운 물질material이나 광원light의 추가는 매우 간단하며 앞 절에서 설명한 방법과 거의 동일하다. 먼저 장면에 광원의 소스를 추가(전체 소스는 03-materials-light.html을 참조한다)하는 것으로 시작한다.

```
var spotLight = new THREE.SpotLight( 0xffffff );
spotLight.position.set( -40, 60, -10 );
scene.add( spotLight );
```

THREE.SpotLight는 지정된 위치(spotLight.position. set(-40, 60, -10))로부터 장면을 조명한다. 하지만 현 시점에서 장면을 렌더링하면 이전과 다를 바가 없다.

그 이유는 물질에 따라 광원에 대해 다르게 반응하기 때문이다. 앞의 예제(THREE. MeshBasicMaterial)에서 사용한 기본 물질은 장면에서 광원에 대해 아무런 반응도 하지 않는다. 단지 정해진 색상으로 렌더링될 뿐이다. 따라서 다음처럼 plane과 sphere, cube에 대한 물질을 변경해야 한다.

```
var planeGeometry = new THREE.PlaneGeometry(60,20);
var planeMaterial = new THREE.MeshLambertMaterial({color: 0xffffff});
var plane = new THREE.Mesh(planeGeometry, planeMaterial);
...
var cubeGeometry = new THREE.BoxGeometry(4,4,4);
var cubeMaterial = new THREE.MeshLambertMaterial({color: 0xff0000});
var cube = new THREE.Mesh(cubeGeometry, cubeMaterial);
...
var sphereGeometry = new THREE.SphereGeometry(4,20,20);
var sphereMaterial = new THREE.MeshLambertMaterial({color: 0x7777ff});
var sphere = new THREE.Mesh(sphereGeometry, sphereMaterial);
```

이 코드에서 객체의 물질을 MeshLambertMaterial로 변경했다. 이 물질과 MeshPhongMaterial은 모두 렌더링될 때 Three.js에서 광원을 제공하는 물질이다.

하지만 결과는 다음 스크린샷처럼 아직 우리가 원하는 상태가 아니다.

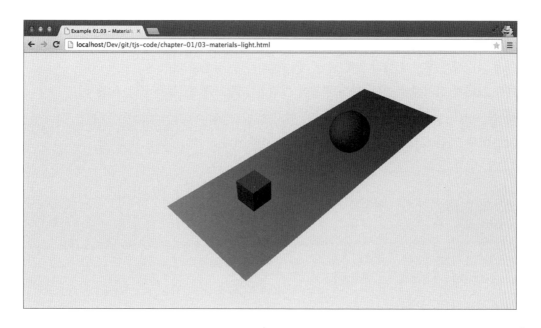

목적지에 거의 다 다다랐다. 정육면체와 구체는 훨씬 좋아 보인다. 한 가지 빠진 것은 그림자 shadow 다.

그림자의 렌더링은 컴퓨팅 파워가 많이 필요하기 때문에, Three.js에서 기본 설정으로 비활성화되어 있다. 하지만 이를 활성화하는 것은 매우 쉽다. 그림자에 대해서는 다음처럼 몇 줄의 소스 코드를 변경하면 된다.

```
renderer.setClearColor(new THREE.Color(0xEEEEEE, 1.0));
renderer.setSize(window.innerWidth, window.innerHeight);
renderer.shadowMapEnabled = true;
```

첫 번째 수정 작업은 renderer에게 그림자가 필요함을 알리는 것이다. 이는 shadowMapEnabled 속성을 true로 설정하면 된다. 하지만 결과는 달라지지 않는다. 이것은 그림자를 드리울 객체와 그림자를 표시할 객체를 명시적으로 정의해줘야 하기 때문이다. 예제에서 구체와 정육면체 객체가 배경인 평면 객체에 그림자를 드리우게 하고 싶다. 다음처럼 해당 객체를 설정하면 된다.

```
plane.receiveShadow = true;
...
cube.castShadow = true;
...
sphere.castShadow = true;
```

이제 그림자가 생기게 하기 위해 남은 작업은 하나다. 장면의 어떤 광원에서 그림자를 그릴지 정의해야 한다. 모든 광원이 그림자를 생기게 할 수는 없다. 이에 대해서는 다음 장에서 자세히 다루겠지만 여기에서는 THREE.SpotLight를 사용하기로 한다. 다음 코드처럼 알맞은 속성을 설정하면 된다.

```
spotLight.castShadow = true;
```

이것으로 그림자가 있는 원하는 장면을 완성했다.

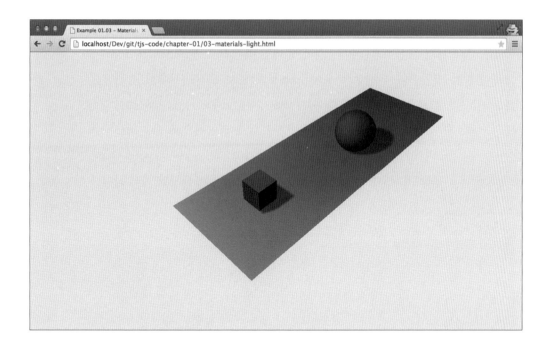

이제 우리의 첫 번째 Three.js 장면에 추가할 마지막 남아 있는 기능은 간단한 애니메이션이다. 좀 더 자세한 애니메이션 옵션들에 대해서는 9장에서 다룬다.

## 애니메이션으로 장면 개선

장면을 애니메이션시키기 위해 가장 먼저 해야 할 일은 특정한 간격으로 장면을 리렌더링하는 방법을 찾는 것이다. HTML5와 관련된 자바스크립트 API가 나오기 전까지 이를 할 수 있는 방법은 setInterval(function,interval) 함수를 이용하는 것이다. setInterval은 정해진 간격, 예를 들어 100밀리초마다 함수가 호출되도록 지정할 수 있다. 이 함수의 문제점은 브라우저에서 일어나는 상황을 고려하지 않는다는 것이다. 브라우저의 다른 탭을 사용하고 있어도 이 함수는 여전히 정해진 시간마다 호출된다. 게다가 이 setInterval은 화면의 다시 그리기와 동기화되지 않는다. 이는 높은 CPU 사용량과 나쁜 성능을 초래할 수 있다.

## requestAnimationFrame 소개

다행히도 오늘날의 브라우저들은 이 문제에 대한 해결책으로 requestAnimation
Frame 함수를 지원한다. requestAnimationFrame으로 브라우저에서 정해진 간
격으로 함수가 호출되도록 지정할 수 있다. 제공되는 함수에서 필요한 드로잉 작
업도 수행할 수 있으며, 브라우저는 가능한 부드럽고 효율적으로 그려지도록 보
장한다. 이 함수의 사용법은 아주 간단해서(전체 소스 코드는 04-materials-light-
animation.html 파일을 참조한다) 렌더링을 처리하는 함수를 생성하기만 하면 된다.

```
function renderScene() {
  requestAnimationFrame(renderScene);
  renderer.render(scene, camera);
}
```

이 renderScene 함수에서 애니메이션이 계속 지속되도록 하기 위해
requestAnimationFrame을 다시 호출한다. 이 코드에서 필요한 유일한 변경사항
은 전체 장면을 생성한 후 renderer.render를 호출하는 대신 애니메이션을 시작
하기 위해 renderScene 함수를 호출하는 것이다.

```
...
document.getElementById("WebGL-output")
.appendChild(renderer.domElement);
renderScene();
```

이 상태로 코드를 수정하면 아직 아무것도 애니메이션시키지 않았기 때문에 아직
은 앞의 예제와 달라진 점이 없다. 애니메이션을 추가하기 전에, 애니메이션의 프
레임 속도 정보를 제공하는 헬퍼 라이브러리를 소개한다. Three.js 작성자가 제공
하는 이 라이브러리는 애니메이션되는 초당 프레임 수를 작은 그래프로 보여준다.
이 통계치statistics를 추가하기 위해 HTML의 <head> 요소에 다음처럼 라이브러리
를 추가한다.

```
<script src="../libs/stats.js"></script>
```

그리고 <div> 요소를 추가해 통계치 그래프가 출력되도록 한다.

```
<div id="Stats-output"></div>
```

이제 남은 작업은 통계치를 초기화하고 이를 <div> 요소에 추가하는 것이다.

```
function initStats() {
  var stats = new Stats();
  stats.setMode(0);
  stats.domElement.style.position = 'absolute';
  stats.domElement.style.left = '0px';
  stats.domElement.style.top = '0px';
  document.getElementById("Stats-output")
    .appendChild( stats.domElement );
    return stats;
}
```

이 함수는 통계치를 초기화한다. 흥미로운 것은 setMode 함수다. 0으로 설정하면 초당 프레임수fps를 측정할 수 있고, 1로 설정하면 렌더링 시간을 측정할 수 있다. 예제에서는 fps에 관심이 있으므로 0으로 설정한다. init() 함수의 시작부에 이 함수를 호출해 stats가 가능하게 한다.

```
function init(){
  var stats = initStats();
  ...
}
```

남은 작업은 새로운 렌더링 주기에 있을 때 이를 stats 객체에 알리는 것이다. 다음처럼 renderScene 함수에 stats.update 함수의 호출을 추가하면 된다.

```
function renderScene() {
  stats.update();
  ...
  requestAnimationFrame(renderScene);
  renderer.render(scene, camera);
}
```

이제 코드를 수행하면 다음 스크린샷처럼 좌측 상단에 통계치가 표시된다.

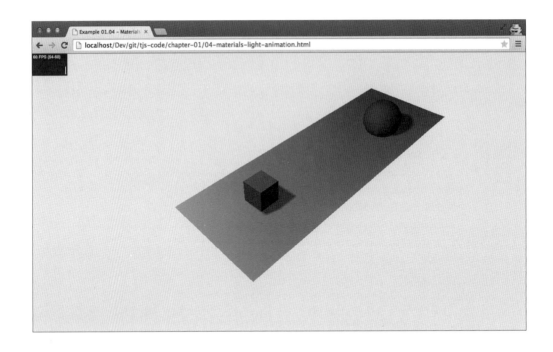

## 정육면체 애니메이션

requestAnimationFrame과 통계치 설정이 끝났으므로 이제 애니메이션 코드를 추가해 보자. 이 절에서는 renderScene 함수를 확장해 빨간색 정육면체를 회전시키는 코드를 추가한다. 다음 코드로 시작한다.

```
function renderScene() {
  ...
  cube.rotation.x += 0.02;
  cube.rotation.y += 0.02;
  cube.rotation.z += 0.02;
  ...
  requestAnimationFrame(renderScene);
  renderer.render(scene, camera);
}
```

아주 간단하지 않은가? renderScene 함수가 호출될 때마다 rotation 속성의 각 축을 0.02씩 증가시켜 정육면체가 축을 따라 부드럽게 회전하는 것처럼 보이도록 했다. 파란색 공을 바운싱시키는 것도 어렵지 않다.

## 공 바운싱

공을 바운싱시키기 위해 다음처럼 renderScene 함수에 몇 줄의 코드를 추가한다.

```
var step=0;
function renderScene() {
  ...
  step+=0.04;
  sphere.position.x = 20+( 10*(Math.cos(step)));
  sphere.position.y = 2 +( 10*Math.abs(Math.sin(step)));
  ...
  requestAnimationFrame(renderScene);
  renderer.render(scene, camera);
}
```

정육면체에서는 rotation 속성을 변경했지만, 구체에서는 position 속성을 변경한다. 다음 그림처럼 구체가 장면의 한 지점에서 다른 지점으로 부드러운 곡선을 그리며 이동하도록 만든다.

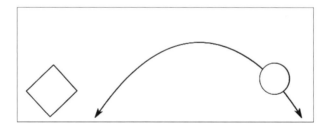

이를 위해 x축과 y축의 위치를 변경해야 한다. Math.cos와 Math.sin 함수가 부드러운 궤적을 만드는 데 도움이 된다. 여기서는 어떻게 동작하는지 자세히 살펴보지 않겠다. 지금은 step+=0.04가 구체의 바운싱되는 속도를 정의한다는 사실만 알아두면 된다. 8장에서 애니메이션을 위해 이 함수가 어떻게 사용되는지 자세히 알아볼 것이다. 그림은 공이 바운싱되는 도중 어떻게 보이는지 나타낸다.

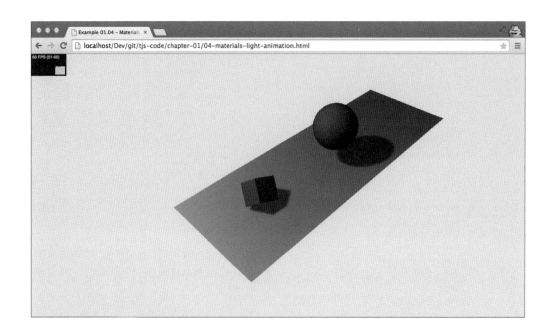

이 장을 마치기 전에 예제의 장면에 한 가지 요소를 더 추가해 보겠다. 3D 장면에 애니메이션과 색상, 속성을 작업할 때 올바른 색상과 속도를 얻기 위해 종종 실험이 필요하다. 즉석에서 이런 속성을 변경할 수 있는 간단한 GUI가 있다면 금상첨화일 것이다. 다행히도 우리가 원하는 GUI가 있다.

## dat.GUI로 실험을 쉽게 만든다

구글의 몇몇 엔지니어들이 dat.GUI(https://github.com/dataarts/dat.gui에서 이에 대한 문서를 찾을 수 있다) 라이브러리를 만들었다. dat.GUI로 코드에서 변수를 변경할 수 있는 간단한 사용자 인터페이스 구성요소를 아주 쉽게 만들 수 있다. 이 장의 마지막 부분에서는 dat.GUI를 사용해 예제에서 다음을 변경하는 사용자 인터페이스를 추가해 본다.

- 바운스되는 공의 속도 조절
- 정육면체의 회전 조절

통계치를 작업했을 때와 마찬가지로, 먼저 다음처럼 HTML의 <head> 요소에 이라이브러리를 추가한다.

```
<script src="../libs/dat.gui.js"></script>
```

다음으로 dat.GUI에서 변경할 속성을 가지고 있는 자바스크립트 객체를 설정한다. 자바스크립트 코드의 메인에 다음 자바스크립트 객체를 추가한다.

```
var controls = new function() {
  this.rotationSpeed = 0.02;
  this.bouncingSpeed = 0.03;
}
```

이 자바스크립트 객체에서 this.rotationSpeed와 this.bouncingSpeed의 두 속성을 정의했다. 나중에 이 객체를 새로운 dat.GUI 객체에 전달해 다음처럼 이들 속성의 범위를 정의한다.

```
var gui = new dat.GUI();
gui.add(controls, 'rotationSpeed', 0, 0.5);
gui.add(controls, 'bouncingSpeed', 0, 0.5);
```

rotationSpeed와 bouncingSpeed 속성은 모두 0에서 0.5의 범위로 설정되었다. 이제 renderScene 루프에서 이들 속성을 직접 참조해 dat.GUI 사용자 인터페이스를 통해 값을 변경했을 때 객체의 회전과 바운스 속도에 즉시 영향을 줄 수 있도록 한다. 다음과 같다.

```
function renderScene() {
  ...
  cube.rotation.x += controls.rotationSpeed;
  cube.rotation.y += controls.rotationSpeed;
  cube.rotation.z += controls.rotationSpeed;
  step += controls.bouncingSpeed;
  sphere.position.x = 20 +(10 * (Math.cos(step)));
  sphere.position.y = 2 +(10 * Math.abs(Math.sin(step)));
  ...
}
```

이제 이 예제(05-control-gui.html)를 수행하면, 바운싱과 회전 속도를 조절할 수 있는 간단한 사용자 인터페이스를 확인할 수 있을 것이다. 다음 스크린샷과 같다.

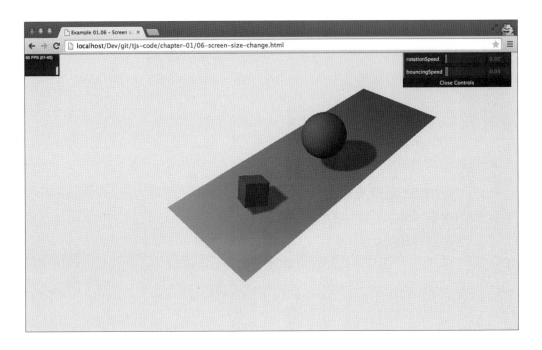

브라우저에서 이 예제를 수행하고 브라우저의 크기를 변경하면 장면의 크기가 자동으로 조절되지 않는 것을 눈치챘을 것이다. 다음 절에서는 마지막으로 이 기능을 추가해 보겠다.

## 브라우저 크기 변경에 따라 자동으로 결과물의 크기 조정

브라우저 창의 크기 변화에 따라 카메라를 변경하는 것은 꽤 간단하다. 먼저 다음처럼 이벤트 리스너를 등록한다.

```
window.addEventListener('resize', onResize, false);
```

이제 브라우저 창의 크기가 변하면 onResize 함수가 호출된다. 이 onResize 함수에 다음처럼 카메라와 렌더러를 업데이트하는 코드를 추가한다.

```
function onResize() {
  camera.aspect = window.innerWidth / window.innerHeight;
  camera.updateProjectionMatrix();
  renderer.setSize(window.innerWidth, window.innerHeight);
}
```

화면의 종횡비aspect ratio를 표시하는 카메라의 aspect 속성과 렌더러의 크기를 업데이트한다. 마지막으로 camera와 renderer, scene 변수 정의를 init() 함수의 외부로 이동해 다른 함수(onResize 함수 같은)에서도 접근이 가능하도록 한다.

```
var camera;
var scene;
var renderer;

function init() {
  ...
  scene = new THREE.Scene();
  camera = new THREE.PerspectiveCamera(45, window.innerWidth / window.
    innerHeight, 0.1, 1000);
  renderer = new THREE.WebGLRenderer();
  ...
}
```

효과가 잘 적용되었는지 06-screen-size-change.html 예제를 수행하고 브라우저 창의 크기를 변경해 확인해 보자.


## 요약

첫 장을 마쳤다. 이번 장에서는 개발 환경을 설정하고, 코드를 다운로드하는 방법과 이 책에서 제공하는 예제를 시작하는 방법을 배웠다. 또한 Three.js로 장면을 렌더링하기 위해 먼저 THREE.Scene 객체를 생성하고 카메라와 광원, 그리고 렌더링할 객체를 추가하는 방법과 그림자와 애니메이션을 추가해 이 기본 장면을 확장하는 방법도 살펴봤다. 마지막으로 몇 가지 헬퍼 라이브러리를 추가했다. 빠르게 제어창 사용자 인터페이스를 만들어 주는 dat.GUI와 장면이 렌더링되는 프레임 속도에 대한 피드백을 제공하는 Stat.js를 추가했다.

다음 장에서는 Three.js에서 사용할 수 있는 가장 중요한 빌딩 블록building block에 대해 알아보겠다.

# 2

# Three.js 장면의 기본 구성요소

1장에서는 몇 개의 예제를 통해 Three.js의 기본에 대해 배웠다. 또한 Three.js로 완벽히 동작하는 첫 번째 Three.js 장면도 만들어 보았다. 이번 장에서는 Three.js를 조금 더 파고 들어가서 Three.js 장면을 만드는 데 필요한 기본 구성요소에 대해 알아본다. 이번 장에서 다루는 주제는 다음과 같다.

● Three.js 장면에서 사용되는 구성요소들

● THREE.Scene 객체로 할 수 있는 것

● 지오메트리와 메시의 연관성

● 직교Orthographic카메라와 원근perspective카메라의 차이

장면을 생성하고 객체를 추가하는 것으로 시작해 보자.

## 장면 작성

앞 장에서 이미 THREE.Scene을 생성해봤기 때문에 Three.js의 기본은 어느 정도 알고 있을 것이다. 장면을 표시하기 위해서는 세 가지 구성요소가 필요하다.

| 구성요소 | 설명 |
| --- | --- |
| 카메라(Camera) | 화면에 어떤 것이 렌더링될 것인지 결정한다. |
| 조명(Lights) | 그림자 효과를 만들 때 물질이 어떻게 보일지 효과를 준다(3장에서 상세히 알아본다). |
| 객체(Objects) | 정육면체, 구체 등 카메라 관점에서 표현되는 메인 객체다. |

THREE.Scene은 이런 여러 객체들의 컨테이너 역할을 수행한다. 이 객체 자체는 많은 옵션과 기능을 가지고 있지 않다.

 THREE.Scene은 종종 장면 그래프(Scene graph)라고도 불리는 구조체다. 장면 그래프는 그래픽 장면의 필요한 모든 정보를 담을 수 있는 구조체다. Three.js에서 이것은 THREE. Scene이 객체와 조명, 그리고 렌더링에 필요한 다른 모든 객체를 포함한다는 의미다. 주 의해야 할 것은 장면 그래프가 이름이 의미하는 것처럼 객체들의 단순한 배열이 아니라는 점이다. 장면 그래프는 트리 구조 노드들의 집합으로 구성된다. Three.js의 장면, 또는 심 지어 THREE.Scene 자체에 추가할 수 있는 각각의 객체는 THREE.Object3D라는 기반 객 체에서 확장되었다. 또한 THREE.Object3D 객체는 Three.js가 해석하고 렌더링할 객체의 트리를 생성하는 데 사용할 수 있는 자신의 자식도 가질 수 있다.

## 장면의 기본 기능

장면의 기능을 알아보는 데 예제만큼 좋은 방법은 없다. 2장의 소스 코드 폴더를 보면 01-basic-scene.html 예제가 있다. 이 예제를 통해 장면이 가지는 다양한 함수와 옵션들을 알아보자. 브라우저에서 예제를 열면 다음과 같은 결과를 볼 수 있다.

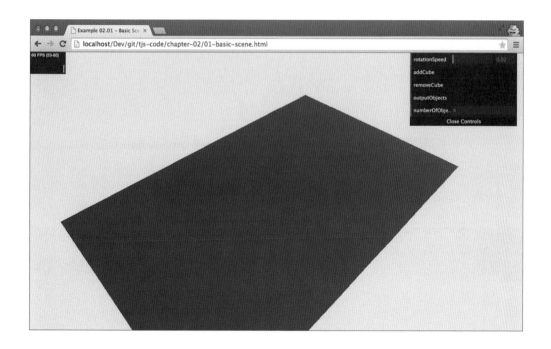

1장에서 살펴본 예제와 상당히 유사하다. 장면이 비어 있는 것처럼 보이지만 이미 여러 객체들을 포함하고 있다. 다음 소스 코드를 보면, THREE.Mesh(배경으로 쓰이는 평면)와 THREE.SpotLight, THREE.AmbientLight를 추가하기 위해 THREE.Scene 객체의 scene.add(object) 함수를 사용한 것을 알 수 있다. 장면을 렌더링할 때 Three.js에 의해 THREE.Camera 객체가 자동으로 추가되었다. 그러나 (특히) 여러 카메라를 작업할 때는 수동으로 직접 장면에 추가하는 것이 좋다. 다음 코드를 살펴보자.

```
var scene = new THREE.Scene();
var camera = new THREE.PerspectiveCamera(45, window.innerWidth / window.
innerHeight, 0.1, 1000);
scene.add(camera);
...
var planeGeometry = new THREE.PlaneGeometry(60,40,1,1);
var planeMaterial = new THREE.MeshLambertMaterial({color: 0xffffff});
var plane = new THREE.Mesh(planeGeometry,planeMaterial);
...
scene.add(plane);
```

```
var ambientLight = new THREE.AmbientLight(0x0c0c0c);
scene.add(ambientLight);
...
var spotLight = new THREE.SpotLight( 0xffffff );
...
scene.add( spotLight );
```

THREE.Scene 객체를 자세히 살펴보기 전에 먼저 데모 예제에 대해 설명하고 코드
의 일부를 살펴본다. 01-basic-scene.html 예제를 브라우저에서 열고 우측 상단
의 제어판을 살펴보자.

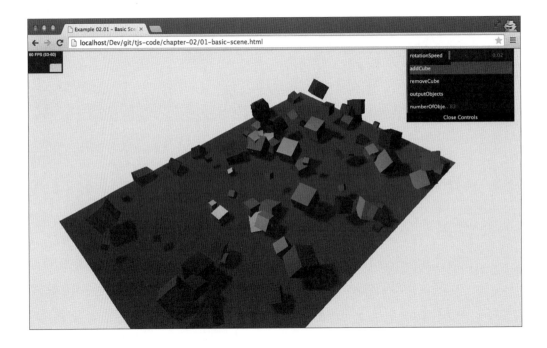

이 제어판으로 장면에 정육면체를 추가하거나, 마지막에 추가된 정육면체를 삭
제하고 브라우저의 콘솔을 통해 현재 장면에 포함되어 있는 모든 객체들을 볼 수
있다. 제어판의 마지막 항목은 현재 장면에 포함되어 있는 총 객체의 수를 나타
낸다. 장면이 시작될 때 이미 카메라, 배경 평면, 주변광ambient light, 스포트라이
트spotlight 이렇게 4개의 객체가 있다. 제어판의 각 함수를 살펴본다. 먼저 가장 쉬
운 addCube부터 살펴보자.

```
this.addCube = function() {
  var cubeSize = Math.ceil((Math.random() * 3));
  var cubeGeometry = new THREE.BoxGeometry (cubeSize,cubeSize,cubeSize);
  var cubeMaterial = new THREE.MeshLambertMaterial({color: Math.random()
    * 0xffffff });
  var cube = new THREE.Mesh(cubeGeometry, cubeMaterial);
  cube.castShadow = true;
  cube.name = "cube-" + scene.children.length;
  cube.position.x=-30 + Math.round(Math.random() * planeGeometry.width));
  cube.position.y= Math.round((Math.random() * 5));
  cube.position.z=-20 + Math.round((Math.random() * planeGeometry.
    height));
  scene.add(cube);
  this.numberOfObjects = scene.children.length;
};
```

코드를 충분히 이해할 수 있을 것이다. 새로운 개념이 많이 등장하지는 않는다.
**addCube** 버튼을 클릭하면 폭, 넓이, 깊이가 각각 1~3 사이의 랜덤한 값으로 설정
되는 새로운 THREE.BoxGeometry 객체가 생성된다. 랜덤한 크기에 더불어, 정육면
체의 색상과 위치도 랜덤하게 지정된다.

 새로 도입된 요소들의 이름을 name 속성을 사용해 지정했다. 이름은 cube-로 시작하
며 현재 장면에 포함되어 있는 객체의 수(scene.children.length)가 뒤에 붙는다. 이름을
정해 주면 디버깅 목적으로도 좋지만 장면에서 직접 객체를 접근할 때도 아주 유용하다.
THREE.Scene.getObjectByName(name) 함수를 사용해 특정한 객체를 직접 추출해 위치
를 변경하는 등의 작업이 가능하다. 마지막 줄은 numberOfObjects 변수를 사용해 제어창
의 GUI에 현재 장면의 총 객체 수를 표시한다. 객체를 추가하거나 제거할 때마다 이 변수
를 업데이트시켜준다.

제어창 GUI에서 사용할 수 있는 다음 함수는 removeCube다. 이름에서 알 수 있듯
이 **removeCube** 버튼을 클릭하면 장면에 마지막으로 추가된 정육면체를 제거한다.
코드는 다음과 같다.

```
this.removeCube = function() {
  var allChildren = scene.children;
```

```
    var lastObject = allChildren[allChildren.length-1];
    if (lastObject instanceof THREE.Mesh) {
      scene.remove(lastObject);
      this.numberOfObjects = scene.children.length;
    }
}
```

장면에 객체를 추가할 때 add 함수를 사용한 것처럼, 제거할 때는 remove 함수를 사용한다. Three.js는 자식 객체를 리스트로 관리(새로운 객체는 마지막에 추가된다)하기 때문에 children 속성을 이용해 마지막으로 추가된 객체를 구할 수 있다. 또한 해당 객체가 THREE.Mesh 객체인지 확인해 카메라와 조명을 제거하지 않도록 한다. 객체를 제거한 후에는 GUI 속성인 numberOfObjects를 업데이트해 장면에서의 전체 객체 수를 갱신하도록 한다.

GUI에 있는 마지막 버튼은 **outputObjects**다. 버튼을 눌러도 아무런 일도 일어나지 않을 것이다. 이 버튼은 현재 장면에 있는 모든 객체들을 다음 스크린샷처럼 브라우저의 콘솔에 출력한다.

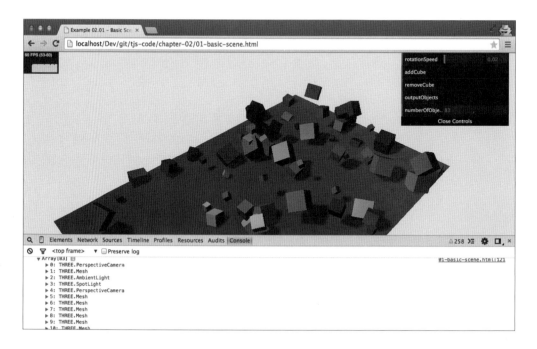

콘솔에 정보를 출력하는 코드는 내장되어 있는 console 객체를 사용한다.

```
this.outputObjects = function() {
  console.log(scene.children);
}
```

이 정보는 디버깅할 때 아주 유용하다. 특히 객체에 이름을 정해 주었다면 특정 객체에 문제가 생겼을 때 문제점을 찾는 데 아주 효과적이다. 예를 들어 cube-17의 속성은 다음과 같다(이름을 이미 알고 있는 경우 console.log(scene.getObjectByName("cube-17")을 사용해 단일 객체의 정보만 출력할 수 있다).

```
__webglActive: true
__webglInit: true
_listeners: Object
_modelViewMatrix: THREE.Matrix4
_normalMatrix: THREE.Matrix3
castShadow: true
children: Array[0]
eulerOrder: (...)
frustumCulled: true
geometry: THREE.BoxGeometryid: 8
material: THREE.MeshLambertMaterial
matrix: THREE.Matrix4
matrixAutoUpdate: true
matrixWorld: THREE.Matrix4
matrixWorld
NeedsUpdate: false
name: "cube-17"
parent: THREE.Scene
position: THREE.Vector3
quaternion: THREE.Quaternion
receiveShadow: false
renderDepth: null
rotation: THREE.Euler
rotationAutoUpdate: true
scale: THREE.Vector3
type: "Mesh"
up: THREE.Vector3
useQuaternion: (...)
```

```
userData: Object
uuid: "DCDC0FD2-6968-44FD-8009-20E9747B8A73"
visible: true
```

지금까지 우리가 살펴본 장면과 관련된 함수는 다음과 같다.

- `THREE.Scene.Add`: 장면에 객체를 추가한다.

- `THREE.Scene.Remove`: 장면에서 객체를 삭제한다.

- `THREE.Scene.children`: 장면에 있는 모든 자식들의 목록을 가져온다.

- `THREE.Scene.getObjectByName`: 이름으로 장면에서 특정한 객체를 가져온다.

이 함수들이 장면과 관련된 가장 중요하고 자주 사용되는 함수다. 이 이상의 함수는 사실상 필요하지 않다. 하지만 이 외에도 몇 가지 편리한 헬퍼 함수가 있다. 정육면체의 회전을 다루는 코드를 통해 이들을 소개하고자 한다.

1장에서 살펴본 바와 같이 장면을 렌더링하는 데 render 루프를 사용한다. 다음 예제에서 이 루프를 살펴본다.

```
function render() {
  stats.update();
  scene.traverse(function(obj) {
    if (obj instanceof THREE.Mesh && obj != plane ) {
      obj.rotation.x+=controls.rotationSpeed;
      obj.rotation.y+=controls.rotationSpeed;
      obj.rotation.z+=controls.rotationSpeed;
    }
  });

  requestAnimationFrame(render);
  renderer.render(scene, camera);
}
```

여기서 `THREE.Scene.traverse()` 함수가 사용되었다. 장면의 각 자식 객체들마다 호출되는 `traverse()` 함수에 인수로 함수를 전달할 수 있다. 또한 자식이 자신의 자식을 가지고 있다면, `THREE.Scene` 객체는 객체의 트리 구조를 가진다. 그리고 traverse() 함수는 객체의 모든 자식 객체마다 호출된다. 이를 통해 전체 장면 그래프를 탐색할 수 있다.

각각의 정육면체의 회전을 업데이트하는 데 render() 함수를 사용한다(배경 평면은 무시했다). THREE.Scene에 객체를 추가했을 뿐 중첩된 구조를 아직 생성하지 않았기 때문에, for 문을 사용해 children 속성 배열을 반복함으로써 이 작업을 수행할 수 있다.

THREE.Mesh와 THREE.Geometry에 대해 자세히 살펴보기 전에 먼저 THREE.Scene 객체에 설정할 수 있는 두 가지 재미있는 속성인 fog와 overrideMateria에 대해 소개한다.

## 장면에 안개 추가

fog 속성은 장면 전체에 안개 효과를 준다. 스크린샷처럼 농도가 짙어질수록 시야에서 사라진다.

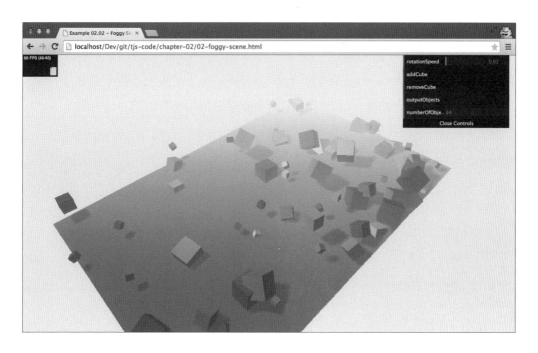

Three.js에서 안개효과를 주는 일은 아주 간단하다. 장면을 정의한 코드 다음에 다음 코드를 추가한다.

```
scene.fog=new THREE.Fog( 0xffffff, 0.015, 100 );
```

예제에서는 하얀색 안개(0xffffff)로 정의했다. 다음 두 속성으로 안개가 어떻게 나타나는지를 조정할 수 있다. near 속성을 0.015로 설정했고 far 속성을 100으로 설정했다. 이 속성들로 안개가 어디에서 시작하고 얼마까지 짙어지는지 정할 수 있다. THREE.Fog 객체에서 안개는 선형적으로 증가한다. 장면에 안개를 적용하는 다른 방법도 있다. 다음과 같은 정의를 사용한다.

```
scene.fog=new THREE.FogExp2( 0xffffff, 0.01 );
```

이번에는 near와 far 속성은 지정하지 않고 색상(0xffffff)과 안개의 밀도(0.01)만 지정했다. 원하는 효과를 얻기 위해서는 이들 속성을 실험해 보는 것이 가장 좋다. THREE.FogExp2에서는 안개가 선형적으로 증가하지 않고 거리에 따라 밀도가 기하급수적으로 커진다.

## overrideMaterial 속성 사용

마지막으로 overrideMaterial 속성에 대해 알아본다. 이 속성을 사용하면 장면의 모든 객체는 overrideMaterial 속성에 설정된 물질을 사용하고 객체 자신에 설정된 물질은 무시한다.

다음처럼 사용한다.

```
scene.overrideMaterial = new THREE.MeshLambertMaterial({color: 0xffffff});
```

이 코드처럼 overrideMaterial 속성을 사용하면, 장면은 다음 스크린샷처럼 렌더링된다.

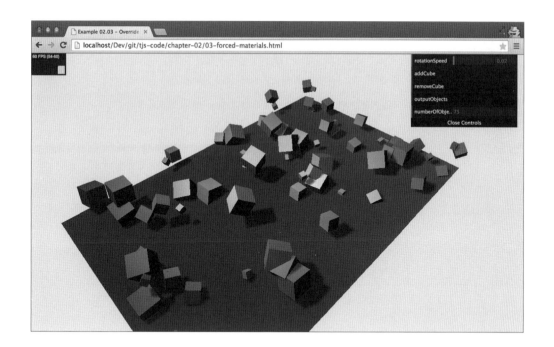

모든 정육면체가 동일한 물질과 색상으로 렌더링된 것을 알 수 있다. 예제에서는 물질로 THREE.MeshLambertMaterial 객체를 사용했다(이 물질은 광원에 반짝이지 않게 보이게 반응하는 객체를 생성할 수 있다). 이 물질에 대해서는 4장에서 자세히 살펴본다.

이번 절에서 Three.js의 첫 번째 중요 개념인 THREE.Scene을 살펴보았다. 장면에서 기억해야 할 가장 중요한 것은 기본적으로 장면이 렌더링할 때 사용하는 모든 객체와 조명, 카메라의 컨테이너라는 점이다. 다음 표는 THREE.Scene 객체에서 가장 중요한 함수와 속성을 요약해 보여준다.

| 함수/속성 | 설명 |
|---|---|
| add(object) | 장면에 객체를 추가할 때 사용한다. 또한 객체의 그룹을 만들 때도 이 함수를 쓸 수 있다(이에 대해서는 뒤에서 다시 살펴본다). |
| children | 카메라와 조명을 포함해, 장면에 추가된 모든 객체의 목록을 반환한다. |
| getObjectByName(name, recursive) | 객체를 생성할 때 객체를 구분해 주는 이름을 부여할 수 있다. 장면 객체는 특정 이름을 가진 객체를 직접 반환해 주는 함수를 지원한다. recursive 인자를 true로 설정하면, Three.js는 특정 이름의 객체를 찾기 위해 모든 객체의 트리를 탐색한다. |
| remove(object) | 이 함수로 장면에서 특정 객체를 삭제할 수 있다. |
| traverse(function) | children 속성은 장면의 모든 자식 객체의 목록을 반환한다. traverse 함수로도 자식 객체에 접근할 수 있다. traverse 함수를 사용하면 자식 객체가 하나씩 지정한 함수에 전달된다. |
| fog | 이 속성은 장면에 안개를 설정해 준다. 안개는 멀리 있는 객체를 숨기게 렌더링한다. |
| overrideMaterial | 이 속성으로 장면에 있는 모든 객체에 동일한 물질을 적용할 수 있다. |

다음 절에서 장면에 추가할 수 있는 객체들을 자세히 살펴본다.


## 지오메트리와 메시

지금까지 살펴본 예제에는 지오메트리geometry와 메시mesh가 사용되었다. 예를 들어, 장면에 구체를 추가할 때 다음처럼 했다.

```
var sphereGeometry = new THREE.SphereGeometry(4,20,20);
var sphereMaterial = new THREE.MeshBasicMaterial({color: 0x7777ff);
var sphere = new THREE.Mesh(sphereGeometry,sphereMaterial);
```

객체의 모양과 지오메트리(THREE.SphereGeometry)를 정의했다. 객체가 어떻게 보이는지(THREE.MeshBasicMaterial)와 물질을 정의하고, 장면에 추가할 수 있는 메시(THREE.Mesh)에서 이 둘을 조합했다. 이번 절에서는 지오메트리와 메시에 대해 자세히 알아본다. 지오메트리부터 시작하자.

## 지오메트리의 속성과 함수

Three.js는 3D 장면에 사용할 수 있는 방대한 지오메트리를 제공한다. 물질을 추가하고, 메시를 생성하는 것만으로 작업이 거의 끝난다. 다음 04-geometries 예제는 Three.js에서 사용 가능한 다양한 표준 지오메트리를 보여준다.

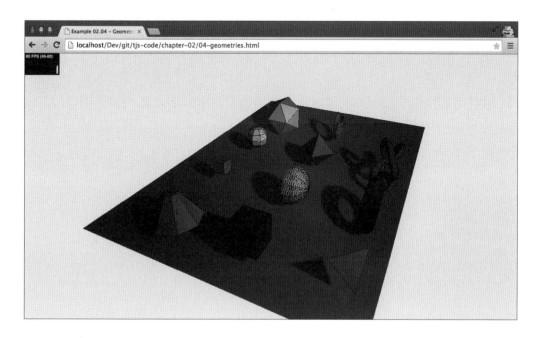

5장과 6장에서 Three.js가 제공하는 기본 지오메트리와 고급 지오메트리를 모두 살펴볼 것이다. 지금은 지오메트리가 도대체 무엇인지 먼저 살펴보자.

Three.js와 대부분의 3D 라이브러리에서 지오메트리는 기본적으로 3D 공간에서의 점(꼭지점[1]이라고도 불린다)들과 이 점들을 연결하는 면들의 집합을 말한다. 예를 들어 정육면체를 살펴보면, 다음과 같다.

- 정육면체는 8개의 모서리를 갖는다. 각각의 모서리는 x, y, z축으로 정의될 수 있다. 따라서 정육면체는 3D 공간에서 8개의 점을 갖는다. Three.js에서 이 점들은 꼭지점으로 불린다.

---

1  일반적으로 정점 또는 버텍스(vertex)라는 용어로도 사용되고 있지만, 여기서는 꼭지점으로 통일해 사용한다. – 옮긴이

- 정육면체는 각 모서리에 꼭지점이 있는 6개의 면으로 구성된다. Three.js에서 면은 항상 삼각형을 만드는 세 개의 꼭지점으로 구성된다. 따라서 정육면체의 경우 각 면은 정육면체의 전체 한 면을 만들기 위해 두 개의 삼각형으로 구성된다.

Three.js가 제공하는 지오메트리를 사용할 경우 직접 꼭지점과 면들을 정의할 필요가 없다. 정육면체의 경우 너비와 높이, 깊이만 지정하면 된다. 이 정보를 이용해 Three.js는 정확한 면(정육면체의 경우 12개)과 위치에 8개의 꼭지점을 가지는 지오메트리를 생성한다. 일반적으로는 Three.js가 제공하는 지오메트리를 사용해 자동으로 만들겠지만, 여전히 꼭지점과 면을 사용해 수동으로 지오메트리를 생성하는 것도 가능하다. 다음 코드에서 보여준다.

```
var vertices = [
  new THREE.Vector3(1,3,1),
  new THREE.Vector3(1,3,-1),
  new THREE.Vector3(1,-1,1),
  new THREE.Vector3(1,-1,-1),
  new THREE.Vector3(-1,3,-1),
  new THREE.Vector3(-1,3,1),
  new THREE.Vector3(-1,-1,-1),
  new THREE.Vector3(-1,-1,1)
];

var faces = [
  new THREE.Face3(0,2,1),
  new THREE.Face3(2,3,1),
  new THREE.Face3(4,6,5),
  new THREE.Face3(6,7,5),
  new THREE.Face3(4,5,1),
  new THREE.Face3(5,0,1),
  new THREE.Face3(7,6,2),
  new THREE.Face3(6,3,2),
  new THREE.Face3(5,7,0),
  new THREE.Face3(7,2,0),
  new THREE.Face3(1,3,4),
  new THREE.Face3(3,6,4),
];
```

```
var geom = new THREE.Geometry();
geom.vertices = vertices;
geom.faces = faces;
geom.computeFaceNormals();
```

이 코드는 간단한 정육면체를 만드는 방법을 보여준다. vertices 배열을 통해 정육면체를 만드는 점들을 정의한다. 이 점들이 모여서 삼각형 면을 만들고 faces 배열에 저장된다. 예를 들어, new THREE.Face3(0,2,1)은 vertices 배열의 0과 2, 1의 점을 이용해 삼각형 면을 만든다. THREE.Face를 만들 때 사용하는 꼭지점들의 순서에 주의해야 한다. 꼭지점의 순서에 따라 Three.js는 이것이 전방을 향하는 면(카메라를 향하는)인지 또는 후방을 향하는 면인지를 결정한다. 면을 만들 때, 전방을 향하는 면은 시계방향의 순서를 사용하고 후방을 향하는 면은 반시계방향의 순서를 사용해야 한다.

예제에서 정육면체의 6개 면(각 면은 두 개의 삼각형으로 구성된다)을 정의하는 데 THREE.Face3 요소를 사용했다. 구 버전의 Three.js에서는 삼각형 대신 쿼드(quad, 사각형)를 사용할 수도 있었다. 쿼드는 면을 정의하는데 3개가 아닌 4개의 꼭지점을 사용한다. 쿼드를 사용하는 게 좋은지 삼각형을 사용하는 게 좋은지에 대한 논의는 3D 모델링 세계에서 열띤 논쟁거리 중 하나다. 하지만 기본적으로 모델링할 때는 쿼드를 사용하는 것이 삼각형을 사용하는 것보다 부드럽고, 더 쉽게 향상시킬 수 있기 때문에 더 바람직하다. 반면에 렌더링 및 게임 엔진에서는 모든 형상을 더 효율적으로 렌더링할 수 있기 때문에 삼각형으로 작업하는 것이 더 쉬울 때가 많다.

이 꼭지점과 면을 사용하면 THREE.Geometry의 새로운 인스턴스를 생성하고 vertices 속성에 꼭지점을, faces 속성에 면을 할당할 수 있다. 마지막 단계로 생성한 지오메트리의 computeFaceNormals를 호출한다. 이 함수가 호출되면 Three.js는 각 면에 대한 normal 벡터(법선 벡터)를 결정한다. Three.js는 이 정보를 사용해 다양한 조명에 따른 장면에서의 면의 색상을 결정한다.

이 지오메트리로 앞에서 본 것과 같은 메시를 만들 수 있다. 꼭지점의 위치와 각각의 면을 보여주는 예제를 하나 만들었다. 05-custom-geometry 예제를 통해, 정육면체의 각 꼭지점의 위치를 변경할 수 있고 이에 따라 면이 어떻게 반응하는지 볼 수 있다. 다음 스크린샷을 참조한다(제어판 GUI는 H 키를 눌러 숨길 수 있다).

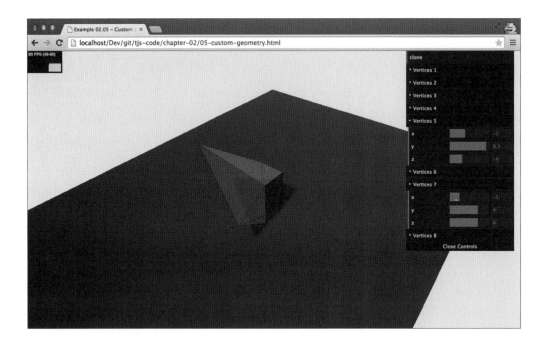

이 예제는 다른 예제들과 마찬가지로 렌더링 루프를 가지고 있다. 제어판의 드롭박스에서 속성을 변경할 때마다 정육면체는 변경된 꼭지점 위치에 따라 렌더링된다. 하지만 이대로 바로 사용할 수는 없다. 성능적인 이유로, Three.js는 메시의 지오메트리가 변하지 않는 것으로 가정한다. 대부분의 지오메트리와 유스케이스에서 이는 지극히 유효한 가정이다. 예제가 잘 동작하도록 렌더링 루프에 다음 코드를 추가한다.

```
mesh.children.forEach(function(e) {
  e.geometry.vertices=vertices;
  e.geometry.verticesNeedUpdate=true;
  e.geometry.computeFaceNormals();
});
```

첫 번째 줄에서는 화면에서 보이는 메시의 꼭지점을 업데이트된 꼭지점으로 지정한다. 면은 아직 이전과 동일한 점에 연결되어 있기 때문에 재설정할 필요가 없다. 꼭지점을 업데이트한 후에 지오메트리에게 이를 알려줘야 한다. 지오메트리의 verticesNeedUpdate 속성을 true로 설정하면 된다. 마지막으로 computeFaceNormals 함수를 사용해 면을 재계산하면 업데이트가 끝난다.

지오메트리의 마지막 함수는 clone()이다. 앞에서 지오메트리로 객체의 형식과 모양을 정의하고, 물질을 결합해 Three.js로 렌더링할 장면에 추가할 수 있는 객체를 만든다고 말했다. 이름이 의미하듯이, clone() 함수로 지오메트리의 복사본을 만들고, 다른 물질을 적용한 메시를 만들 수 있다. 동일 예제 05-custom-geometry의 제어판 UI의 상단에 **clone** 버튼이 있다.

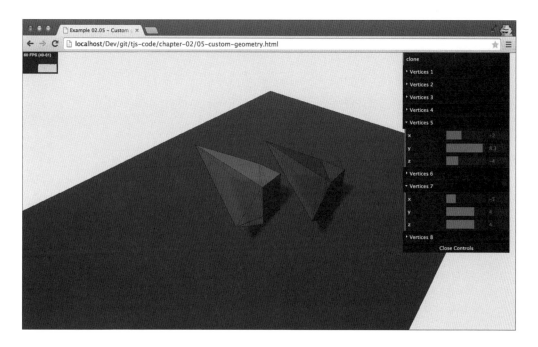

이 버튼을 클릭하면, 현재 지오메트리의 클론(복사본)이 새로운 객체로 만들어져 장면에 추가된다. 이 코드는 간단한 편이지만 복사에 사용된 물질 때문에 다소 복잡하게 만들어졌다. 다음 코드를 통해 초록색의 정육면체가 어떻게 생성되었는지 살펴보자.

```
var materials = [
  new THREE.MeshLambertMaterial( { opacity:0.6, color: 0x44ff44,
    transparent:true } ),
  new THREE.MeshBasicMaterial( { color: 0x000000, wireframe: true } )
];
```

여기서 하나의 물질을 사용하는 대신 두 가지 물질의 배열을 사용했다. 그 이유는
투명한 녹색 정육면체만 보여주는 대신 꼭지점과 면들을 확실히 보여줄 수 있도록
와이어 프레임도 같이 보여주기 위해서다.

물론 Three.js는 여러 물질을 사용해 메시를 생성할 수 있도록 지원한다. 다음 코
드처럼 SceneUtils.createMultiMaterialObject 함수를 사용하면 된다.

```
var mesh = THREE.SceneUtils.createMultiMaterialObject( geom, materials);
```

이 함수에서 Three.js는 하나의 THREE.Mesh 객체를 생성하는 대신, 지정한 각 물
질을 생성하고 이 메시들을 하나의 그룹 THREE.Object3D로 만든다. 이 그룹은
장면 객체와 동일한 방식으로 사용된다. 메시를 추가하거나 이름으로 객체를 구
할 수도 있다. 예를 들어 그룹의 모든 자식들에 그림자를 주려면, 다음처럼 하면
된다.

```
mesh.children.forEach(function(e) {e.castShadow=true});
```

이제 clone() 함수로 돌아가 보자.

```
this.clone = function() {

  var clonedGeom = mesh.children[0].geometry.clone();
  var materials = [
    new THREE.MeshLambertMaterial( { opacity:0.6, color: 0xff44ff,
      transparent:true } ),
    new THREE.MeshBasicMaterial({ color: 0x000000, wireframe: true } )
  ];

  var mesh2 = THREE.SceneUtils.createMultiMaterialObject (clonedGeom,
    materials);
  mesh2.children.forEach(function(e) {e.castShadow=true});
  mesh2.translateX(5);
```

```
    mesh2.translateZ(5);
    mesh2.name="clone";
    scene.remove(scene.getObjectByName("clone"));
    scene.add(mesh2);
}
```

이 자바스크립트 코드는 clone 버튼을 클릭할 때 호출된다. 여기서는 정육면체의 첫 번째 자식의 지오메트리를 복제한다. 메시 변수가 두 개의 자식을 가지고 있음을 명심하자. 이것은 각각 지정한 물질을 담고 있는 두 개의 메시다. 이 복제된 지오메트리로 새로운 메시(mesh2)를 생성한다. 이 새로운 메시를 translate 함수를 사용해 이동시키고(자세한 내용은 5장에서 다룬다) 만약 이전의 클론이 존재한다면 이를 제거하고 클론을 장면에 추가한다.

 이전 절에서 지오메트리에 와이어프레임을 추가하는 데 THREE.SceneUtils 객체의 createMultiMaterialObject를 사용했다. Three.js는 THREE.WireFrameHelper를 사용해 와이어프레임을 추가할 수 있는 대체 방법도 제공한다. 이 헬퍼를 사용하려면 다음처럼 먼저 헬퍼를 초기화해야 한다.

**var helper = new THREE.WireframeHelper(mesh, 0x000000);**

와이어프레임으로 보여주고자 하는 메시와 와이어프레임의 색상을 인자로 준다. Three.js는 이제 scene.add(helper)로 장면에 추가할 수 있는 헬퍼 객체를 생성한다. 이 헬퍼는 내부적으로는 단지 THREE.Line 객체이기 때문에 와이어프레임이 표현되는 스타일을 지정할 수 있다. 예를 들어, 와이어프레임의 라인 폭을 설정하려면, helper.material. linewidth = 2;를 사용하면 된다.

현재는 지오메트리에 대해 이 정도만 알면 충분하다.

## 메시용 함수와 속성

메시를 생성하려면 지오메트리와 하나 이상의 물질이 필요하다는 사실을 배웠다. 일단 메시가 생성되었으면 이를 장면에 추가해 렌더링할 수 있다. 메시가 장면의 어디에, 어떻게 나타나는지 변경하는 데 사용할 수 있는 여러 속성들이 있다. 첫 번째 예제에서 다음 속성들과 함수에 대해 알아보자.

| 함수/속성 | 설명 |
|---|---|
| position | 이 속성은 객체의 위치를 부모의 위치에 상대적인 위치로 결정한다. 대부분의 객체의 부모는 THREE.Scene 객체거나 THREE.Object3D 객체다. |
| rotation | 이 속성으로 객체의 회전을 설정할 수 있다. Three.js는 또한 각 축별로 회전을 설정할 수 있는 rotateX(), rotateY(), rotateZ() 함수도 제공한다. |
| scale | 이 속성으로 x, y, z축으로 객체의 크기를 조절할 수 있다. |
| translateX(amount) | 이 속성은 객체를 x축으로 지정된 만큼 이동한다. |
| translateY(amount) | 이 속성은 객체를 y축으로 지정된 만큼 이동한다. |
| translateZ(amount) | 이 속성은 객체를 z축으로 지정된 만큼 이동한다. 또한 translate 함수에는 이동할 축을 지정해 이동시킬 수 있는 translateOnAxis(axis, distance) 함수도 있다. |
| visible | 이 속성을 false로 설정하면 THREE.Mesh가 Three.js에 의해 렌더링되지 않는다. |

이 속성에 대해 직접 눈으로 동작을 확인할 수 있는 예제가 준비되어 있다. 06-mesh-properties.html을 브라우저에서 열어보면 다음 스크린샷처럼 드롭다운 메뉴를 통해 이 속성들을 변경하고 결과를 직접 확인할 수 있다.

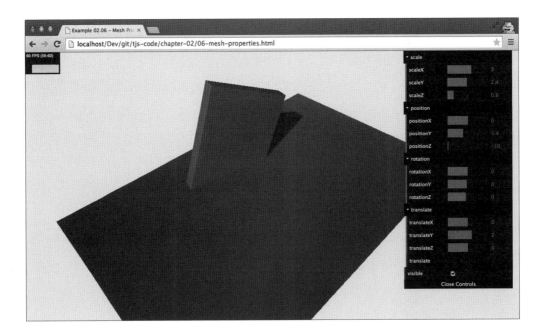

각각에 대해 살펴보자. 먼저 position 속성부터 시작한다. 이 속성은 이미 몇 차례 살펴보았다. 이 속성으로 객체의 x, y, z 좌표를 설정할 수 있다. 이 position 속성은 부모 객체에 상대적이다. 부모 객체는 일반적으로 객체를 추가한 장면이거나 THREE.Object3D 객체, 또는 다른 THREE.Mesh 객체가 될 수 있다. 이에 대해서는 5장에서 그룹핑 객체grouping object를 다룰 때 다시 알아보겠다. 객체의 position 속성은 세 가지 방법으로 설정할 수 있다. 먼저 다음처럼 각각의 좌표를 직접 설정할 수 있다.

```
cube.position.x=10;
cube.position.y=3;
cube.position.z=1;
```

하지만 다음처럼 전체를 한 번에 설정할 수도 있다.

```
cube.position.set(10,3,1);
```

세 번째 옵션도 있다. Position 속성은 THREE.Vector3 객체다. 즉, 이 객체를 다음처럼 설정할 수도 있다.

```
cube.postion=new THREE.Vector3(10,3,1)
```

앞에서 position 속성은 부모의 위치를 기준으로 설정되어 있다고 말했다. 이전 THREE.Geometry 섹션에서 THREE.SceneUtils.createMultiMaterialObject를 사용해 복합 물질 객체를 만들었다. 이것은 하나의 메시가 아니라 동일한 지오메트리에 각각의 물질을 적용한 그룹을 반환한다고 설명했다. 이 경우 두 개의 메시가 포함된 그룹을 반환한다. 이들 메시 중 하나의 위치를 변경하면, 사실은 두 개의 개별 THREE.Mesh 객체라는 사실을 확실하게 알 수 있다. 하지만 그룹을 움직이는 경우 오프셋은 다음 스크린샷처럼 동일하게 유지된다. 5장에서 부모-자식 간의 관계와 어떻게 그룹이 스케일링scaling과 회전rotation, 이동translation 같은 변화에 영향을 미치는지에 대해 자세히 알아볼 것이다.

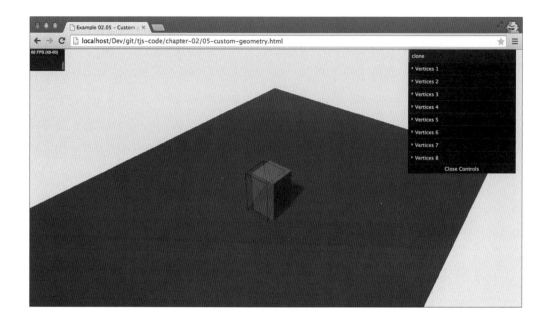

다음은 rotation 속성이다. 이 속성도 예제에서 이미 여러 번 사용되었다. 이 속성으로 객체의 회전을 설정할 수 있다. 앞에서 살펴본 position과 동일한 방법으로 값을 설정할 수 있다. 수학 수업시간에 배운 것처럼 한 바퀴를 완전히 회전하면 $2 x \pi$다. Three.js에서는 다양한 방법으로 설정할 수 있다.

```
cube.rotation.x = 0.5*Math.PI;
cube.rotation.set(0.5*Math.PI, 0, 0);
cube.rotation = new THREE.Vector3(0.5*Math.PI,0,0);
```

각도(0에서 360)를 대신 사용하고 싶으면 라디안radian으로 변환하면 된다. 다음처럼 하면 된다.

```
Var degrees = 45;
Var inRadians = degrees * (Math.PI / 180);
```

예제 06-mesh-properties.html에서 이 속성을 테스트해 볼 수 있다.

다음으로 알아볼 속성은 scale로 처음으로 다뤄보는 속성이다. 이름에서 알 수 있듯이, 특정 축을 따라 객체의 크기를 조정할 수 있다. scale 값을 1보다 작게 설정하면 다음 스크린샷처럼 객체의 크기가 축소된다.

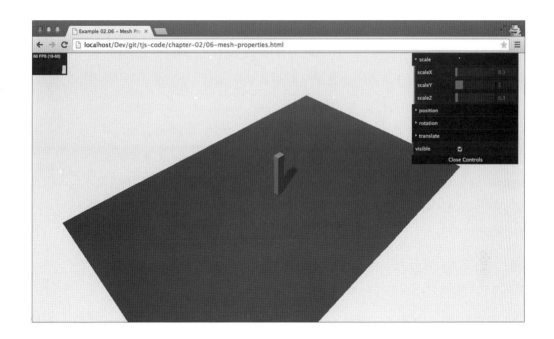

1보다 큰 값으로 설정하면, 객체는 확대된다.

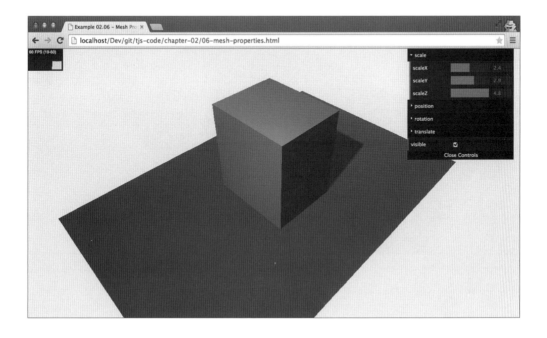

다음으로 메시의 translate 함수에 대해 알아보자. translate 함수로 객체의 위치를 변경할 수 있다. 하지만 position 속성과는 달리 translate를 사용하면 현재 위치에 상대적으로 객체가 이동할 위치를 정의한다. 예를 들어, 장면에 구체를 추가하고 위치를 (1, 2, 3)으로 설정한다. 다음으로 translateX(4)로 x축을 따라 객체를 이동시키면, 객체의 위치는 (5, 2, 3)이 된다. 객체를 원래의 위치로 복원할 경우 translateX(-4)를 쓰면 된다. 06-mesh-properties.html 예제를 보면 **translate** 메뉴 탭이 있다. 이 예제로 translate 함수를 테스트해 볼 수 있다. x, y, z에 값을 설정하고 **translate** 버튼을 클릭하면 설정된 값에 따라 객체가 새로운 위치로 이동한다.

상단 오른쪽 메뉴에서 이용할 수 있는 속성은 visible이다. 메뉴의 **visible** 항목을 클릭하면 다음처럼 정육면체가 보이지 않게 된다.

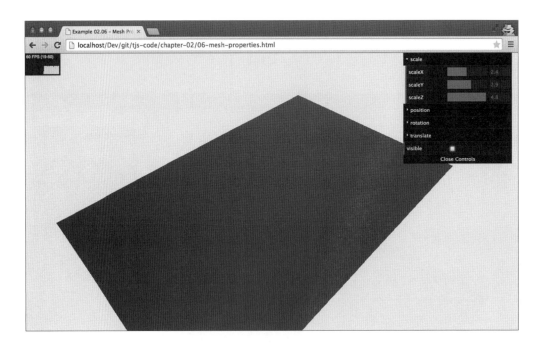

다시 한 번 클릭하면 정육면체가 다시 나타난다. 메시와 지오메트리 객체들로 할 수 있는 작업에 대한 자세한 정보는 5장과 7장에서 자세히 알아본다.

# 두 가지 카메라의 사용

Three.js는 직교orthographic카메라와 원근perspective카메라의 두 가지 타입의 카메라를 지원한다. 이들 카메라의 동작 방법에 대해서는 3장에서 자세히 알아보기로 하고, 여기서는 가장 기본적인 내용만 살펴본다. 이들 카메라의 차이를 몇 개의 예제를 통해 설명한다.

## 직교카메라 대 원근카메라

2장의 예제 중 07-both-cameras.html 파일을 열면 다음과 같은 화면을 볼 수 있다.

이것은 원근 시점perspective view이라고 불리며 가장 자연스러운 뷰다. 카메라에서 멀리 떨어진 정육면체는 더 작게 렌더링된다.

Three.js가 제공하는 다른 타입인 직교카메라로 카메라를 바꿔보면 동일한 장면에 대해 다음과 같은 뷰를 볼 수 있다.

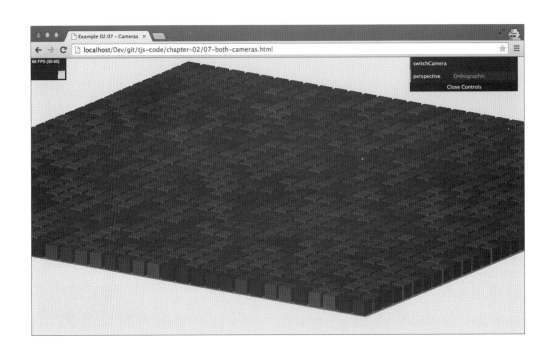

직교카메라에서 모든 정육면체는 카메라와 객체 사이의 거리에 관계없이 동일한 크기로 렌더링된다. 이것은 〈심시티4〉 같은 2D 게임에서 종종 사용된다.

이 책의 예제에서는 실제 세계와 가장 유사하게 보여주기 위해 대부분의 경우 원근카메라를 사용하기로 한다. 카메라의 교체는 아주 간단하다. 예제 07-both-cameras에서 **switch camera** 버튼을 누를 때마다 다음 코드가 호출된다.

```javascript
this.switchCamera = function() {
  if (camera instanceof THREE.PerspectiveCamera) {
    camera = new THREE.OrthographicCamera( window.innerWidth / - 16,
      window.innerWidth / 16, window.innerHeight / 16, window.innerHeight
      / - 16, -200, 500 );
    camera.position.x = 120;
    camera.position.y = 60;
    camera.position.z = 180;
    camera.lookAt(scene.position);
    this.perspective = "Orthographic";
  } else {
    camera = new THREE.PerspectiveCamera(45, window.innerWidth / window.
      innerHeight, 0.1, 1000);
    camera.position.x = 120;
    camera.position.y = 60;
    camera.position.z = 180;
    camera.lookAt(scene.position);
    this.perspective = "Perspective";
  }
};
```

다음 표에서 두 가지 카메라를 작성하는 방법에 차이가 있음을 알 수 있다. 먼저 THREE.PerspectiveCamera를 살펴보자. 이 카메라는 다음과 같은 인자가 필요하다.

| 인자 | 설명 |
| --- | --- |
| fov | FOV는 Field Of View의 약자로 카메라의 시야각을 의미한다. 카메라의 위치에 따라 보여지는 장면이다. 사람의 경우 180도 정도의 FOV를 가지고 있다. 새 중 일부는 완전한 360도의 FOV를 가진다고 한다. 하지만 일반적인 컴퓨터 스크린이 시야를 완전히 보여줄 수 없기 때문에 보통 작은 값이 선택된다. 대부분 게임의 경우 FOV는 약 60도에서 90도 사이의 값이 선택된다. <br><br>좋은 기본값: 50 |

(이어짐)

| 인자 | 설명 |
| --- | --- |
| aspect | 렌더링할 화면의 수평과 수직 간의 종횡비(aspect ratio)를 말한다. 우리의 경우 전체 창을 사용하기 때문에 단지 비율만 사용한다. 다음 이미지에서 볼 수 있듯이 종횡비는 수평 FOV와 수직 FOV 간의 차이를 결정한다.<br><br>좋은 기본값: window.innerWidth / window.innerHeight |
| near | near 속성은 Three.js가 장면을 카메라와 얼마나 가까이에서 렌더링하는지를 정의한다. 일반적으로 카메라의 위치에서 모든 것을 직접 렌더링하기 위해 아주 작은 값으로 설정한다.<br><br>좋은 기본값: 0.1 |
| far | far 속성은 카메라에서 볼 수 있는 거리를 정의한다. 이 값을 너무 작게 설정하면 장면의 일부가 렌더링되지 않을 것이다. 반대로 너무 크게 설정하면 렌더링 성능에 영향을 미칠 수 있다.<br><br>좋은 기본값: 1000 |
| zoom | Zoom 속성은 장면을 줌인/줌아웃할 수 있도록 해준다. 1보다 작은 숫자를 사용하면 장면을 줌아웃하고 1보다 큰 숫자를 사용하면 줌인 한다. 음수로 설정하면 장면이 거꾸로 뒤집혀 렌더링된다.<br><br>좋은 기본값: 1 |

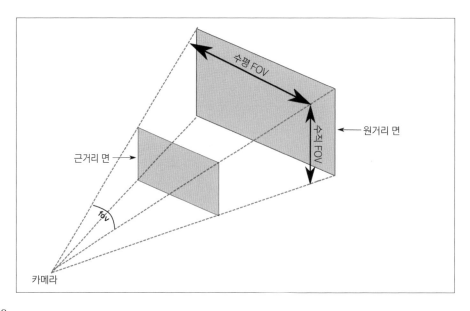

카메라의 fov 속성은 수평 FOV를 결정한다. 수직 FOV는 aspect 속성에 의해 결정된다. near 속성은 근거리 면의 위치를 결정하는 데 사용되고 far 속성은 원거리 면의 위치를 결정한다. 원거리 면과 근거리 면 사이의 공간이 렌더링된다.

직교카메라를 설정하기 위해서는 다른 속성이 필요하다. 직교 투영에서는 모든 객체가 동일한 크기로 렌더링되기 때문에 종횡비나 FOV를 상관하지 않는다. 직교카메라를 정의할 때 필요한 것은 렌더링할 입방형cuboid 영역의 정의다. 이를 반영할 직교카메라의 속성은 다음과 같다.

| 인자 | 설명 |
| --- | --- |
| left | Three.js 문서에 '카메라 사각뿔의 왼쪽 면(Camera frustum left plane)'으로 기술되어 있다. 렌더링되는 왼쪽의 경계로 볼 수 있다. 이 값을 -100으로 설정하면, 왼쪽에 있는 아무런 객체도 볼 수 없다. |
| right | right 속성은 left 속성과 유사한 방법으로 동작하지만, 이 값보다 더 오른쪽의 객체는 렌더링되지 않는다. |
| top | 렌더링되는 상단의 경계 위치다. |
| bottom | 렌더링되는 하단의 경계 위치다. |
| near | 카메라의 위치에 기반해 이 시점부터 장면이 렌더링된다. |
| far | 카메라의 위치에 기반해 이 시점까지 장면이 렌더링된다. |
| zoom | 장면을 줌인, 줌아웃할 수 있다. 1보다 작은 숫자를 사용하면 장면을 줌아웃하고, 1보다 큰 숫자를 사용하면 줌인한다. 음수를 지정하면 장면이 거꾸로 뒤집혀 렌더링됨에 주의한다. 기본값은 1이다. |

이 속성들은 다음 그림으로 요약할 수 있다.

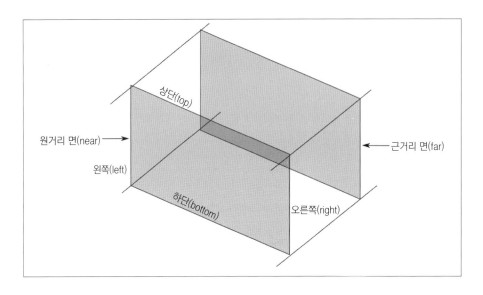

## 특정 지점을 바라보기

지금까지 카메라를 생성하고 이에 필요한 여러 인자들의 의미를 알아보았다. 1장
에서 장면에서의 카메라 위치와 뷰가 렌더링되는 위치를 지정하는 것을 보았을 것
이다. 일반적으로 카메라는 장면의 중앙인 position(0,0,0)을 가리킨다. 하지만
다음처럼 카메라가 가리키는 지점을 쉽게 변경할 수 있다.

```
camera.lookAt(new THREE.Vector3(x,y,z));
```

다음은 카메라가 이동하면 카메라가 바라보는 지점을 빨간색 점으로 표시하는 예
제다.

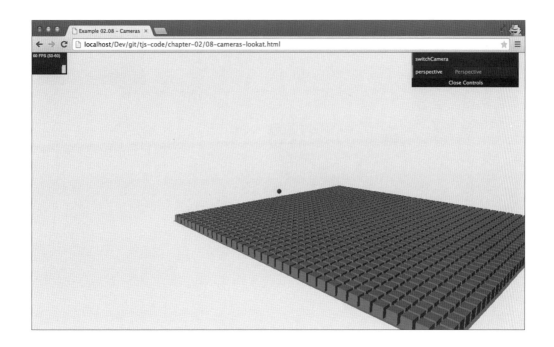

08-cameras-lookat 예제를 보면 장면이 왼쪽에서 오른쪽으로 이동하는 것을 볼
수 있다. 하지만 실제로 장면이 움직이는 것은 아니다. 카메라가 다른 지점을 바라
보도록 하는 것이 장면이 왼쪽에서 오른쪽으로 움직이는 것과 같은 효과를 준다.
예제에서 카메라를 직교카메라로 교체할 수도 있다. 여기에서 카메라가 바라보는
지점의 변경이 THREE.PerspectiveCamera와 매우 유사한 효과를 갖는다는 것을
알 수 있다. 흥미로운 것은 THREE.OrthographicCamera에서는 카메라가 바라보
는 지점과 상관없이 모든 정육면체의 크기가 같다는 점이다.

 lookAt 함수를 사용하면, 카메라를 특정 지점으로 지정할 수 있다. 또한 이 함수로 카메라
가 장면의 객체를 따라가도록 만들 수도 있다. 모든 THREE.Mesh 객체가 THREE.Vector3
객체인 위치를 가지기 때문에 장면에서 특정한 메시를 지시하는 데 lookAt 함수를 사용할
수 있다. 단지 camera.lookAt(mesh.position)만 호출하면 된다. 렌더링 루프에서 이 함수
를 호출하면, 카메라가 장면에서 객체를 따라 움직이도록 만들 수 있다.

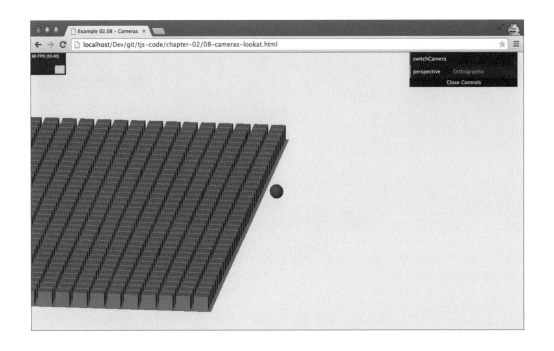

## 요약

2장에서는 THREE.Scene의 모든 함수와 속성에 대해 알아보고 이들 속성을 사용해 어떻게 메인 장면을 조정하는지 설명했다. 또한 어떻게 지오메트리를 생성하는지 알아보았다. THREE.Geometry 객체를 사용해 생성하거나, 또는 Three.js가 제공하는 다양한 내장된 지오메트리를 이용할 수도 있다. THREE.PerspectiveCamera는 실세계의 원근법을 사용해 장면을 렌더링하고 THREE.OrthographicCamera는 종종 게임에서 사용되는 것과 같은 3D 효과를 제공한다. 또한 Three.js에서 지오메트리가 어떻게 동작하는지에 대해서도 소개했다. 이제 쉽게 자신의 지오메트리를 생성할 수 있게 되었을 것이다.

다음 장에서는 Three.js에서 사용 가능한 다양한 광원에 대해 알아본다. 다양한 광원이 어떻게 동작하는지, 광원을 어떻게 생성하고 조정하는지 그리고 광원이 특정한 물질에 어떻게 영향을 주는지 살펴보겠다.

# 3

# Three.js에서 사용할 수 있는 다양한 광원

1장에서는 Three.js의 기본에 대해 배웠고, 2장에서는 장면에서 가장 중요한 부분인 지오메트리와 메시, 카메라에 대해 배웠다. 2장에서는 모든 Three.js 장면에서 가장 중요한 부분임에도 불구하고 광원을 다루지 않았다. 광원 없이는 아무것도 렌더링되는 것을 볼 수 없다. Three.js는 광대한 양의 광원을 지원하고 있기 때문에 각각의 특정한 용도가 있다. 3장 전체를 할애해 다양한 광원에 대해 자세히 알아보고 4장에서 물질의 사용법을 배울 수 있도록 준비한다.

 웹GL 자체는 광원을 지원하지 않는다. Three.js가 없다면 이런 광원을 흉내낼 수 있는 셰이더 프로그램(shader program)을 작성해야 한다. 웹GL에서의 광원 시뮬레이션에 대해서는 https://developer.mozilla.org/en-US/docs/Web/WebGL/Lighting_in_WebGL을 참조한다.

이번 장에서는 다음 주제를 다룬다.

- Three.js에서 사용할 수 있는 광원들
- 특정 광원의 사용이 필요한 때
- 광원의 행동을 조율하고 조정하기
- 렌즈 플레어lens flare 효과(햇빛 효과)

이번 장을 통해 광원의 행동에 대해 직접 테스트해 볼 수 있는 다양한 예제를 함께 제공한다. 이번 장에서 사용되는 예제는 chapter-03 폴더에서 찾을 수 있다.

## Three.js가 제공하는 다양한 빛

Three.js는 각자 특정한 동작을 하는 다양한 빛을 제공한다. 이번 장에서는 다음 광원에 대해 알아본다.

| 이름 | 설명 |
| --- | --- |
| THREE.AmbientLight | 기본 광원 장면에 있는 객체의 현재 색상에 빛의 색상이 더해진다. |
| THREE.PointLight | 한 점에서 모든 방향으로 확산되는 빛이다. 이 광원은 그림자를 만드는 데 사용하지 못한다. |
| THREE.SpotLight | 데스크의 램프나 천장의 등, 햇불 같은 원뿔 효과를 가진다. 이 광원은 그림자를 만들 수 있다. |
| THREE.DirectionalLight | 무한광(infinite light)이라고도 불린다. 이 광원의 광선은 태양광과 비슷해 보인다. 이 광원 역시 그림자를 만드는 데 사용할 수 있다. |
| THREE.HemisphereLight | 특별한 광원으로, 표면 반사나 희미한 하늘을 흉내내어 좀 더 자연스러운 외부광을 만드는 데 사용된다. 이 광원 역시 그림자와 관련된 기능을 제공하지 않는다. |
| THREE.AreaLight | 이 광원으로는 공간에서 한 지점 대신 빛을 발산하는 공간을 지정할 수 있다. THREE.AreaLight는 그림자를 만들지 못한다. |
| THREE.LensFlare | 광원은 아니지만, THREE.LensFlare로 장면의 광원에 렌즈 플레어 효과를 줄 수 있다. |

3장은 크게 두 부분으로 나뉜다. 먼저 기본 광원인 THREE.AmbientLight와 THREE.PointLight, THREE.SpotLight, THREE.DirectionalLight를 알아본다. 이 광원들은 모두 THREE.Light 객체를 기반으로 확장한 것으로 공통된 기능을 제공한다. 여기서 언급된 광원들은 간단한 광원으로 약간의 설정만으로 대부분의 시나리오에서 사용할 수 있다. 두 번째 부분에서는 특별한 목적의 광원과 효과인 THREE.HemisphereLight와 THREE.AreaLight, THREE.LensFlare를 알아본다. 이들 광원은 대부분 특별한 상황에서만 사용된다.

## 기본 광원

가장 기본인 THREE.AmbientLight부터 시작한다.

### THREE.AmbientLight

THREE.AmbientLight를 생성하면 색상이 전체에 적용된다. 이 광원은 특정한 빛의 시작점이 없으며 그림자를 만들지 않는다. THREE.AmbientLight는 객체의 모양에 관계없이 동일한 색상을 주기 때문에 일반적으로 단독으로 광원으로 사용하지는 않는다. THREE.SpotLight나 THREE.DirectionalLight와 함께 사용하며 그림자를 부드럽게 하거나 장면에 추가적인 색상을 더하는 데 사용한다. 3장의 01-ambient-light.html 예제를 통해 이해하는 것이 좋다. 이 예제에는 THREE.AmbientLight를 변경할 수 있는 간단한 사용자 인터페이스가 있다. 이 예제의 장면에는 추가의 광원과 그림자를 제공하기 위해 THREE.SpotLight를 같이 사용했음을 명심하자.

다음 스크린샷과 같이 예제에서는 1장의 장면을 그대로 사용하고 THREE.AmbientLight의 색상을 조정할 수 있도록 했다. 이 예제에서 스포트라이트를 꺼서 THREE.AmbientLight 자체의 효과를 확인할 수 있다.

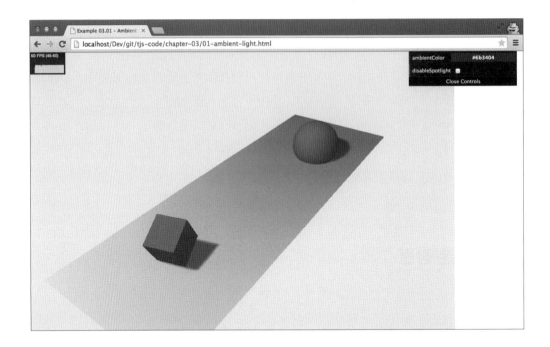

장면에서 사용된 표준 색상은 #0c0c0c다. 색상을 표현하는 16진수로 처음 두 값
은 색상의 적색 부분을, 다음 두 값은 녹색 부분, 그리고 마지막 두 값은 파란색 부
분을 지정한다.

이 예제에서 그림자를 부드럽게 하기 위해 아주 옅은 밝은 회색을 사용했다. 오른
쪽 상단의 메뉴에서 좀 더 눈에 띄는 노랑/오렌지색(#523318)으로 변경할 수도 있는
데, 그러면 객체에 햇빛과 같은 백열광을 줄 수 있다. 다음 스크린샷을 참조한다.

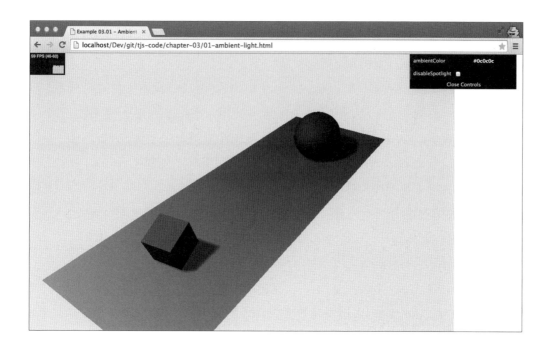

결과에서 알 수 있듯이, 노랑/오렌지색은 모든 객체에 적용되고, 녹색의 백열광이 장면 전체에 뿌려진다. 이 광원을 사용할 때는 색상을 매우 보수적으로 사용해야 한다. 색상을 너무 밝게 지정하면 과포화된oversaturated 이미지가 된다.

THREE.AmbientLight가 무엇인지 알아보았으므로 이제 직접 만들어 보자. 다음 코드는 어떻게 THREE.AmbientLight를 생성하고 GUI 제어 메뉴에 연결하는지 보여준다. GUI 제어 메뉴는 11장에서 소개한다.

```
var ambiColor = "#0c0c0c";
var ambientLight = new THREE.AmbientLight(ambiColor);
scene.add(ambientLight);
...

var controls = new function() {
  this.ambientColor = ambiColor ;
}
```

```
var gui = new dat.GUI();
gui.addColor(controls, 'ambientColor').onChange(function(e) {
  ambientLight.color = new THREE.Color(e);
});
```

THREE.AmbientLight의 생성은 아주 간단해서 몇 단계만 거치면 된다. THREE.AmbientLight는 위치가 없고 전체에 적용되기 때문에 new THREE.AmbientLight(ambiColor)에 hex 값으로 색상만 지정해서 장면에 scene.add(ambientLight)를 추가하면 된다. 예제에서 THREE.AmbientLight의 색상을 제어 메뉴에 연결시켰다. 이것은 앞의 두 장에서와 같은 설정을 사용하면 된다. 유일한 차이점은 gui.add(...) 대신에 gui.addColor(...)를 사용하는 것이다. 이는 제어 메뉴에서 색상을 직접 변경할 수 있는 옵션을 제공한다. 코드에서 dat.GUI의 onChange 기능인 .addColor(...).onChange(function(e){...})를 사용했다. 이 함수로 dat.GUI에게 색상이 변경될 때마다 전달된 함수를 호출하도록 했다. 코드에서는 THREE.AmbientLight의 색상에 새로운 값을 설정했다.

## THREE.Color 객체 사용

다음 광원으로 넘어가기 전에 THREE.Color 객체에 대해 간단히 살펴보자. Three.js에서 객체를 생성할 때 (일반적으로) 헥사문자열("#0c0c0c")이나 헥사값(0x0c0c0c)으로 색상을 지정하거나 또는 0에서 1 사이의 개별 RGB 값으로 (0.3, 0.5, 0.6)처럼 지정한다. 객체 생성 후 색상을 변경할 때는 새로운 THREE.Color 객체를 생성하거나 현재의 THREE.Color 객체의 내부 속성을 변경하면 된다. THREE.Color 객체는 현재 객체의 정보를 설정하거나 가져오는 데 다음과 같은 함수를 제공한다.

| 이름 | 설명 |
| --- | --- |
| set(value) | 헥사값으로 색상을 설정한다. 헥사값은 스트링이나 숫자 또는 THREE.Color 인스턴스가 될 수 있다. |
| setHex(value) | 숫자 헥사 값으로 색상을 설정한다. |
| setRGB(r,g,b) | RGB 값으로 색상을 설정한다. 값은 0에서 1 사이의 범위를 가진다. |

(이어짐)

| 이름 | 설명 |
| --- | --- |
| setHSL(h,s,l) | HSL 값으로 색상을 설정한다. 값은 0에서 1 사이의 범위를 가진다. HSL 값으로 색상을 지정하는 설명은 http://en.wikibooks.org/wiki/ Color_ Models:_RGB,_HSV,_HSL을 참고한다. |
| setStyle(style) | CSS 스타일로 색상을 설정한다. 예를 들어, rgb(255,0,0)이나 #ff0000, #f00 또는 "red"를 사용할 수 있다. |
| copy(color) | THREE.Color 인스턴스로부터 색상값을 복사해 색상을 설정한다. |
| copyGammaToLinear (color) | 대부분 내부적으로 사용된다. THREE.Color 인스턴스로 객체의 색상을 설정한다. 색상은 먼저 감마(Gamma) 색상공간에서 선형(linear) 색상공간으로 변환된다. 감마 색상공간 역시 RGB 값을 사용하지만, 선형(linear) 스케일 대신 지수 비율 스케일(exponential scale)을 사용한다. |
| copyLinearToGamma (color) | 대부분 내부적으로 사용된다. THREE.Color 인스턴스로 객체의 색상을 설정한다. 색상은 먼저 선형(linear) 색상공간에서 감마(Gamma) 색상공간으로 변환된다. |
| convertGammaToLinear() | 현재 색상을 감마 색상공간에서 선형 색상공간으로 변환한다. |
| convertLinearToGamma() | 현재 색상을 선형 색상공간에서 감마 색상공간으로 변환한다. |
| getHex() | 색상 객체의 값을 '435241' 같은 숫자로 반환한다. |
| getHexString() | 색상 객체의 값을 '0c0c0c' 같은 헥사 스트링으로 반환한다. |
| getStyle() | 색상 객체의 값을 'rgb(112,0,0)' 같은 CSS 기반 값으로 반환한다. |
| getHSL(optionalTarget) | 색상 객체의 값을 HSL 값으로 반환한다. optionalTarget 객체를 제공한다면 Three.js는 optionalTarget 객체의 h, s, l 속성을 설정할 것이다. |
| offsetHSL(h, s, l) | 현재 색상의 h, s, l에 제공되는 (h, s, l) 값을 추가한다. |
| add(color) | 현재 색상의 r, g, b에 제공되는 r, g, b 값을 추가한다. |
| addColors(color1, color2) | 대부분 내부에서만 사용된다. color1과 color2를 추가하고 결과값으로 현재 색상을 설정한다. |
| addScalar(s) | 대부분 내부에서만 사용된다. 현재 색상의 RGB 컴포넌트에 값을 추가한다. 내부 값의 범위는 0에서 1 사이임을 명심한다. |
| multiply(color) | 대부분 내부에서만 사용된다. 현재 RGB 값에 THREE.Color 값을 곱한다. |

(이어짐)

| 이름 | 설명 |
|---|---|
| multiplyScalar(s) | 대부분 내부에서만 사용된다.<br>현재 RGB 값에 제공된 값을 곱한다. 내부 값의 범위는 0에서 1 사이임을 명심한다. |
| lerp(color, alpha) | 대부분 내부에서만 사용된다.<br>이 객체의 색상과 인자로 제공하는 색상 사이의 색상을 찾는다. Alpha 속성은 현재 색상과 제공된 색상 사이의 차이를 정의한다. |
| equals(color) | 인자로 제공되는 THREE.Color 인스턴스의 RGB 값과 현재 색상 값이 일치하면 true를 반환한다. |
| fromArray(array) | setRGB와 동일한 기능이지만, RGB 값을 숫자 배열로 제공할 수 있다. |
| toArray | [r, g, b]의 배열을 반환한다. |
| clone() | 동일한 색상의 복사본을 생성한다. |

표에서 현재 색상을 변경할 수 있는 다양한 방법을 확인할 수 있었다. 이런 다양한 함수는 Three.js의 내부에서 사용되며, 광원과 물질을 쉽게 변경할 수 있는 좋은 방법을 제공한다.

THREE.PointLight와 THREE.SpotLight, THREE.DirectionalLight로 넘어가기 전에 이들의 차이점, 즉 어떻게 빛을 방출하는지를 먼저 살펴보자. 다음 그림은 이들 세 가지 광원이 어떻게 빛을 방출하는지 보여준다.

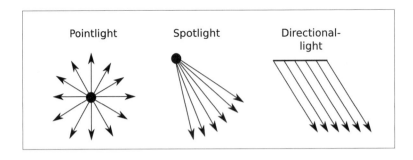

이 그림에서 다음을 알 수 있다.

- THREE.PointLight는 특정 지점에서 모든 방향으로 빛을 방출한다.

- THREE.SpotLight는 특정 지점에서 원뿔 모양으로 빛을 방출한다.

- THREE.DirectionalLight는 하나의 지점에서 빛을 방출하지 않고 2D 평면에서 빛을 방출하고 광선들은 병렬로 확산된다.

이제 이들 광원에 대해 자세히 알아보자. 먼저 THREE.Pointlight부터 시작한다.

## THREE.PointLight

Three.js의 THREE.PointLight는 한 지점에서 모든 방향으로 빛을 방사하는 광원이다. THREE.PointLight의 좋은 예로 밤하늘에 쏘아 올려진 조명탄을 들 수 있다. 다른 광원들과 마찬가지로, THREE.PointLight를 연구하는 데 사용할 수 있는 예제를 제공한다. 3장의 02-point-light.html 예제를 보면 THREE.PointLight 광원이 Three.js의 장면에서 움직이는 것을 볼 수 있다. 다음 스크린샷은 이 예제를 보여준다.

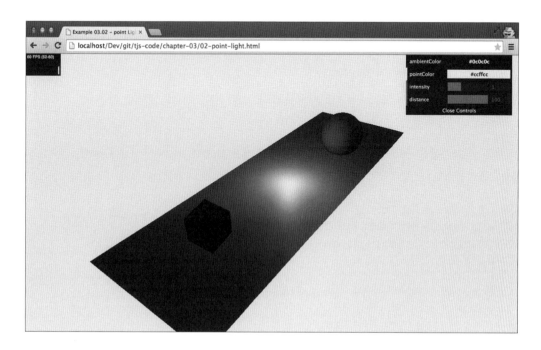

이 예제에서 THREE.PointLight는 1장에서 작성한 장면 내에서 움직인다. 좀 더 명확하게 보여주기 위해 THREE.PointLight가 이동하는 경로에 작은 오렌지색 구체sphere에 따라 움직인다. 광원이 이동함에 따라 빨간색 정육면체와 파란색 구체의 조명이 달라지는 것을 확인할 수 있다.

 이 예제에서 그림자를 볼 수 없다. Three.js에서 THREE.PointLight는 그림자를 만들지 않는다. THREE.PointLight가 빛을 모든 방향으로 방출하기 때문에 그림자를 계산하는 작업이 GPU에 큰 부담을 준다.

앞의 THREE.AmbientLight에서는 THREE.Color를 설정하고 장면에 광원을 추가하면 됐다. THREE.PointLight에는 몇 가지 추가적인 구성 옵션이 있다.

| 속성 | 설명 |
|---|---|
| color | 빛의 색상이다. |
| distance | 빛이 도달하는 거리다. 기본값은 0으로 거리에 따라 빛의 세기가 줄어들지 않음을 의미한다. |
| intensity | 빛이 비추는 세기다. 기본값은 1이다. |
| position | THREE.Scene에서 빛의 위치다. |
| visible | 이 속성이 THREE.Scene(기본값)으로 설정되면, 빛이 켜지고 false로 설정되면 꺼진다. |

예제와 스크린샷을 통해 이들 속성을 설명한다. 먼저 THREE.PointLight를 생성하는 방법을 알아보자.

```
var pointColor = "#ccffcc";
var pointLight = new THREE.PointLight(pointColor);
pointLight.position.set(10,10,10);
scene.add(pointLight);
```

color 속성을 지정해 빛을 만들고(예제에서는 문자열을 사용했지만, 숫자나 THREE.Color를 사용해도 된다) position 속성을 설정해 장면에 추가했다.

먼저 intensity 속성을 살펴본다. 이 속성으로 빛이 얼마나 밝게 비추는지 설정할 수 있다. 0으로 설정하면, 아무것도 볼 수 없다. 1은 기본 밝기고, 2로 설정하면 2 배 밝게 비춘다. 다음 스크린샷은 intensity를 2.4로 설정한 결과를 보여준다.

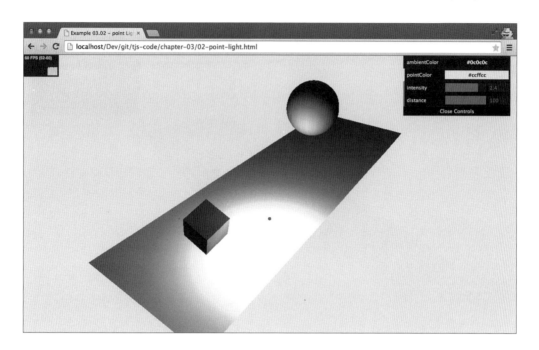

빛의 세기는 THREE.PointLight의 intensity 속성을 사용해 변경할 수 있다.

```
pointLight.intensity = 2.4;
```

또는 다음과 같이 dat.GUI 리스너를 사용해도 된다.

```
var controls = new function() {
  this.intensity = 1;
}
var gui = new dat.GUI();
gui.add(controls, 'intensity', 0, 3).onChange(function (e) {
  pointLight.intensity = e;
});
```

PointLight의 distance 속성은 아주 흥미로운 속성이며 예제에 잘 설명되어 있다. 다음 스크린샷에서 intensity 속성에는 아주 큰 값을 설정했지만(매우 밝은 빛을 가지게 되었다), distance 속성에는 작은 값을 설정했다.

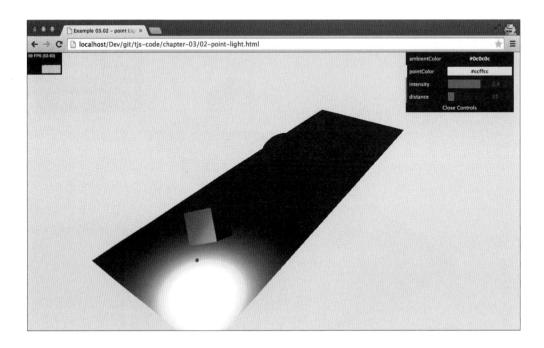

SpotLight의 distance 속성은 빛의 intensity 속성이 0이 될 때까지 빛이 도달할 거리를 계산한다. pointLight.distance = 14와 같이 이 속성을 설정할 수 있다. 예제에서 빛의 밝기는 거리가 14에 도달할 때까지 서서히 줄어든다. 이 예제에서 정육면체에는 빛이 밝게 비추었지만 파란색 구체에는 빛이 도달하지 못한 이유가 바로 이것이다. distance 속성의 기본값은 0인데 이것은 거리에 따라 빛이 줄어들지 않음을 의미한다.

# THREE.SpotLight

THREE.SpotLight는 가장 자주 사용하는 광원 중 하나다(특히 그림자를 사용한다면). THREE.SpotLight의 광원은 원뿔 모양의 효과를 가진다. 플래시나 랜턴과 유사하다. 광원은 빛이 만들어진 곳에서 방향성과 각도를 가진다. 다음 표는 THREE.SpotLight에 적용할 수 있는 모든 속성들을 보여준다.

| 속성 | 설명 |
| --- | --- |
| angle | 광원으로부터 광선이 얼마나 넓게 퍼져 나가는지를 결정한다. 라디안(radian)으로 측정되며 기본값은 Math.PI/3이다. |
| castShadow | true로 설정되면 광원은 그림자를 만든다. |
| color | 빛의 색상이다. |
| distance | 빛이 비추는 거리다. 기본값은 0이며, 거리에 따라 빛의 세기가 감소하지 않음을 의미한다. |
| exponent | THREE.SpotLight에서 발산되는 빛의 세기는 빛의 시작점으로부터 멀어질수록 줄어든다. exponent 속성은 이 세기가 얼마나 빨리 감소하는지를 결정한다. 작은 값에서 빛은 더 멀리 있는 객체까지 도달하는 반면에, 높은 값에서는 THREE.SpotLight에 아주 가까이 있는 객체까지만 빛이 도달한다. |
| intensity | 빛이 비치는 세기다. 기본값은 1이다. |
| onlyShadow | 이 속성을 true로 설정하면 이 광원은 그림자만 만들 뿐 장면에 빛을 비추지는 않는다. |
| position | THREE.Scene에서 빛의 위치다. |
| shadowBias | shadowBias는 그림자를 없애거나 그림자의 방향을 객체 쪽으로 이동시킨다. 아주 얇은 객체에서 발생하는 특이한 현상을 해결하는 데 이 속성을 사용할 수 있다. 만약 특이한 그림자 현상을 발견한다면, 이 속성을 작은 값(예를 들어 0.01)으로 설정하면 문제를 해결할 수 있다. 기본값은 0이다. |
| shadowCameraFar | 광원으로부터 그림자의 거리를 결정한다. 기본값은 5,000이다. |
| shadowCameraFov | 그림자를 얼마나 큰 FOV(Field Of View)로 생성하는지를 결정한다(FOV에 대해서는 2장을 참조한다). 기본값은 50이다. |
| shadowCameraNear | 광원으로부터 그림자의 거리를 결정한다. 기본값은 50이다. |

(이어짐)

| 속성 | 설명 |
|------|------|
| shadowCameraVisible | 이 속성이 true로 설정되면 광원이 어디서 어떻게 그림자를 만드는지 볼 수 있다(다음 절의 예제를 참조한다). 기본값은 false다. |
| shadowDarkness | 그림자의 어두운 정도를 정의한다. 장면이 렌더링된 후에는 변경할 수 없다. 기본값은 0.5다. |
| shadowMapWidth와 shadowMapHeight | 그림자를 만드는 데 사용하는 픽셀의 수를 결정한다. 그림자의 가장자리가 울퉁불퉁하거나 부드러워 보이지 않은 경우 이 값을 높인다. 장면이 렌더링된 후에는 변경할 수 없다. 기본값은 512다. |
| target | THREE.SpotLight에서 가리키는 방향은 매우 중요하다. target 속성으로 장면에서 위치나 특정한 객체를 지정할 수 있다. 이 속성은 THREE.Mesh 객체를 필요로 함을 (THREE.Mesh와 같이) 명심하라. 이것은 2장에서 보았던 lookAt 함수에서 THREE.Vector3를 사용하는 카메라와 대조적이다. |
| visible | 이 속성이 true(기본값)으로 설정되어 있으면 빛이 켜지고, false로 설정되면 꺼진다. |

THREE.SpotLight의 생성은 매우 쉽다. 색상을 지정하고 원하는 속성을 설정한 후 장면에 추가하면 된다.

```
var pointColor = "#ffffff";
var spotLight = new THREE.SpotLight(pointColor);
spotLight.position.set(-40, 60, -10);
spotLight.castShadow = true;
spotLight.target = plane;
scene.add(spotLight);
```

THREE.SpotLight는 THREE.PointLight와 크게 다르지 않다. 유일한 차이점은 그림자 생성을 위해 castShadow 속성을 true로 설정하고, SpotLight를 위해 target 속성을 설정해야 한다는 점이다. target 속성은 빛이 향하는 목적지를 결정한다. 이 경우, plane이라는 이름의 객체를 지정했다. 03-spot-light.html 예제를 실행해 보면 다음 스크린샷과 같은 화면을 볼 수 있다.

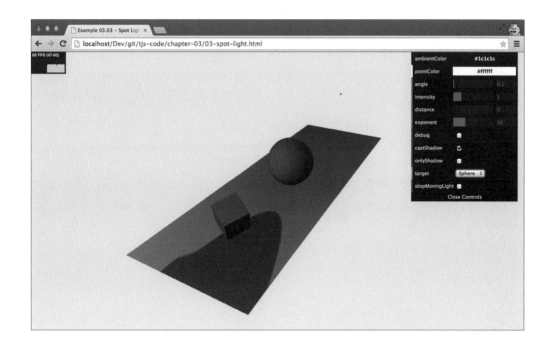

이 예제에서 THREE.SpotLight의 많은 속성들을 직접 설정하고 결과를 확인할 수 있다. 그중 하나가 target 속성이다. 이 속성을 파란색 구체로 설정하면, 빛이 장면의 주위를 돌고 있어도 빛은 구체의 중앙을 목표로 한다. 예제에서 빛을 처음 생성할 때는 바닥 면plane을 목표로 설정해 놓았지만, 다른 두 객체로 목표를 변경할 수 있다. 하지만 특정 객체를 지정하지 않고 공간 내의 임의의 지점으로 설정하고 싶다면 어떻게 해야 할까? 다음처럼 THREE.Object3D() 객체를 만들면 된다.

```
var target = new THREE.Object3D();
target.position = new THREE.Vector3(5, 0, 0);
```

그런 다음 THREE.SpotLight의 target 속성을 설정한다.

```
spotlight.target = target
```

이 절의 시작 부분에서 표를 통해 THREE.SpotLight의 빛이 발산하는 방법을 제어하는 데 사용되는 속성들을 알아보았다. distance와 angle 속성은 빛의 모양을 정의한다. angle 속성은 원뿔 모양의 빛의 폭을 정의하고, distance 속성은 원뿔의 길이를 설정한다. 다음 그림은 이 둘 속성이 합쳐져 THREE.SpotLight로부터 받는 빛의 영역을 어떻게 정의하는지 설명한다.

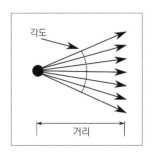

일반적으로 이들 속성은 합리적인 기본값으로 제공되기 때문에 특별히 값을 설정할 필요는 없다. 하지만 아주 좁은 빔이나 빛의 강도가 빠르게 감소하는 THREE.SpotLight를 만들 때 이런 속성들을 사용할 수 있다. 마지막으로 THREE.SpotLight에서 빛을 생산하는 방식을 변경할 수 있는 속성은 exponent다. 이 속성으로 빛의 강도가 원뿔의 중심에서 가장자리로 얼마나 빨리 감소하는지를 설정할 수 있다.

다음 그림에서 exponent 속성이 동작하는 결과를 볼 수 있다. 아주 밝았던 빛의 세기(높은 intensity 속성값)가 원뿔의 중앙에서 가장자리로 이동하면서 급격히 감소(높은 exponent 속성값)한다.

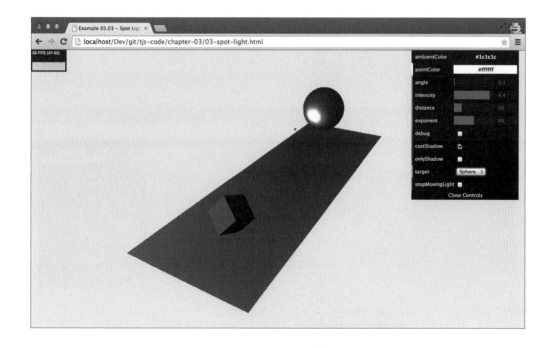

이 빛을 이용해 특정 물체에 하이라이트를 주거나 작은 플래시 불빛을 시뮬레이션하는 데 사용할 수 있다. 또한 작은 exponent와 angle 값으로 동일한 빔 효과를 낼 수 있다. 두 번째 방법에서는 아주 작은 각도로 인해 여러 가지 아티팩트artifact(아티팩트는 그래픽에서 의도하지 않은 왜곡이나 화면에서 이상하게 렌더링되는 부분을 나타내는 용어다)가 발생할 수 있음을 명심하라.

다음 광원으로 넘어가기 전에 THREE.SpotLight에서 사용할 수 있는 그림자와 관련된 속성들을 간단히 살펴보자. 앞에서 이미 THREE.SpotLight의 castShadow 속성을 true로 설정하면 그림자를 뿌릴 수 있음을 배웠다(물론 그림자를 뿌릴 객체의 castShadow 속성과, 장면의 THREE.Mesh 객체에서 그림자를 보여줄 객체의 receiveShadow 속성을 설정해야 한다). 또한 Three.js는 그림자의 렌더링을 세밀하게 제어할 수 있는 방법을 제공한다. 이는 앞의 표에서 설명한 여러 속성들에 의해 가능하다. shadowCameraNear와 shadowCameraFar, shadowCameraFov를 설정함으로써 이 빛이 어디에 어떻게 그림자를 만들지 제어할 수 있다. 이것은 2장에서 설명한 원근카메라의 FOV와 동일한 방식으로 동작한다. 이 동작을 확인하기 가장 쉬운 방법은 shadowCameraVisible을 true로 설정하는 것이다. 예제에서 메뉴의 **debug** 체크박스를 체크하면 된다. 그러면 다음 스크린샷처럼 이 빛에 의해 그림자가 그려질 영역을 보여준다.

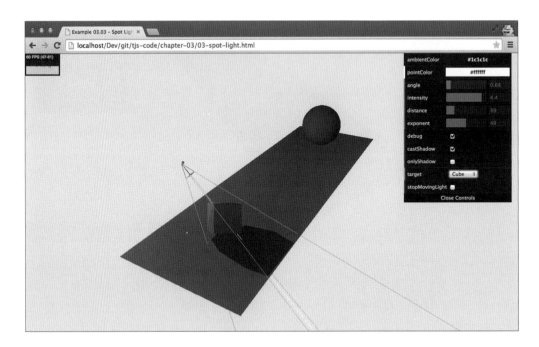

그림자를 작업하면서 문제에 직면할 경우를 대비해 몇 가지 팁을 알려주면서 이 절을 마친다.

- shadowCameraVisible 속성을 활성화한다. 이것은 그림자를 그릴 목적으로 사용되는 빛에 의해 영향을 받는 영역을 보여준다.
- 그림자가 고르지 못하게 보인다면, shadowMapWidth와 shadowMapHeight 속성값을 증가시키거나 객체 그림자를 계산하는 데 사용되는 영역이 객체를 잘 둘러싸고 있는지 확인한다. shadowCameraNear와 shadowCameraFar, shadowCameraFov 속성으로 이 영역을 설정할 수 있다.

- castShadow와 receiveShadow 속성을 설정해 그림자를 그릴 빛뿐만 아니라 어떤 지오메트리에 그림자가 그려질 것인지를 알려줘야 한다.

- 장면에서 아주 얇은 객체를 사용한다면, 그림자를 렌더링할 때 이상한 아티팩트가 발생할 가능성이 있다. shadowBias 속성으로 그림자를 약간 상쇄시켜 주면 종종 이런 종류의 문제가 해결된다.

- shadowDarkness 속성을 설정해 그림자의 어두운 정도를 변경할 수 있다. 그림자가 너무 어둡거나, 반대로 충분히 어둡지 못하다면 이 속성으로 그림자의 렌더링을 미세 조정할 수 있다.

- 부드러운 그림자를 원한다면 THREE.WebGLRenderer에 다른 shadowMapType 값을 설정한다. 기본값은 THREE.PCFShadowMap으로 설정되어 있다. 이 속성을 PCFSoftShadowMap으로 설정하면 더 부드러운 그림자를 얻을 수 있다.

## THREE.DirectionalLight

마지막으로 살펴볼 기본 광원은 THREE.DirectionalLight다. 이 빛은 아주 멀리까지 도달할 수 있다. 이 빛이 보내는 광선들은 서로 나란하게 나아간다. 태양 광선이 좋은 예다. 태양은 아주 멀리 있어서 지표면에 도달하는 광선은 서로 (거의) 나란하다. THREE.DirectionalLight가 앞에서 살펴본 THREE.SpotLight와 유일하게 다른 점은 THREE.DirectionalLight는 THREE.SpotLight와 다르게 거리에 따라 빛이 소멸되지 않는다(distance와 exponent 속성으로 미세 조정을 할 수 있다). THREE.DirectionalLight에 의해 조명되는 전체 영역은 동일한 빛의 세기를 가진다.

실제 동작은 04-directional-light 예제에서 살펴볼 수 있다.

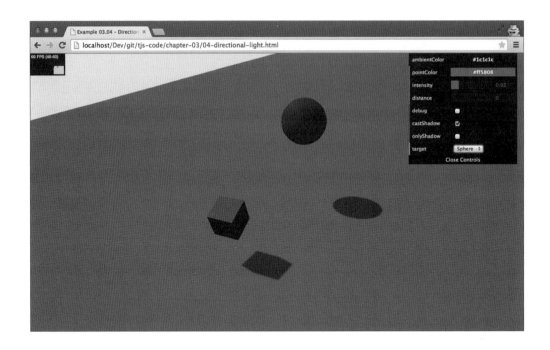

그림에서 볼 수 있듯이, 장면에 원뿔 모양의 빛이 적용되지 않는다. 모두 동일한 양의 빛을 받는다. 방향과 색상, 그리고 빛의 세기만이 색상과 그림자를 계산하는 데 사용된다.

`THREE.SpotLight`처럼, 몇 개의 속성을 사용해 빛의 세기와 그림자를 만드는 방법을 제어할 수 있다. `THREE.DirectionalLight`는 `THREE.SpotLight`와 여러 동일한 속성인 `position`, `target`, `intensity`, `distance`, `castShadow`, `onlyShadow`, `shadowCameraNear`, `shadowCameraFar`, `shadowDarkness`, `shadowCameraVisible`, `shadowMapWidth`, `shadowMapHeight`, `shadowBias`를 가지고 있다. 이들 속성에 대해서는 `THREE.SpotLight`에 대한 앞 절의 표를 참조한다. 그 외 추가적인 속성에 대해서는 다음 절에서 설명한다.

`THREE.SpotLight` 예제를 다시 살펴보면, 그림자를 비출 원뿔 모양의 빛을 정의해야 했다. `THREE.DirectionalLight`에서는 모든 광선이 나란히 나아가기 때문에 원뿔 모양의 빛이 아닌 다음 스크린샷처럼 정육면체 모양의 빛을 가진다.

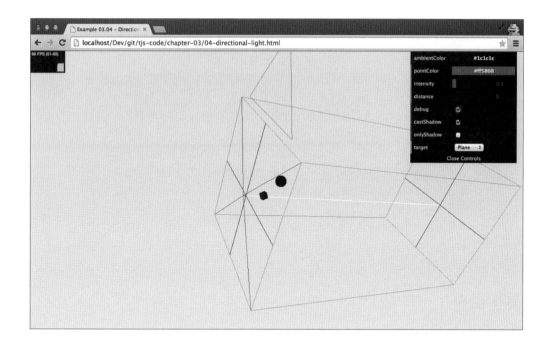

이 정육면체 내에 있는 모든 객체는 빛을 받고 그림자를 만들 수 있다. THREE. SpotLight와 마찬가지로 영역을 엄격하게 정의할수록 그림자가 더 잘 보인다. 다음 속성으로 이 정육면체를 정의한다.

```
directionalLight.shadowCameraNear = 2;
directionalLight.shadowCameraFar = 200;
directionalLight.shadowCameraLeft = -50;
directionalLight.shadowCameraRight = 50;
directionalLight.shadowCameraTop = 50;
directionalLight.shadowCameraBottom = -50;
```

이 방법을 2장에서 직교카메라를 구성하는 방식과 비교해 볼 수 있다.

THREE.DirectionalLight에서 아직 다루지 않은 속성은 shadowCascade다. 이 속성은 THREE.DirectionalLight로 큰 영역에서 그림자를 생성하고자 할 때 사용할 수 있다. 이 속성을 true로 설정하면, Three.js는 그림자를 생성하는 데 다른 방법을 사용한다. Three.js는 shadowCascadeCount에 설정된 값에 따라 그림자를 분할해 생성한다. 이 결과로 카메라의 뷰포인트(viewpoint)와 가까운 곳에서는 세밀한 그림자가 생성되고, 멀리 떨어진 곳에서는 덜 자세하게 그림자가 생성된다. 이를 사용하기 위해서는 shadowCascadeCount와 shadowCascadeBias, shadowCascadeWidth, shadowCascadeHeight, shadowCascadeNearZ, shadowCascadeFarZ를 어떻게 설정할지에 대해 연구해봐야 한다. http://alteredqualia.com/three/examples/webgl_road.html에서 이에 대한 예제를 찾을 수 있다.

# 특수 광원

이번 절에서는 Three.js가 제공하는 두 가지 추가 광원에 대해 알아본다. 먼저 야외 장면에서 좀 더 자연스러운 조명을 만들어 내는 `THREE.HemisphereLight`에 대해 알아본다. 다음으로 빛이 한 점이 아닌 넓은 영역에서 방사되는 `THREE.AreaLight`에 대해 알아본다. 마지막으로 장면에 렌즈 플레어 효과를 추가하는 방법을 알아본다.

## THREE.HemisphereLight

먼저 `THREE.HemisphereLight`에 대해 알아본다. `THREE.HemisphereLight`로 좀 더 자연스러운 야외 조명을 만들 수 있다. 이 조명이 없으면 `THREE.DirectionalLight`로 태양을 에뮬레이트하고 `THREE.AmbientLight`로 장면에 자연스러운 색상을 부여해 야외 조명을 시뮬레이션할 수도 있다. 하지만 그다지 자연스럽지는 않다. 야외에 있을 때, 모든 빛이 위에서 직접 내리쬐지는 않는다. 빛은 대기에 의해 확산되고 지면과 다른 물체에 반사된다. Three.js의 `THREE.HemisphereLight`는 이런 상황을 위해 만들어졌다. 좀 더 자연스러운 야외 조명을 만드는 가장 쉬운 방법이다. 05-hemisphere-light.html 예제를 참고한다.

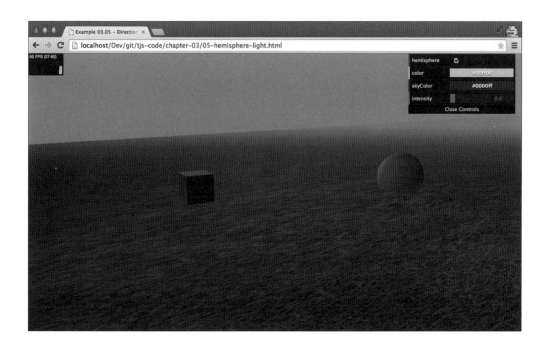

 이 예제는 외부 자원의 추가 다운로드가 필요한 첫 번째 예제로, 로컬 파일 시스템에서 직접 수행시킬 수 없다. 따라서 1장을 참조해 로컬 웹 서버를 설정하거나 브라우저의 보안설정을 비활성화해 브라우저에서 외부 자원을 로딩할 수 있도록 설정해야 한다.

이 예제에서 THREE.HemisphereLight의 온오프나 색상, 빛의 세기를 설정할 수 있다. 반구형 조명hemisphere light을 만드는 것은 다른 조명을 만드는 것만큼 쉽다.

```
var hemiLight = new THREE.HemisphereLight(0x0000ff, 0x00ff00, 0.6);
hemiLight.position.set(0, 500, 0);
scene.add(hemiLight);
```

하늘에서 방출되는 색상과 지면에서 방출되는 색상, 그리고 이들 빛의 세기를 설정하면 된다. 이 값들을 나중에 변경하려면 다음 속성을 통해 접근하면 된다.

| 속성 | 설명 |
| --- | --- |
| groundColor | 지면에서 방출되는 색상이다. |
| color | 하늘에서 방출되는 색상이다. |
| intensity | 빛이 비추는 강도다. |

## THREE.AreaLight

마지막으로 살펴볼 실제 광원은 THREE.AreaLight다. THREE.AreaLight로 빛을 방출하는 직사각형 영역을 정의할 수 있다. THREE.AreaLight는 기본 Three.js 라이브러리에 포함되어 있지 않고 확장판에 포함되어 있다. 따라서 이 광원을 사용하기 전에 몇 가지 추가 단계가 필요하다. THREE.AreaLight에 대해 자세히 알아보기 전에 예제(06-area-light.html)를 통해 결과를 먼저 확인해 보자.

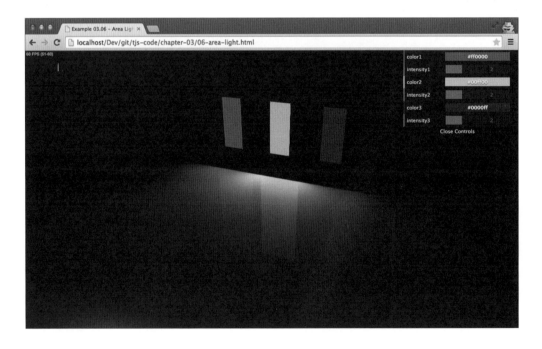

이 스크린샷에서 각각의 고유 색상을 가진 세 개의 THREE.AreaLight 객체를 정의했다. 또한 이 빛들이 전체 영역에 어떻게 영향을 주는지도 확인할 수 있다. THREE.AreaLight를 사용할 때는 지금까지 예제에서 사용해온 THREE.WebGLRenderer를 사용할 수 없다. THREE.AreaLight가 매우 복잡한 광원이어서 정상적인 THREE.WebGLRenderer 객체에서 매우 심각한 성능 저하를 야기하기 때문이다. THREE.WebGLDeferredRenderer는 장면을 렌더링할 때(여러 단계로 분리함) 다른 접근 방법을 사용해 기본 THREE.WebGLRenderer 객체보다 훨씬 복잡한 빛(또는 아주 많은 수의 광원)을 다룰 수 있다.

THREE.WebGLDeferredRenderer를 사용하려면 Three.js가 제공하는 몇 가지 추가 자바스크립트 소스를 포함해야 한다. HTML 스켈레톤의 <head>에 다음 <script> 정의를 추가한다.

```
<head>
<script type="text/javascript" src="../libs/three.js"></script>
<script type="text/javascript" src="../libs/stats.js"></script>
<script type="text/javascript" src="../libs/dat.gui.js"> </script>
<script type="text/javascript" src="../libs/ WebGLDeferredRenderer.js"></script>
<script type="text/javascript" src="../libs/ShaderDeferred.js"> </script>
<script type="text/javascript" src="../libs/RenderPass.js"> </script>
<script type="text/javascript" src="../libs/EffectComposer.js"> </script>
<script type="text/javascript" src="../libs/CopyShader.js"> </script>
<script type="text/javascript" src="../libs/ShaderPass.js"> </script>
<script type="text/javascript" src="../libs/FXAAShader.js"> </script>
<script type="text/javascript" src="../libs/MaskPass.js"> </script>
</head>
```

이 라이브러리를 추가하면 THREE.WebGLDeferredRenderer를 사용할 수 있다. 지금까지 다른 예제에서 사용한 것과 동일한 방식으로 이 렌더러를 사용할 수 있다. 추가 인자만 정의해 주면 된다.

```
var renderer = new THREE.WebGLDeferredRenderer({width: window.innerWidth,height: window.innerHeight,scale: 1, antialias: true,tonemapping: THREE.FilmicOperator, brightness: 2.5 });
```

지금은 이들 속성이 무엇을 의미하는지 크게 신경 쓰지 않아도 된다. THREE.
WebGLDeferredRenderer에 대해서는 10장에서 자세히 다룬다. 자바스크립트 라
이브러리가 제대로 로딩되면 이 렌더러로 Three.AreaLight를 추가할 수 있다.

다른 빛과 거의 동일한 방식으로 하면 된다.

```
var areaLight1 = new THREE.AreaLight(0xff0000, 3);
areaLight1.position.set(-10, 10, -35);
areaLight1.rotation.set(-Math.PI / 2, 0, 0);
areaLight1.width = 4;
areaLight1.height = 9.9;
scene.add(areaLight1);
```

이 예제에서 새로운 THREE.AreaLight를 생성했다. 이 빛은 0xff0000 색상값과 3
의 세기값을 가진다. 다른 빛과 마찬가지로 position 속성으로 장면에서의 위치
를 설정할 수 있다. THREE.AreaLight를 생성할 때 수평의 면으로 생성된다. 예제
에서는 세 개의 THREE.AreaLight 객체를 수직으로 생성했다. 따라서 빛을 x축
으로 -Math.PI/2만큼 회전시켜야 한다. 마지막으로 width와 height 속성으로
THREE.AreaLight의 크기를 설정하고 장면에 추가한다. 처음 시도하는 경우라면,
왜 지정한 위치에서 아무것도 볼 수 없는지 의아할 것이다. 이는 광원 자체를 직접
볼 수 없기 때문이다. 방출된 빛은 객체에 닿았을 때만 볼 수 있다. 따라서 예제와
같이 하려면, 다음처럼 THREE.PlaneGeometry 또는 THREE.BoxGeometry를 동일
한 위치(areaLight1.position)에 추가해 발광 영역을 시뮬레이션해줘야 한다.

```
var planeGeometry1 = new THREE.BoxGeometry(4, 10, 0);
var planeGeometry1Mat = new THREE.MeshBasicMaterial({color: 0xff0000})
var plane = new THREE.Mesh(planeGeometry1, planeGeometry1Mat);
plane.position = areaLight1.position;
scene.add(plane);
```

THREE.AreaLight로 정말 아름다운 효과를 만들 수 있지만, 원하는 효과를 얻기
위해서는 약간의 실험이 필요하다. 예제의 오른쪽 상단에 있는 제어판을 통해 빛
의 색상과 세기를 설정하고 바로 결과를 확인할 수 있다.

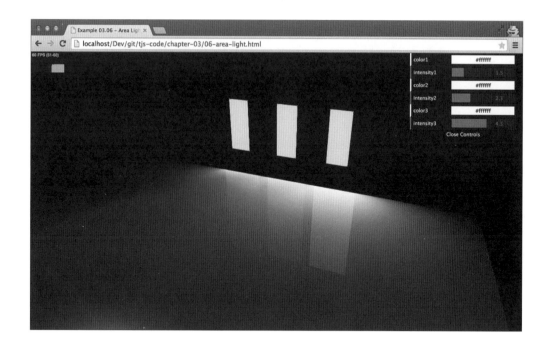

## LensFlare

3장에서 알아볼 마지막 주제는 렌즈 플레어lens flare다. 렌즈 플레어는 사진을 찍을 때 태양이나 밝은 광원을 직접 바라볼 때 생긴다. 대개의 경우 이 현상을 피하길 원하지만, 게임이나 3D 이미지의 경우, 장면을 더 현실적으로 보이게 하는 데 효과적이다.

Three.js도 렌즈 플레어를 지원하며, 매우 쉽게 장면에 추가할 수 있다. 이번 절에서는 장면에 렌즈 플레어를 추가해 다음 스크린샷 같은 결과를 만들어 본다. 07-lensflares.html을 열어 예제를 확인할 수 있다.

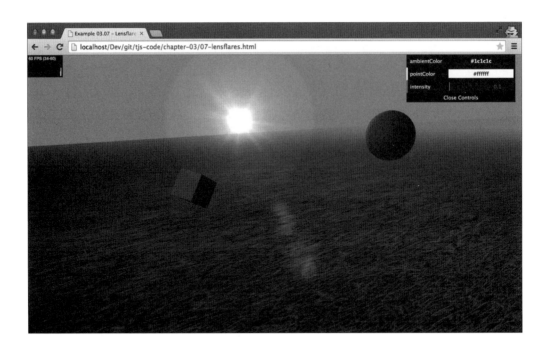

렌즈 플레어는 THREE.LensFlare 객체를 인스턴스화해 만들 수 있다. 먼저 다음처럼 THREE.LensFlare 객체를 생성한다.

```
flare = new THREE.LensFlare(texture, size, distance, blending, color,
opacity);
```

필요한 인자의 의미는 다음 표와 같다.

| 인자 | 설명 |
| --- | --- |
| texture | 텍스처는 플레어의 모양을 결정하는 이미지다. |
| size | 플레어의 크기를 지정한다. 단위는 픽셀이다. −1로 지정하면 텍스처 자체의 크기가 사용된다. |
| distance | 광원(0)에서 카메라(1)까지의 거리다. 이 인자로 렌즈 플레어의 정확한 위치를 지정한다. |
| blending | 렌즈 플레어에 복수의 텍스처를 지정할 수 있다. 브렌딩 모드는 이들을 어떻게 합치는지 결정한다. LensFlare에서 사용하는 기본값은 THREE.AdditiveBlending이다. 브렌딩에 대해서는 다음 장에서 자세히 다룬다. |
| color | 플레어의 색상이다. |

120

이 객체를 생성하는 데 사용한 코드를 살펴보자(07-lensflares.html).

```
var textureFlare0 = THREE.ImageUtils.loadTexture
  ("../assets/textures/lensflare/lensflare0.png");
var flareColor = new THREE.Color(0xffaacc);
var lensFlare = new THREE.LensFlare(textureFlare0, 350, 0.0, THREE.
AdditiveBlending, flareColor);
lensFlare.position = spotLight.position;
scene.add(lensFlare);
```

먼저 텍스처를 로드했다. 예제에서는 다음처럼 Three.js가 제공하는 렌즈 플레어 텍스처를 사용했다.

앞의 스크린샷과 비교해 보면 이 텍스처가 렌즈 플레어의 모양을 결정한다는 사실을 알 수 있을 것이다. 다음으로 new THREE.Color( 0xffaacc );로 렌즈 플레어의 색상을 붉은색 백열광으로 정의한다. 이 두 객체로 THREE.LensFlare 객체를 생성할 수 있다. 예제에서는 렌즈 플레어의 크기를 350으로, 거리를 0.0(광원)으로 설정했다.

LensFlare 객체를 생성한 후 광원의 위치에 놓고 장면에 추가했다. 결과는 다음 스크린샷과 같다.

이미 훌륭해 보이긴 하지만, 절의 처음에 보여준 이미지와 비교해 보면 페이지의 중간에 작은 둥근 아티팩트artifact가 빠져 있는 것을 알 수 있을 것이다. 메인 플레어를 만든 것과 비슷한 방법으로 만들어 보자.

```
var textureFlare3 = THREE.ImageUtils.loadTexture
("../assets/textures/lensflare/lensflare3.png");
lensFlare.add(textureFlare3, 60, 0.6, THREE.AdditiveBlending);
lensFlare.add(textureFlare3, 70, 0.7, THREE.AdditiveBlending);
lensFlare.add(textureFlare3, 120, 0.9, THREE.AdditiveBlending);
lensFlare.add(textureFlare3, 70, 1.0, THREE.AdditiveBlending);
```

하지만 이번에는 새로운 THREE.LensFlare를 생성하지 않고 이전에 생성한 LensFlare의 add 함수를 사용했다. 이 함수에서 텍스처와 크기, 거리, 브렌딩 모드를 지정해 주어야 한다. add 함수는 두 개의 매개변수를 더 취함을 명심하자. 새로운 플레어에 color와 opacity 속성도 지정할 수 있다. 이 새로운 플레어에 사용한 텍스처는 다음 스크린샷처럼 다른 이미지보다 밝은 원이다.

이제 결과를 다시 보면 distance 인자를 지정한 위치에 아티팩트가 나타난 것을 확인할 수 있을 것이다.

## 요약

3장에서는 Three.js에서 사용 가능한 다양한 광원에 대해 알아보았다. 이번 장을 통해 빛과 색상, 그림자의 설정이 과학적이지 않다는 것을 깨달았을 것이다. 원하는 결과를 얻기 위해서는 실험을 통해 다양한 설정을 시도해 봐야 하며, dat.GUI를 통해 설정을 미세 조정해야 한다. 여러 광원들은 서로 다른 방법으로 동작한다. THREE.AmbientLight 색상은 장면에 있는 모든 색상에 더해지며, 종종 색상과 그림자를 부드럽게 하는 데 쓰인다. THREE.PointLight는 모든 방향으로 빛을 방출하며 그림자를 만드는 데 사용할 수는 없다. THREE.SpotLight는 플래시와 유사한 광원이다. 원뿔 모양을 가지며 거리에 따라 빛이 약해지게 설정할 수 있으며 그림자를 만들 수 있다. THREE.DirectionalLight도 살펴보았다. 이 광원은 태양과 같이 원거리에 있는 빛으로 광선이 나란하게 나아가며 거리에 따라 빛의 세기가 줄어들지 않는다. 기본 광원 외, 몇 가지 특수 광원에 대해서도 살펴봤다. 더 자연스런 야외 조명 효과를 위해 지면 반사와 공기의 산란까지 고려하는 THREE.HemisphereLight를 사용할 수 있다. THREE.AreaLight는 한 점에서 빛이 방출되는 것이 아니라 넓은 공간에서 빛을 방출한다. 또한 THREE.LenseFlare 객체로 사진의 렌즈 플레어 효과를 주는 방법도 알아보았다.

3장까지 이미 몇 가지 다양한 물질들에 대해 소개했다. 3장에서는 모든 물질들이 광원에 대해 동일하게 반응하지 않음을 알았다. 다음 장에서는 Three.js에서 사용 가능한 물질에 대해 알아보겠다.

# 4

# Three.js 물질로 작업

이전 장들에서 물질에 대해 조금 알아보았다. 물질이 THREE.Geometry와 함께 THREE.Mesh를 구성함을 배웠다. 물질은 지오메트리의 외부 모양을 정의하는 일종의 스킨skin과 같다. 예를 들어, 스킨은 지오메트리가 금속 재질인지 투명한지, 또는 와이어프레임으로 보이는지를 정의한다. 그런 다음, THREE.Mesh 객체의 결과물은 Three.js가 렌더링할 장면에 추가된다. 지금까지는 물질에 대해 자세히 살펴보지 않았다. 4장에서는 Three.js가 제공하는 물질에 대해 자세히 알아보고, 이 물질들로 멋진 3D 객체를 만드는 방법에 대해 배운다. 이번 장에서는 다음과 같은 물질에 대해 알아본다.

| 이름 | 설명 |
| --- | --- |
| MeshBasicMaterial | Three.js의 기본 물질이다. 지오메트리에 간단한 색상을 부여하거나 지오메트리의 와이어프레임을 보여줄 때 쓸 수 있다. |
| MeshDepthMaterial | 카메라로부터의 거리로 메시의 색상을 결정할 때 사용하는 물질이다. |
| MeshNormalMaterial | 일반 벡터의 표면 색상에 기반을 둔 간단한 물질이다. |

(이어짐)

| 이름 | 설명 |
|---|---|
| MeshFacematerial | 지오메트리의 각각의 면에 고유한 물질을 지정할 수 있도록 해 주는 컨테이너다. |
| MeshLambertMaterial | 빛을 받아 반짝이지 않는 객체를 생성할 때 사용하는 물질이다. |
| MeshPhongMaterial | 빛을 받아 반짝이는 객체를 생성할 때 사용하는 물질이다. |
| ShaderMaterial | 꼭지점의 위치와 픽셀 색상을 직접 제어할 수 있는 사용자 정의 셰이더 프로그램을 지정할 수 있게 해 주는 물질이다. |
| LineBasicMaterial | 색상이 있는 라인을 만드는 THREE.Line 지오메트리에 쓰이는 물질이다. |
| LineDashMaterial | LineBasicMaterial과 동일하지만 점선 효과를 만든다. |

Three.js 소스 코드를 들여다 보면 `THREE.RawShaderMaterial`을 찾아볼 수 있을 것이다. 이것은 `THREE.BufferedGeometry`와 함께 쓸 때만 사용할 수 있는 특수한 물질이다. 이 지오메트리는 정적인 지오메트리(예를 들어 꼭지점과 면이 변경되지 않는)에 최적화된 특수한 형태다. 이 물질은 이번 장에서 다루지 않고 11장에서 사용자 정의 셰이더를 만들 때 사용한다. 코드에서 `THREE.SpriteCanvasMaterial`과 `THREE.SpriteMaterial`, `THREE.PointCloudMaterial`도 볼 수 있는데, 이 물질들은 각각의 점에 스타일을 줄 때 사용한다. 이 물질에 대해서는 7장에서 알아본다.

물질들은 많은 공통 속성을 공유하고 있다. 따라서 첫 번째 물질인 `MeshBasicMaterial`을 살펴보기 전에 먼저 물질들이 공유하고 있는 공통 속성에 대해 알아본다.


## 물질의 공통 속성

물질들이 공유하고 있는 속성들에 대해 알아본다. Three.js는 모든 공통 속성을 나열하고 있는 물질의 기본 클래스인 `THREE.Material`을 제공한다. 이들 공통 물질 속성을 세 개의 카테고리로 나누어 살펴본다.

- **기본 속성**: 가장 자주 사용하는 속성들이다. 이 속성들로 객체의 투명도opacity나 참조되는 방법(ID나 사용자 정의 이름으로)을 제어할 수 있다.

- **브렌딩 속성**: 모든 객체는 브렌딩 속성들을 가지고 있다. 이 속성들은 객체가 배경과 결합되는 방법을 정의한다.

- **고급 속성**: 저수준low-level의 웹GL 컨텍스트 객체를 렌더링하는 방법을 제어하는 여러 고급 속성들이 있다. 대부분의 경우, 이 속성들 때문에 고민할 필요가 없다.

이번 장에서는 텍스처와 맵map에 관련된 속성들은 건너뛴다. 대부분의 물질은 이미지를 텍스처로 사용할 수 있게 해 준다(예를 들어, 나무나 금속 재질의 텍스처). 10장에서 사용 가능한 다양한 텍스처와 맵핑 옵션들에 대해 자세히 알아본다. 일부 물질은 애니메이션(스키닝skinning과 모프 타깃morphTargets)과 관련된 특정 속성들을 가지고 있다. 이 속성들 또한 건너뛴다. 이 속성들은 9장에서 다룬다.

먼저 기본 속성부터 알아보자.

## 기본 속성

THREE.Material 객체의 기본 속성은 다음 표에 나열되어 있다(이들 속성들의 동작은 THREE.MeshBasicMaterial 절에서 확인할 수 있다).

| 속성 | 설명 |
| --- | --- |
| id | 물질을 식별하는 데 사용되며 물질을 생성할 때 할당된다. 첫 물질은 0으로 시작하며 물질이 하나 생성될 때마다 1씩 증가한다. |
| uuid | 고유하게 생성된 ID며 내부적으로 사용된다. |
| name | 이 속성으로 물질에 이름을 부여할 수 있다. 디버깅 목적으로 사용된다. |
| opacity | 객체의 투명도를 정의한다. transparent 속성과 함께 사용한다. 범위는 0에서 1 사이이다. |
| transparent | true로 설정되어 있으면 Three.js는 opacity 설정과 함께 객체를 렌더링한다. false로 설정되어 있으면 객체는 투명하지 않고 단지 더 밝은 색상을 가질 뿐이다. 알파(투명) 채널을 사용하는 텍스처를 사용하는 경우 이 속성을 true로 설정해야 한다. |

(이어짐)

| 속성 | 설명 |
| --- | --- |
| overdraw | THREE.CanvasRenderer를 사용하면 다각형(polygon)은 조금 더 크게 렌더링된다. 이 렌더러를 사용할 때 격차가 보인다면, 이 속성을 true로 설정한다. |
| visible | 물질의 가시성을 정의한다. false로 설정하면 장면에서 객체를 볼 수 없다. |
| Side | 이 속성을 사용하면 지오메트리의 어느 면에 물질이 적용되는지 정의할 수 있다. 기본값은 물질을 객체의 전면(외부)에 적용하는 THREE.Frontside다. THREE.BackSide로 설정하면 후면(내부)에 적용하고, THREE.DoubleSide로 설정하면 양쪽 면에 적용한다. |
| needsUpdate | 물질의 업데이트를 위해 물질이 변경되었음을 Three.js에 알릴 필요가 있다. 이 속성을 true로 설정하면, Three.js는 캐시(cache)를 새로운 물질 속성으로 업데이트한다. |

각각의 물질에 대해 여러 개의 브렌딩 속성을 설정할 수도 있다.

## 브렌딩 속성

물질은 몇 개의 일반적인 브렌딩과 관련된 속성도 가지고 있다. 브렌딩은 렌더링하는 색상이 배경색과 상호작용하는 방법을 결정한다. 물질의 결합에 대해 이야기할 때 이 주제에 대해 다루어 본다. 브렌딩 속성은 다음 표에 기술되어 있다.

| 이름 | 설명 |
| --- | --- |
| blending | 객체의 물질이 배경과 혼합하는 방법을 결정한다. 일반 모드는 최상층만 표시하는 THREE.NormalBlending이다. |
| blendsrc | 표준 혼합 모드 외에 blendsrc와 blenddst, blendequation을 설정해 사용자 정의 혼합 모드를 만들 수도 있다. 이 속성은 객체(소스)가 배경(대상)에 혼합되는 방식을 정의한다. 기본값인 THREE.SrcAlphaFactor 설정은 혼합에 알파(투명) 채널을 사용한다. |
| blenddst | 이 속성은 배경(대상)이 혼합에 사용되는 방법을 정의한다. 기본값은 THREE.OneMinusSrcAlphaFactor로 이 속성 역시 혼합을 위해 소스의 알파 채널을 사용하지만, 값으로 단지 하나(소스의 알파 채널)만 사용함을 의미한다. |
| blendequation | 이 속성은 blendsrc와 blenddst 값을 사용하는 방법을 정의한다. 기본값은 둘을 더하는 것이다(AddEquation). 이들 세 개의 속성으로 자신만의 사용자 정의 혼합 모드를 만들 수 있다. |

속성의 마지막 카테고리는 주로 내부적으로 쓰이며, 웹GL이 장면을 렌더링하는 방법을 제어하는 데 사용된다.

## 고급 속성

이들 속성에 대해 자세히 알아보지는 않을 것이다. 이들은 웹GL의 내부 동작과 관련되어 있다. 이 속성에 대해 자세히 알고 싶다면 오픈지엘 규격이 좋은 출발점이 될 것이다. http://www.khronos.org/registry/gles/specs/2.0/es_full_spec_2.0.25.pdf에서 이들 규격을 찾을 수 있다. 다음 표는 이들 고급 속성에 대한 간단한 설명이다.

| 이름 | 설명 |
| --- | --- |
| depthTest | 고급 웹GL 속성이다. 이 속성으로 GL_DEPTH_TEST 매개변수를 사용하거나 사용하지 않도록 설정할 수 있다. 이 매개변수는 픽셀의 depth가 새로운 픽셀 값을 결정하기 위해 사용되지는 여부를 제어한다. 일반적으로 이를 변경할 필요는 없다. 자세한 내용은 앞에서 언급한 오픈지엘 규격에서 찾을 수 있다. |
| depthWrite | 내부 속성 중 하나로, 이 물질이 웹GL 깊이 버퍼(depth buffer)에 영향을 미치는지 여부를 결정하는 데 사용할 수 있다. 2D 오버레이(예를 들어, 허브 같은)용 객체를 사용하는 경우, 이 속성을 false로 설정해야 한다. 하지만 일반적으로 이 속성을 변경할 필요는 없다. |
| polygonOffset, polygonOffsetFactor, and polygonOffsetUnits | 이들 속성으로 웹GL의 POLYGON_ OFFSET_FILL 기능을 제어할 수 있다. 일반적으로는 필요하지 않다. 이들이 구체적으로 어떤 일을 하는지에 대해서는 오픈지엘 규격을 참조한다. |
| alphatest | 이 값은 특정 값(0~1)으로 설정될 수 있다. 픽셀이 이 값보다 작은 알파 값을 가질 경우에는 화면에 그려지지 않는다. |

이제 Three.js에서 사용 가능한 모든 물질에 대해 알아보자. 지금까지 알아본 속성들이 어떻게 렌더링된 결과물에 영향을 주는지 알 수 있을 것이다.

## 간단한 메시부터 시작

이번 절에서는 몇 개의 간단한 물질인 MeshBasicMaterial과 MeshDepthMaterial, MeshNormalMaterial, MeshFaceMaterial을 알아본다. 먼저 MeshBasicMaterial 부터 시작한다.

이들 물질의 속성에 대해 알아보기 전에, 물질을 구성하는 속성을 전달하는 두 가지 방법에 대해 살펴본다.

- 다음처럼 생성자의 인수로 전달할 수 있다.

```
var material = new THREE.MeshBasicMaterial(
{
  color: 0xff0000, name: 'material-1', opacity: 0.5,
    transparency: true, ...
});
```

- 또는 인스턴스를 만들고 개별적으로 속성을 설정할 수도 있다.

```
var material = new THREE.MeshBasicMaterial();
material.color = new THREE.Color(0xff0000);
material.name = 'material-1';
material.opacity = 0.5;
material.transparency = true;
```

일반적으로 모든 속성의 값을 알고 있다면 물질을 만들 때 생성자를 사용하는 것이 가장 좋은 방법이다. 이 두 가지 방식에 사용된 인수의 형식은 동일하다. 유일한 예외는 color 속성이다. 첫 번째 방식에서는 단지 헥사값만 사용할 수 있으며 Three.js가 THREE.Color 객체 자체를 생성한다. 두 번째 방식에서는 명시적으로 THREE.Color 객체를 생성해야 한다. 이 책에서는 두 가지 방식을 모두 사용한다.

## THREE.MeshBasicMaterial

MeshBasicMaterial은 장면에서의 조명을 고려하지 않는 아주 단순한 물질이다. 이 물질의 메시는 단순한 평면 폴리곤으로 렌더링된다. 또한 지오메트리의 와이어 프레임을 표시할 수 있는 옵션이 있다. 앞에서 살펴본 공통 속성 외에 다음 속성을 사용할 수 있다.

| 이름 | 설명 |
|---|---|
| color | 이 속성은 물질의 색상을 설정한다. |
| wireframe | 물질을 와이어프레임으로 렌더링한다. 디버깅할 때 유용하다. |
| Wireframelinewidth | 와이어프레임을 사용하는 경우, 이 속성은 와이어프레임의 선의 폭을 정의한다. |
| Wireframelinecap | 와이어프레임에서 선 끝의 모양을 정의한다. 가능한 값은 butt와 round, square다. 기본값은 round다. 실제로 이 속성을 변경했을 때 결과를 구분하기는 매우 어렵다. 이 속성은 WebGLRenderer에서 지원되지 않는다. |
| wireframeLinejoin | 선의 연결 부위를 시각화하는 방법을 정의한다. 가능한 값은 round와 bevel, miter다. 기본값은 round다. 아주 자세히 들여다 보면, 예제에서 낮은 opacity와 아주 큰 wireframeLinewidth 값을 사용하고 있는 것을 알 수 있다. 이 속성은 WebGLRenderer에서 지원되지 않는다. |
| Shading | 셰이딩이 적용되는 방법을 정의한다. 가능한 값은 THREE. SmoothShading와 THREE.NoShading, THREE.FlatShading다. 기본값은 THREE.SmoothShading으로 부드러운 객체를 만들어 각각의 면을 볼 수 없다. 이 물질의 예에서는 이 속성을 사용하지 않았다. 이 속성의 예는 'THREE.MeshNormalMaterial' 절을 참조한다. |
| vertexColors | 각각의 꼭지점에 적용되는 개별 색상을 정의한다. 기본값은 THREE. NoColors다. 이 값을 THREE.VertexColors로 설정하면, 렌더는 THREE.Geometry의 color 속성을 고려해 색상을 가져온다. 이 속성은 CanvasRenderer에서는 동작하지 않고 WebGLRenderer에서 동작한다. LineBasicMaterial 예제에서 이 속성을 선의 다양한 부분에 색상을 주는 데 사용하고 있는 예를 참조한다. 또한 이 물질에서 그라데이션(gradient) 효과를 주는 데도 사용할 수 있다. |
| fog | 이 속성은 물질이 전체 안개 설정에 영향을 받는지 여부를 결정한다. 이 속성은 실제 행동으로 보여지진 않지만, 이 속성이 false로 설정되어 있는 경우, 2장에서 보았던 안개 효과가 이 객체의 렌더링에 반영되지 않는다. |

앞 장에서 물질을 생성하고 객체에 할당하는 방법을 살펴보았다. THREE. MeshBasicMaterial의 경우, 다음처럼 할 수 있다.

```
var meshMaterial = new THREE.MeshBasicMaterial({color: 0x7777ff});
```

이것은 새로운 THREE.MeshBasicMaterial을 만들고 color 속성을 0x7777ff(보라색)로 초기화한다.

THREE.MeshBasicMaterial의 속성과 앞 절에서 다룬 기본 속성들을 테스트해 볼 수 있는 예제를 하나 추가했다. chapter-04 폴더에서 01-basic-mesh-material. html 예제를 열면 다음 스크린샷처럼 회전하는 정육면체를 볼 수 있다.

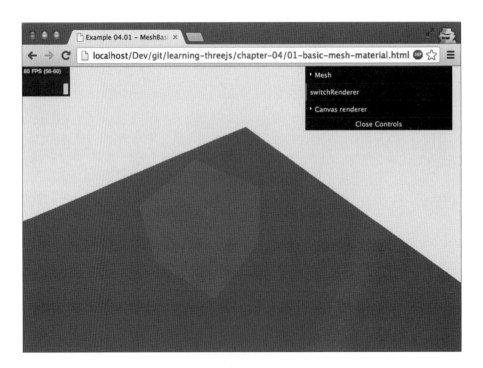

이것은 아주 간단한 객체다. 오른쪽 상단의 메뉴에서 속성을 테스트하거나 다른 메시를 선택(또는 렌더러를 변경할 수도 있다)할 수 있다. 예를 들어, 구체의 **opacity**를 0.2로, **transparent**를 true로, **wireframe**을 true로, **wireframeLinewidth**를 9로, 그리고 CanvasRenderer를 사용해 렌더링한 결과는 다음과 같다.

이 예제에서 설정할 수 있는 속성 중에 side가 있다. 이 속성으로 THREE. Geometry의 어느 쪽에 물질이 적용되는지 정의할 수 있다. 평면plane 메시를 선택했을 때 이 속성이 어떻게 동작하는지 테스트할 수 있다. 일반적으로 물질은 전면에만 적용되기 때문에 회전하는 평면은 전체 시간 중에 절반 가량은 보이지 않는다(평면의 후면을 보여줄 때). side 속성을 double로 설정하면 물질이 지오메트리의 양쪽 면에 모두 적용되기 때문에 항상 보여진다. 하지만 side 속성이 double로 설정되어 있을 경우 렌더러는 더 많은 작업을 수행해야 하며, 이는 장면의 성능에 영향을 미친다.

## THREE.MeshDepthMaterial

다음으로 알아볼 물질은 THREE.MeshDepthMaterial이다. 이 물질에서 객체가 보이는 방법은 조명이나 특정 물질 속성에 의해 정의되지 않고, 카메라로부터 객체까지의 거리에 의해 정의된다. 이 물질을 다른 물질과 결합해 쉽게 페이딩fading 효과를 만들어 낼 수 있다. 이 물질에서 유일하게 의미가 있는 속성은 와이어프레임의 표시를 제어하는 다음 두 가지 속성이다.

| 이름 | 설명 |
| --- | --- |
| wireframe | 와이어프레임의 표시 여부를 결정한다. |
| wireframeLineWidth | 와이어프레임의 폭을 결정한다. |

이 물질을 설명하기 위해 2장의 정육면체 예제를 변형(chapter-04 폴더의 02-depth-material 예제)했다. 장면을 채우기 위해서 addCube 버튼을 클릭해야 한다는 것을 기억하자. 다음 스크린샷은 변형된 예제를 보여준다.

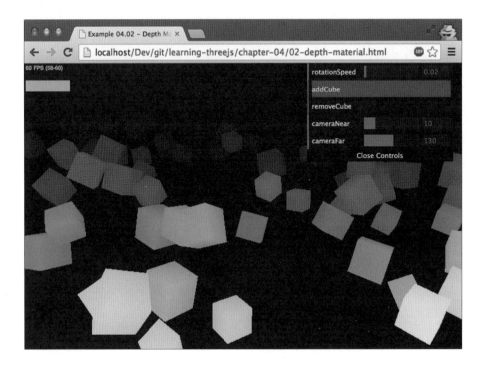

이 물질이 객체의 렌더링을 제어하는 추가 속성을 가지고 있지 않지만, 여전히 객체의 색상이 페이드아웃되는 속도는 제어할 수 있다. 이 예제에서 카메라의 near와 far 속성을 보여준다. 2장에서 기억하고 있듯이 이 두 속성은 카메라의 가시 영역을 설정한다. near 속성보다 더 가까이 있는 객체와 far 속성보다 더 멀리 있는 객체는 보여지지 않는다.

카메라의 near 속성과 far 속성 사이의 거리가 객체의 밝기와 페이드아웃되는 비율을 정의한다. 거리가 아주 크다면 객체가 카메라에서 멀어져도 약간만 페이드아웃될 것이다. 반대로 거리가 작다면 페이드아웃은 다음 스크린샷에서 보듯이 훨씬 눈에 띌 것이다.

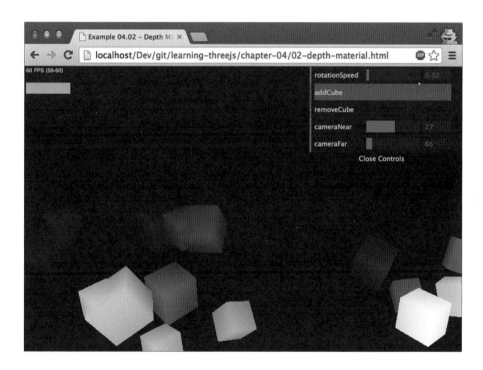

THREE.MeshDepthMaterial의 생성은 매우 쉬워서 객체는 아무런 인수도 필요로 하지 않는다. 이 예제에서는 장면에 있는 모든 객체들이 명시적으로 각각의 THREE.Mesh 객체를 지정할 필요 없이 이 물질을 사용할 수 있도록 하기 위해 scene.overrideMaterial 속성을 사용했다.

```
var scene = new THREE.Scene();
scene.overrideMaterial = new THREE.MeshDepthMaterial();
```

다음 절에서는 특정 물질의 소개가 아닌 여러 물질을 결합할 수 있는 방법에 대해 알아본다.

## 물질의 결합

THREE.MeshDepthMaterial의 속성을 다시 보면, 정육면체의 색상을 설정할 수 있는 옵션이 없음을 알 수 있을 것이다. 모든 것은 물질의 기본 속성에 의해 결정된다. 하지만 Three.js는 물질들을 결합해 새로운 효과를 생성할 수 있는 옵션(혼합이 필요한 경우도 있다)을 제공한다. 다음 코드는 물질을 결합하는 방법을 보여준다.

```
var cubeMaterial = new THREE.MeshDepthMaterial();
var colorMaterial = new THREE.MeshBasicMaterial({color: 0x00ff00,
transparent: true, blending: THREE.MultiplyBlending})
var cube = new THREE.SceneUtils.createMultiMaterialObject (cubeGeometry,
[colorMaterial, cubeMaterial]);
cube.children[1].scale.set(0.99, 0.99, 0.99);
```

다음의 초록색 정육면체는 THREE.MeshDepthMaterial의 밝기와 THREE.MeshBasicMaterial의 색상을 사용해 만들었다(예제는 03-combined-material.html이다). 다음 스크린샷은 이 예제를 보여준다.

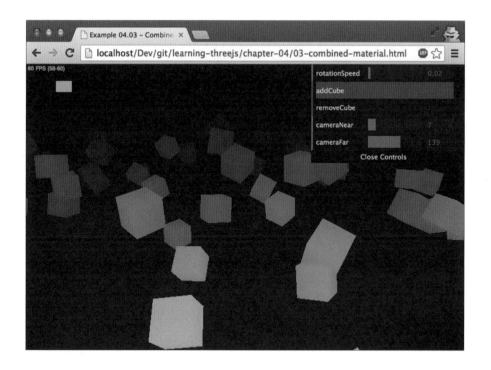

이 결과를 얻기 위해 수행해야 하는 단계를 살펴보자.

먼저, 두 개의 물질을 생성해야 한다. THREE.MeshDepthMaterial을 위해서는 특별한 작업이 필요 없다. 하지만 THREE.MeshBasicMaterial을 위해서는 transparent를 true로 설정하고 blending 모드를 정의한다. transparent 속성을 true로 설정하지 않으면, Three.js가 이미 렌더링된 색상을 고려하지 않기 때문에 객체는 단색의 초록색을 띨 뿐이다. transparent가 true로 설정되어야 Threee.js는 blending 속성을 체크해, 초록색의 객체가 배경과 상호작용하는 방법을 확인한다. 이 경우 배경은 THREE.MeshDepthMaterial로 렌더링된 정육면체다. 다양한 혼합 모드에 대해서는 9장에서 상세하게 알아본다.

이 예제에서는 THREE.MultiplyBlending을 사용했다. 이 혼합 모드는 배경색과 전경색을 곱해 원하는 효과를 제공한다. 코드의 마지막 줄도 중요하다. THREE.SceneUtils.createMultiMaterialObject() 함수로 메시를 만들면, 지오메트리가 복사되어 정확하게 동일한 두 개의 메시가 그룹에 반환된다. 마지막 줄 없이 렌더링하면 화면이 깜빡이는 현상이 발생한다. 이런 현상은 객체가 다른 객체 위에서 렌더링되고 그중 하나가 투명할 때 종종 발생한다.

THREE.MeshDepthMaterial로 만든 메시를 축소함으로서 이 문제를 방지할 수 있다. 다음 코드를 사용하면 된다.

```
cube.children[1].scale.set(0.99, 0.99, 0.99);
```

다음 물질 역시 렌더링에 사용하는 색상에 영향을 주지 않는 물질 중 하나다.


### THREE.MeshNormalMaterial

물질이 어떻게 렌더링되는지 이해하는 가장 좋은 방법은 예제를 보는 것이다. chapter-04 폴더의 04-mesh-normal-material.html 예제를 연다. 메시로 구체를 선택하면, 다음처럼 된다.

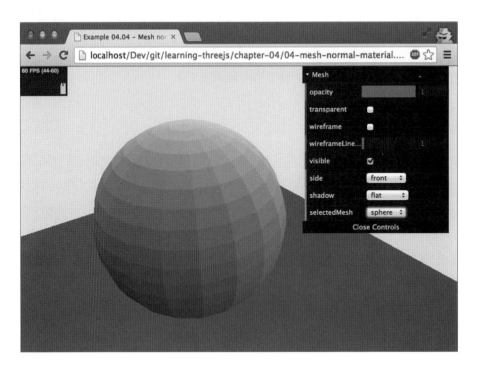

메시에서 각 면의 색상은 조금씩 다르게 렌더링되었다. 그리고 구체가 회전하더라도 면의 색상은 변하지 않는다. 이는 각 면의 색상이 법선normal에 기반하기 때문이다. 법선은 면에 수직인 벡터다. 법선 벡터는 Three.js의 여러 곳에서 쓰인다. 빛의 반사나 3D 모델에 텍스처를 매칭하고, 표면의 조명, 그림자, 색상 픽셀에 대한 정보를 제공한다. 다행히도 Three.js가 이들 벡터의 계산을 담당하고 내부적으로 사용하기 때문에, 직접 계산할 필요는 없다. 다음 스크린샷은 THREE.SphereGeometry의 모든 법선 벡터를 보여준다.

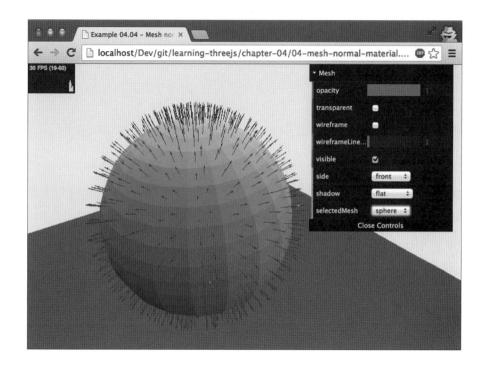

이 법선 벡터가 가리키는 방향이 THREE.MeshNormalMaterial을 사용할 때 면의 색상을 결정한다. 구체의 모든 면의 법선 벡터의 방향이 다르기 때문에 예제처럼 칼라풀한 구체를 얻을 수 있다. 이 법선 화살표를 추가하려면, 다음처럼 THREE. ArrowHelper를 사용하면 된다.

```
for (var f = 0, fl = sphere.geometry.faces.length; f < fl; f++) {
  var face = sphere.geometry.faces[ f ];
  var centroid = new THREE.Vector3(0, 0, 0);
  centroid.add(sphere.geometry.vertices[face.a]);
  centroid.add(sphere.geometry.vertices[face.b]);
  centroid.add(sphere.geometry.vertices[face.c]);
  centroid.divideScalar(3);

  var arrow = new THREE.ArrowHelper(face.normal, centroid, 2, 0x3333FF,
    0.5, 0.5);
  sphere.add(arrow);
}
```

이 코드에서 모든 THREE.SphereGeometry의 면을 반복했다. 이 THREE.Face3 객체 각각에 대해 이 면을 구성하는 꼭지점을 더하고 그 결과를 3으로 나누어 중심(센트로이드centroid - 도형의 중심)을 계산한다. 이 센트로이드를 면의 법선 벡터와 함께 사용해 화살표를 그린다. THREE.ArrowHelper는 direction과 origin, length, color, headLength, headWidth의 인자를 가진다.

THREE. MeshNormalMaterial에 설정할 수 있는 다른 속성에는 다음과 같은 것이 있다.

| 이름 | 설명 |
| --- | --- |
| wireframe | 와이어프레임의 표시 여부를 결정한다. |
| wireframeLineWidth | 와이어프레임의 너비를 결정한다. |
| shading | THREE.FlatShading으로는 평평한 모양의 셰이딩을 설정하고, THREE. SmoothShading으로는 부드러운 모양의 셰이딩을 설정한다. |

wireframe과 wireframeLinewidth에 대해서는 알아보았지만, THREE. MeshBasicMaterial 예제에서 shading 속성은 건너뛰었다. shading 속성으로 Three.js에게 객체를 어떻게 렌더링하는지 알아보자. THREE.FlatShading을 사용한다면, 각 면은 그대로 렌데링될 것이다(앞의 스크린샷에서 본 것처럼). 또는 THREE. SmoothShading을 사용할 수도 있다. THREE.SmoothShading은 객체의 면을 부드럽게 렌더링한다. 예를 들어, 예제에서 구체를 THREE.SmoothShading으로 렌더링하면 결과는 다음과 같다.

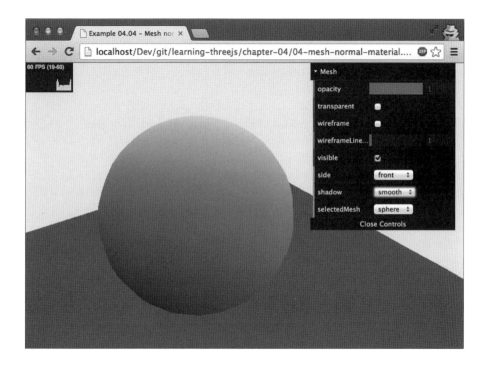

간단한 물질에 대해서는 거의 다 살펴보았다. 마지막으로 남은 것은 THREE. MeshFaceMaterial이다.

## THREE.MeshFaceMaterial

마지막 기본 물질은 물질이라기보다는 다른 여러 물질들의 컨테이너에 가깝다. THREE.MeshFaceMaterial은 지오메트리의 각 면에 서로 다른 물질을 지정할 수 있게 해 준다. 예를 들어, 12개의 면을 가진 정육면체(Three.js는 삼각형으로만 동작한 다는 사실을 명심한다)가 있다면, 이 물질을 이용해 정육면체 각각의 면에 다른 물질 (예를 들어, 다른 색상)을 지정할 수 있다. 이 물질을 사용하는 방법은 아주 간단해서 다음 코드와 같다.

```
var matArray = [];
matArray.push(new THREE.MeshBasicMaterial( { color: 0x009e60 }));
matArray.push(new THREE.MeshBasicMaterial( { color: 0x009e60 }));
matArray.push(new THREE.MeshBasicMaterial( { color: 0x0051ba }));
matArray.push(new THREE.MeshBasicMaterial( { color: 0x0051ba }));
matArray.push(new THREE.MeshBasicMaterial( { color: 0xffd500 }));
matArray.push(new THREE.MeshBasicMaterial( { color: 0xffd500 }));
matArray.push(new THREE.MeshBasicMaterial( { color: 0xff5800 }));
matArray.push(new THREE.MeshBasicMaterial( { color: 0xff5800 }));
matArray.push(new THREE.MeshBasicMaterial( { color: 0xC41E3A }));
matArray.push(new THREE.MeshBasicMaterial( { color: 0xC41E3A }));
matArray.push(new THREE.MeshBasicMaterial( { color: 0xffffff }));
matArray.push(new THREE.MeshBasicMaterial( { color: 0xffffff }));

var faceMaterial = new THREE.MeshFaceMaterial(matArray);

var cubeGeom = new THREE.BoxGeometry(3,3,3);
var cube = new THREE.Mesh(cubeGeom, faceMaterial);
```

먼저 모든 물질을 담기 위해 matArray 배열을 만든다. 다음으로 각 면마다 서로 다른 색상을 가진 새로운 물질 THREE.MeshBasicMaterial을 만든다. 이 배열로 THREE.MeshFaceMaterial을 인스턴스화하고 이를 정육면체 지오메트리와 함께 사용해 메시를 만든다. 조금 더 코드로 파고들어 가서 다음 예제처럼 간단한 루빅 스 큐브Rubik's cube를 만들기 위해 어떤 작업을 해야 하는지 알아보자. 다음 스크린 샷은 이 예제 05-mesh-face-material.html을 보여준다.

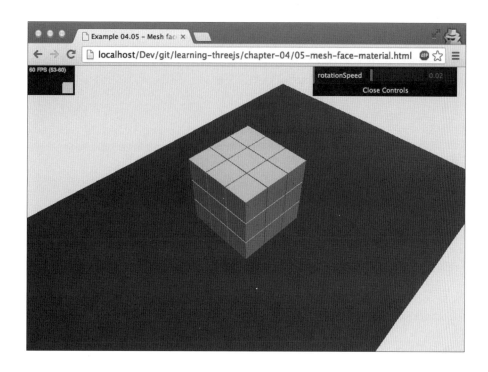

루빅스 큐브는 x축을 따라 3개, y축을 따라 3개, 그리고 z축을 따라 3개인 여러 개의 작은 큐브로 구성되어 있다.

```
var group = new THREE.Mesh();
// 모든 루빅스 큐브 요소를 추가한다.
var mats = [];
mats.push(new THREE.MeshBasicMaterial({ color: 0x009e60 }));
mats.push(new THREE.MeshBasicMaterial({ color: 0x009e60 }));
mats.push(new THREE.MeshBasicMaterial({ color: 0x0051ba }));
mats.push(new THREE.MeshBasicMaterial({ color: 0x0051ba }));
mats.push(new THREE.MeshBasicMaterial({ color: 0xffd500 }));
mats.push(new THREE.MeshBasicMaterial({ color: 0xffd500 }));
mats.push(new THREE.MeshBasicMaterial({ color: 0xff5800 }));
mats.push(new THREE.MeshBasicMaterial({ color: 0xff5800 }));
mats.push(new THREE.MeshBasicMaterial({ color: 0xC41E3A }));
mats.push(new THREE.MeshBasicMaterial({ color: 0xC41E3A }));
mats.push(new THREE.MeshBasicMaterial({ color: 0xffffff }));
mats.push(new THREE.MeshBasicMaterial({ color: 0xffffff }));
```

```
var faceMaterial = new THREE.MeshFaceMaterial(mats);

for (var x = 0; x < 3; x++) {
  for (var y = 0; y < 3; y++) {
    for (var z = 0; z < 3; z++) {
      var cubeGeom = new THREE.BoxGeometry(2.9, 2.9, 2.9);
      var cube = new THREE.Mesh(cubeGeom, faceMaterial);
      cube.position.set(x * 3 - 3, y * 3, z * 3 - 3);

      group.add(cube);
    }
  }
}
```

코드에서 먼저 모든 개별적인 큐브(group)를 담을 THREE.Mesh를 생성했다. 다음으로 각 면의 물질을 만들어 mats 배열에 넣었다. 정육면체의 각 측면은 두 개의 면으로 구성되어 있음을 명심하라. 따라서 여기서는 12개의 물질이 필요하다. 이 물질들로 THREE.MeshFaceMaterial을 생성한다. 다음으로 세 개의 루프를 만들어 필요한 큐브를 다 만들었는지 확인한다. 이 루프에서 개별적인 큐브를 만들고, 물질을 지정하고 위치를 지정한 후 그룹에 추가한다. 여기서 큐브의 위치는 그룹에 상대적이라는 것을 기억해야 한다. 그룹을 이동하거나 회전시킬 경우, 모든 큐브들도 이에 따라 이동하거나 회전한다. 그룹에 대한 더 자세한 정보는 8장을 참조한다.

브라우저에서 예제를 열면, 개별적인 큐브가 아니라 전체 루빅스 큐브가 회전하고 있음을 볼 수 있다. 이는 렌더링 루프에서 다음과 같은 코드를 사용했기 때문이다.

```
group.rotation.y=step+=0.01;
```

이 코드는 그룹 전체가 중심점(0, 0, 0)을 중심으로 회전하도록 한다. 개별 큐브의 위치를 정할 때 중심점 주위에 위치하도록 한다. 이것이 앞의 cube.position.set(x * 3 - 3, y * 3, z * 3 - 3); 코드에서 오프셋이 -3인 이유다.

이 코드에서 Three.js가 특정 면의 물질을 어떻게 결정하는지 궁금할 것이다. 이를 위해 Three.js는 materialIndex 속성을 사용해 각 geometry.faces 배열의 면을 설정한다. 속성은 THREE.FaceMaterial 객체의 생성자에 추가한 물질의 배열 인덱스를 가리킨다. Three.js의 표준 지오메트리 중 하나로 지오메트리를 생성하면, Three.js는 적당한 기본값을 제공한다. 다른 동작이 필요하다면 각 면의 materialIndex 속성을 제공된 물질 중 하나를 가리키도록 설정하면 된다.

이것으로 기본 물질에 대해 모두 알아보았다. 다음 절에서는 Three.js에서 사용 가능한 몇 가지 고급 물질에 대해 알아본다.

## 고급 물질

이번 절에서는 Three.js가 제공하는 고급 물질에 대해 알아본다. 먼저 THREE.MeshPhongMaterial과 THREE.MeshLambertMaterial을 살펴본다. 이 두 물질은 광원에 반응하며 상대적으로 반짝이거나 반짝이지 않는 물질을 만드는 데 쓰인다. 또한 이번 절에서 가장 다재다능하지만 가장 사용하기 어려운 물질인 THREE.ShaderMaterial도 알아본다. THREE.ShaderMaterial로 물질과 객체를 어떻게 보여줄지 정의하는 자신만의 셰이더shader 프로그램을 만들 수 있다.

### THREE.MeshLambertMaterial

이 물질은 무디고 반짝이지 않는 표면을 만드는 데 사용된다. 사용하기 굉장히 쉬운 물질로 장면의 광원에 반응한다. 이 물질은 앞에서 보아왔던 다양한 속성들(color, opacity, shading, blending, depthTest, depthWrite, wireframe, wireframeLinewidth, wireframeLinecap, wireframeLineJoin, vertexColors, fog)로 구성할 수 있다. 이들 속성 모두에 대해 알아보지는 않는다. 여기서는 이 물질과 관련된 속성(다음 4개)에만 초점을 맞춰 설명한다.

| 이름 | 설명 |
|------|------|
| ambient | 물질의 주변색이다. 3장에 알아본 주변광(ambient light)과 함께 동작한다. 이 색은 주변광의 색과 multiply 모드로 합쳐진다. 흰색이 기본값으로 설정된다. |
| emissive | 이 물질이 방출하는 색이다. 광원 역할을 하지 않지만 다른 조명의 영향을 받지 않는 단색이다. 검은색이 기본값으로 설정된다. |
| wrapAround | 이 속성이 true로 설정되어 있으면, 하프 램버트(half-lambert) 조명 기술을 사용할 수 있다. 하프 램버트 기술은 빛의 감소를 줄어들게 한다. 거칠고 어두운 부분이 있는 메시에 이 속성을 사용하면 그림자를 부드럽게 하고 빛을 고르게 배포한다. |
| wrapRGB | wrapAround가 true로 설정되어 있으면, THREE.Vector3를 사용해 빛이 줄어드는 속도를 제어할 수 있다. |

이 물질의 생성 방법은 다른 물질과 다르지 않다.

```
var meshMaterial = new THREE.MeshLambertMaterial({color: 0x7777ff});
```

이 물질의 예제는 06-mesh-lambert-material.html이다. 다음 스크린샷은 이 예제를 보여준다.

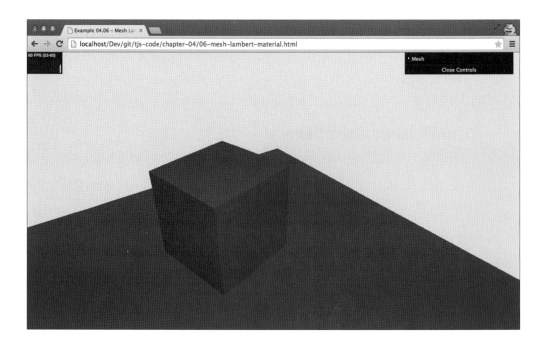

146

그림에서 보듯이 물질은 반짝이지 않는다. 다른 물질로 표면을 밝게 빛나게 만들 수 있다.

## THREE.MeshPhongMaterial

THREE.MeshPhongMaterial로 반짝이는 물질을 만들 수 있다. 이 물질을 위한 속성은 반짝이지 않는 THREE.MeshLambertMaterial 물질과 비슷하다. 마찬가지로 이미 다룬 기본 속성(color, opacity, shading, blending, depthTest, depthWrite, wireframe, wireframeLinewidth, wireframeLinecap, wireframelineJoin, vertexColors)은 생략하기로 한다.

이 물질에서 관심 있는 속성은 다음 표와 같다.

| 이름 | 설명 |
| --- | --- |
| ambient | 물질의 주변색이다. 3장에 알아본 주변광(ambient light)과 함께 동작한다. 이 색은 주변광의 색과 multiply 모드로 합쳐진다. 흰색이 기본값으로 설정된다. |
| emissive | 이 물질이 방출하는 색이다. 광원 역할을 하지 않지만 다른 조명의 영향을 받지 않는 단색이다. 검은색이 기본값으로 설정된다 |
| specular | 이 속성은 물질이 어떻게 빛나고 어떤 색으로 빛나는지 정의한다. color 속성과 동일한 색으로 설정되어 있으면, 좀 더 금속같이 보이는 물질이 된다. 회색으로 설정되어 있으면 프라스틱처럼 보이는 물질이 된다. |
| shininess | 이 속성은 정반사성 하이라이트(specular highlight)가 얼마나 반짝이는지 정의한다. 기본값은 30이다. |
| metal | 이 속성이 true로 설정되어 있으면, Three.js는 객체를 좀 더 금속처럼 보이게 하기 위해 픽셀의 색상을 계산하는 데 조금 다른 방식을 사용한다. 하지만 효과는 크지 않다. |
| wrapAround | 이 속성이 true로 설정되어 있으면, 하프 램버트(half-lambert) 조명 기술을 사용할 수 있다. 하프 램버트 기술은 빛의 감소를 줄어들게 한다. 거칠고 어두운 부분이 있는 메시에 이 속성을 사용하면 그림자를 부드럽게 하고 빛을 고르게 배포한다. |
| wrapRGB | wrapAround가 true로 설정되어 있으면, THREE.Vector3를 사용해 빛이 줄어드는 속도를 제어할 수 있다. |

THREE.MeshPhongMaterial 객체의 초기화는 다른 물질과 동일한 방법으로 진행
된다.

```
var meshMaterial = new THREE.MeshPhongMaterial({color: 0x7777ff});
```

최고의 비교를 제공하기 위해 물질의 예제를 THREE.MeshLambertMaterial과 동
일하게 만들었다. 제어 GUI로 이 물질에 대해 실험할 수 있다. 예를 들어, 다음 설
정은 프라스틱 같은 물질을 만든다. 이 예제는 07-mesh-phong-material.html
이다. 다음 스크린샷은 이 예제를 보여준다.

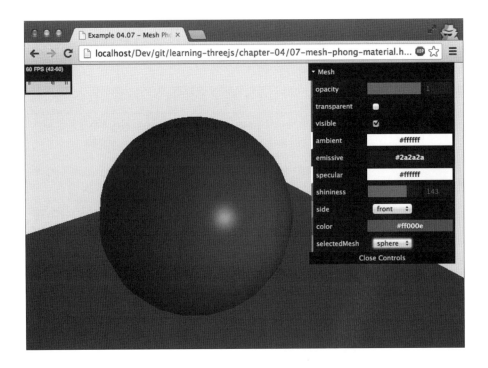

마지막으로 알아볼 고급 물질은 THREE.ShaderMaterial이다.

## THREE.ShaderMaterial로 자신만의 셰이더 제작

THREE.ShaderMaterial은 Three.js에서 가장 다재다능하면서도 가장 복잡한 물
질 중 하나다. 이 물질로 웹GL 컨텍스트에서 직접 동작하는 사용자 정의 셰이더를

만들 수 있다. 셰이더는 Three.js 자바스크립트 메시를 스크린의 픽셀로 변환한다. 이런 사용자 정의 셰이더로 객체가 어떻게 렌더링되는지 정의하거나 Three.js의 기본 동작을 재정의할 수 있다. 하지만 이번 절에서 사용자 정의 셰이더를 아주 자세히 살펴보지는 않겠다. 이에 대해서는 11장에서 자세히 다룬다. 지금은 이 물질을 어떻게 설정하는지 간단한 예로 살펴보겠다.

THREE.ShaderMaterial은 여러 가지 속성을 가지고 있다. Three.js가 THREE.ShaderMaterial의 모든 정보를 전달해 주지만, 사용자 정의 셰이더에서는 이 정보를 직접 처리해야 한다. 다음은 앞에서 알아본 THREE.ShaderMaterial의 속성이다.

| 이름 | 설명 |
| --- | --- |
| wireframe | 물질을 와이어프레임으로 렌더링한다. 디버깅할 때 유용하다. |
| Wireframelinewidth | 와이어프레임을 사용하는 경우, 이 속성은 와이어프레임 선의 폭을 정의한다. |
| linewidth | 그려질 선의 폭을 정의한다. |
| Shading | 셰이딩이 적용되는 방법을 정의한다. 가능한 값은 THREE.SmoothShading 과 THREE.NoShading, THREE.FlatShading다. 이 물질의 예에서는 이 속성을 사용하지 않았다. 이 속성의 예는 'THREE.MeshNormalMaterial' 절을 참조한다. |
| vertexColors | 각각의 꼭지점에 적용되는 개별 색상을 정의한다. 이 속성은 CanvasRenderer에서는 동작하지 않고 WebGLRenderer에서만 동작한다. LineBasicMaterial 예제에서 이 속성으로 라인의 다양한 부분에 색을 주는데 사용했다. |
| fog | 이 속성은 물질이 전체 fog 설정에 영향을 받는지 여부를 결정한다. 이 속성은 실제 행동으로 보여지진 않지만, 이 속성이 false로 설정되어 있는 경우, 2장에서 보았던 안개 효과가 이 객체의 렌더링에 반영되지 못한다. |

이들 속성 외에 THREE.ShaderMaterial은 사용자 정의 셰이더로 전달할 수 있는 다음과 같은 많은 추가 속성들을 제공한다(지금은 다소 이해하기 어려울 것이다. 이들에 대해서는 11장에서 자세히 다룬다).

| 이름 | 설명 |
|---|---|
| fragmentShader | 이 셰이더는 전달되는 각각의 픽셀의 색상을 정의한다. 여기에 프레그먼트 셰이더 프로그램의 문자열 값을 전달해야 한다. |
| vertexShader | 이 셰이더는 전달되는 각 꼭지점의 위치를 변경할 수 있다. 여기에 자신의 꼭지점 셰이더[1] 프로그램의 문자열 값을 전달해야 한다. |
| uniforms | 셰이더에 정보를 보낸다. 동일 정보가 각 꼭지점과 프레그먼트에 전송된다. |
| defines | #define 코드 프레그먼트를 변환한다. 이 프레그먼트를 사용하면 셰이더 프로그램에 몇 개의 추가 전역 변수를 설정할 수 있다. |
| attributes | 각 꼭지점과 프레그먼트 사이를 변경할 수 있다. 일반적으로 위치 및 일반적인 데이터를 전달하는 데 사용된다. 이 속성을 사용하려면, 지오메트리의 모든 꼭지점에 대한 정보를 제공해야 한다. |
| lights | 조명 데이터가 셰이더에 전달되어야 하는지 여부를 결정한다. 기본값은 false다. |

예제를 살펴보기 전에 ShaderMaterial의 가장 중요한 부분에 대해 먼저 알아본다. 이 물질로 작업하기 위해서는 두 개의 셰이더를 전달해야 한다.

- vertexShader: 지오메트리의 각 꼭지점에서 동작한다. 꼭지점의 위치를 이동해 지오메트리를 변환하는 데 이 셰이더를 사용할 수 있다.
- fragmentShader: 지오메트리의 각 프레그먼트에서 동작한다. vertexShader에서 각각의 프레그먼트에서 보여질 색상을 반환한다.

Three.js는 이번 장에서 알아본 모든 물질에 대한 fragmentShader와 vertexShader를 제공하기 때문에 이에 대해 걱정할 필요는 없다.

이번 절에서는 정육면체의 꼭지점의 x, y, z 좌표를 바꾸는 아주 간단한 vertexShader 프로그램과 http://glslsandbox.com/의 셰이더로 움직이는 물질을 생성하는 fragmentShader 프로그램을 만든다.

---

1 일반적으로 버텍스 셰이더로도 사용되고 있으나, 여기서는 꼭지점 셰이더로 통일해서 사용한다. – 옮긴이

다음으로 vertexShader의 전체 코드를 볼 수 있다. 셰이더는 자바스크립트로 작성하지 않음을 명심하자. 셰이더는 다음과 같이 GLSL<sub>OpenGL Shading Language</sub>(자세한 정보는 https://www.khronos.org/webgl/을 참조한다)이라는 C와 유사한 언어를 사용해 작성한다.

```
<script id="vertex-shader" type="x-shader/x-vertex">
uniform float time;

  void main()
  {
    vec3 posChanged = position;
    posChanged.x = posChanged.x*(abs(sin(time*1.0)));
    posChanged.y = posChanged.y*(abs(cos(time*1.0)));
    posChanged.z = posChanged.z*(abs(sin(time*1.0)));

    gl_Position = projectionMatrix * modelViewMatrix * vec4(posChanged,1.0);
  }
</script>
```

코드를 하나씩 자세히 설명하지는 않는다. 여기서는 코드의 가장 중요한 부분에만 집중한다. 자바스크립트에서 셰이더와 통신하기 위해, 유니폼<sub>uniform</sub>을 사용한다. 이 예제에서는 외부 값을 전달하는 uniform float time;을 사용했다. 이 값에 기초해, 전달된 꼭지점(position 변수로 전달된)의 x, y, z 좌표를 변경한다.

```
vec3 posChanged = position;
posChanged.x = posChanged.x*(abs(sin(time*1.0)));
posChanged.y = posChanged.y*(abs(cos(time*1.0)));
posChanged.z = posChanged.z*(abs(sin(time*1.0)));
```

posChanged 벡터는 이제 전달된 time 변수에 기반한 새로운 꼭지점의 좌표를 포함하고 있다. 마지막으로 수행할 단계는 다음과 같이 이 새로운 위치를 Three.js에 다시 전달하는 것이다.

```
gl_Position = projectionMatrix * modelViewMatrix * vec4(posChanged,1.0);
```

gl_Position 변수는 최종 위치를 반환하는 데 사용되는 특수한 변수다. 다음으로 shaderMaterial을 생성해 vertexShader에 전달해야 한다. 이를 위해 `var meshMaterial1 = createMaterial("vertex-shader","fragment-shader-1");`과 같은 간단한 헬퍼 함수를 만들었다.

```javascript
function createMaterial(vertexShader, fragmentShader) {
  var vertShader = document.getElementById (vertexShader).innerHTML;
  var fragShader = document.getElementById (fragmentShader).innerHTML;

  var attributes = {};
  var uniforms = {
    time: {type: 'f', value: 0.2},
    scale: {type: 'f', value: 0.2},
    alpha: {type: 'f', value: 0.6},
    resolution: { type: "v2", value: new THREE.Vector2() }
  };

  uniforms.resolution.value.x = window.innerWidth;
  uniforms.resolution.value.y = window.innerHeight;

  var meshMaterial = new THREE.ShaderMaterial({
    uniforms: uniforms,
    attributes: attributes,
    vertexShader: vertShader,
    fragmentShader: fragShader,
    transparent: true

  });
  return meshMaterial;
}
```

인수는 HTML 페이지의 script 요소의 ID를 가리킨다. 여기서 uniforms 변수 역시 설정했다. 이 변수는 렌더러에서 작성한 셰이더로 정보를 전달하는 데 사용된다. 이 예제의 전체 렌더러 루트는 다음 코드와 같다.

```javascript
function render() {
  stats.update();

  cube.rotation.y = step += 0.01;
  cube.rotation.x = step;
  cube.rotation.z = step;
```

```
cube.material.materials.forEach(function (e) {
  e.uniforms.time.value += 0.01;
});

// requestAnimationFrame을 사용해 렌더링한다.
requestAnimationFrame(render);
renderer.render(scene, camera);
}
```

렌더 루프가 돌 때마다 time 변수를 0.01씩 증가시킨다. 이 정보는 vertexShader
로 전달되고 정육면체의 새로운 꼭지점 위치를 계산하는 데 사용된다.
08-shader-material.html 예제를 보면 축을 따라 정육면체가 줄어들거나 늘어나
는 것을 볼 수 있다. 다음 스크린샷은 이 예제의 정지 화면을 보여준다.

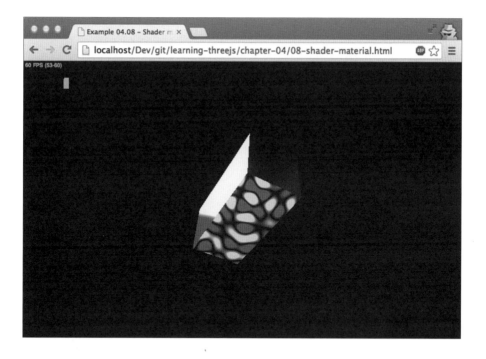

이 예제에서 정육면체의 각 면은 움직이는 패턴을 가지고 있다. 정육면체의 각
면에 할당된 프래그먼트 셰이더가 이런 패턴을 생성한다. 짐작하듯이 이를 위해
THREE.MeshFaceMaterial(그리고 createMaterial 함수)을 사용했다.

```
var cubeGeometry = new THREE.CubeGeometry(20, 20, 20);
var meshMaterial1 = createMaterial("vertex-shader", "fragment-shader-1");
var meshMaterial2 = createMaterial("vertex-shader", "fragment-shader-2");
var meshMaterial3 = createMaterial("vertex-shader", "fragment-shader-3");
var meshMaterial4 = createMaterial("vertex-shader", "fragment-shader-4");
var meshMaterial5 = createMaterial("vertex-shader", "fragment-shader-5");
var meshMaterial6 = createMaterial("vertex-shader", "fragment-shader-6");
var material = new THREE.MeshFaceMaterial([meshMaterial1, meshMaterial2,
meshMaterial3, meshMaterial4, meshMaterial5, meshMaterial6]);
var cube = new THREE.Mesh(cubeGeometry, material);
```

아직 설명하지 않은 부분은 fragmentShader에 관한 것이다. 예제에서 모든 fragmentShader 객체는 http://glslsandbox.com/에서 복사해 왔다. 이 사이트는 fragmentShader 객체를 작성하고 공유할 수 있는 실험 공간을 제공한다. 여기서 세부 내용을 설명하지는 않는다. 다만 이 예제에서 사용한 fragment-shader-6은 다음과 같다.

```
<script id="fragment-shader-6" type="x-shader/x-fragment">
  #ifdef GL_ES
  precision mediump float;
  #endif

  uniform float time;
  uniform vec2 resolution;

  void main( void )
  {

    vec2 uPos = ( gl_FragCoord.xy / resolution.xy );

    uPos.x -= 1.0;
    uPos.y -= 0.5;

    vec3 color = vec3(0.0);
    float vertColor = 2.0;
    for( float i = 0.0; i < 15.0; ++i ) {
      float t = time * (0.9);
```

```
    uPos.y += sin( uPos.x*i + t+i/2.0 ) * 0.1;
    float fTemp = abs(1.0 / uPos.y / 100.0);
    vertColor += fTemp;
    color += vec3( fTemp*(10.0-i)/10.0, fTemp*i/10.0, pow(fTemp,1.5)*1.5 );
  }

  vec4 color_final = vec4(color, 1.0);
  gl_FragColor = color_final;
  }
</script>
```

마지막으로 다시 Three.js에 전달되는 색상은 gl_FragColor = color_final이다. fragmentShader에 대해 익히고 싶다면 http://glslsandbox.com/에서 여러코드들을 찾아보고 직접 자신의 객체에 사용해 보기 바란다. 다음 물질로 이동하기 전에, 사용자 정의 vertexShader 프로그램으로 가능한 하나의 예(https://www.shadertoy.com/view/4dXGR4)를 더 들어보면 다음과 같다.

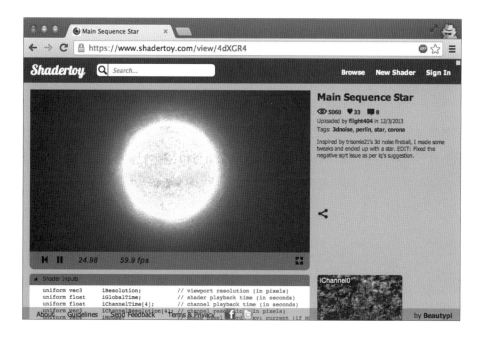

프레그먼트와 꼭지점 셰이더에 대해서는 11장에서 자세히 알아본다.

# 라인 지오메트리에서 사용할 수 있는 물질

마지막으로 알아볼 물질은 특정 지오메트리 `THREE.Line`에서만 사용할 수 있다. 이름에서 알 수 있듯이, 이것은 꼭지점으로만 구성되어 있으며 면을 포함하지 않는 단 하나의 선이다. Three.js는 선에서 사용할 수 있는 다음과 같은 두 가지 물질을 제공한다.

- `THREE.LineBasicMaterial`: 선의 기본 물질은 `colors`와 `linewidth`, `linecap`, `linejoin` 속성을 설정할 수 있다.
- `THREE.LineDashedMaterial`: `THREE.LineBasicMaterial`과 동일한 속성을 가지지만 대시와 여백 크기를 지정해 대시dash 효과를 만들 수 있다.

먼저 기본 물질을 알아보고 다음으로 대시 물질을 알아본다.

## THREE.LineBasicMaterial

`THREE.Line` 지오메트리에 사용할 수 있는 물질은 아주 간단하다. 다음 표는 이 물질에서 사용할 수 있는 속성을 보여준다.

| 이름 | 설명 |
| --- | --- |
| color | 선의 색을 결정한다. vertexColors를 지정한 경우, 이 속성은 무시된다. |
| linewidth | 선의 너비를 결정한다. |
| linecap | 이 속성은 와이어프레임 모드에서 선의 끝 모양을 정의한다. 사용 가능한 값은 butt, round, square다. 기본값은 round다. 실제로 이 속성을 변경했을 때 결과를 구분하기는 매우 어렵다. 이 속성은 WebGLRenderer에서 지원되지 않는다. |
| linejoin | 선의 연결 부위를 시각화하는 방법을 정의한다. 사용 가능한 값은 round와 bevel, miter다. 기본값은 round다. 아주 자세히 들여다 보면, 예제에서 낮은 opacity와 아주 큰 wireframeLinewidth 값을 사용하고 있는 것을 알 수 있다. 이 속성은 WebGLRenderer에서 지원되지 않는다. |
| vertexColors | 이 속성을 THREE.VertexColors 값으로 설정하면 각 꼭지점에 특정한 색을 제공할 수 있다. |
| fog | 이 속성은 물질이 전체 안개 설정에 영향을 받는지 여부를 결정한다. |

LineBasicMaterial의 예제를 살펴보기 전에, 먼저 꼭지점의 집합에서 THREE.
Line 메시를 생성하고 LineMaterial과 결합해 메시를 만드는 방법에 대해 잠깐
살펴본다.

```
var points = gosper(4, 60);
var lines = new THREE.Geometry();
var colors = [];
var i = 0;
points.forEach(function (e) {
  lines.vertices.push(new THREE.Vector3(e.x, e.z, e.y));
  colors[ i ] = new THREE.Color(0xffffff);
  colors[ i ].setHSL(e.x / 100 + 0.5, ( e.y * 20 ) / 300, 0.8);
  i++;
});

lines.colors = colors;
var material = new THREE.LineBasicMaterial({
  opacity: 1.0,
  linewidth: 1,
  vertexColors: THREE.VertexColors });

var line = new THREE.Line(lines, material);
```

코드의 첫 부분인 var points = gosper(4, 60);은 x, y 좌표를 구하는 데 사용
됐다. 이 함수는 고스퍼 곡선gosper curve(고스퍼 곡선에 대해서는 http://en.wikipedia.
org/wiki/Gosper_curve를 참조한다)을 반환한다. 고스퍼 곡선은 2D 공간을 채우는
간단한 알고리즘이다. 다음으로 THREE.Geometry 인스턴스를 생성하고, 각 좌표에
새로운 꼭지점을 만들어 이 인스턴스의 lines 속성을 집어넣는다. 각 좌표에 대해
색상 값을 계산해 colors 속성을 설정한다.

 이 예제에서 setHSL() 함수로 색상을 설정했다. 빨강, 녹색, 파란색 값을 HSL과 함께 제
공하는 대신 색조(hue), 채도(saturation) 및 밝기(lightness) 값으로 설정할 수도 있다.
HSL를 사용하면 RGB보다 직관적이며 일치하는 색상의 세트를 만드는 데 더 효과적이다.
https://www.w3.org/TR/css-color-3/#hsl-color에서 HSL에 대한 좋은 설명을 찾을 수
있다.

이제 우리의 지오메트리를 가지고 THREE.LineBasicMaterial을 생성할 수 있고, 지오메트리와 함께 THREE.Line 메시를 만들 수 있다. 이 결과는 09-line-material.html에서 확인할 수 있다. 다음 스크린샷은 이 예제의 결과를 보여준다.

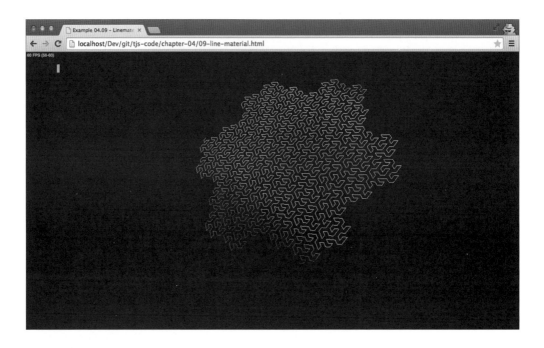

다음으로 이번 장에서 다룰 마지막 물질은 THREE.LineDashedMaterial로, THREE.LineBasicMaterial과 조금만 다르다. THREE.LineDashedMaterial로 선에 색을 입히는 것뿐만 아니라 대시dash 효과를 추가할 수 있다.

## THREE.LineDashedMaterial

이 물질은 대시 너비와 대시 사이의 너비를 지정하는 2개의 추가 속성 외에는 THREE.LineBasicMaterial과 동일한 속성을 가진다.

| 이름 | 설명 |
|------|------|
| scale | dashSize와 gapSize의 크기를 조절한다. Scale이 1보다 작으면 dashSize와 gapSize가 증가하고, 1보다 크면 줄어든다. |
| dashSize | 대시의 크기다. |
| gapSize | 대시 사이 간격의 크기다. |

이 물질은 THREE.LineBasicMaterial과 거의 동일하게 동작한다. 다음과 같다.

```
lines.computeLineDistances();
var material = new THREE.LineDashedMaterial({ vertexColors: true, color:
0xffffff, dashSize: 10, gapSize: 1, scale: 0.1 });
```

유일하게 다른 점은 computeLineDistances()(선을 만드는 꼭지점 사이의 거리를 결정하는 데 쓰인다) 함수를 호출해야 한다는 점이다. 이 함수를 호출하지 않으면 간격이 제대로 표시되지 않는다. 이 물질의 예제는 10-line-material-dashed.html이고 결과는 다음 스크린샷과 같다.

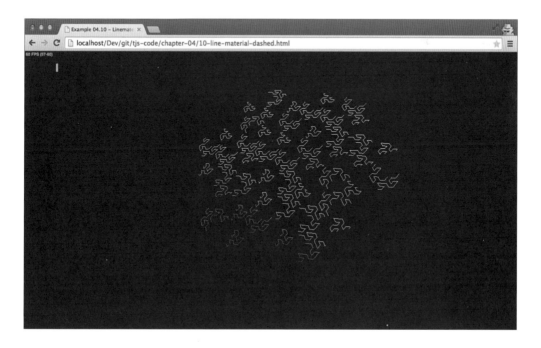

## 요약

Three.js는 지오메트리에 스킨을 입힐 수 있는 다양한 물질을 제공한다. 물질은 아주 단순한 `THREE.MeshBasicMaterial`부터 자신만의 `vertexShader`와 `fragmentShader` 프로그램을 만들 수 있는 복잡한 `THREE.ShaderMaterial`까지 다양하다. 물질은 많은 기본 속성들을 공유하고 있어서, 한 물질의 사용법을 알면 다른 물질도 쉽게 사용할 수 있다. 모든 물질이 빛에 반응하지는 않는다는 사실을 기억하자. 빛이 물질에 영향에 주게 하고 싶다면 `THREE.MeshPhongMaterial`이나 `THREE.MeshLamberMaterial`을 사용한다. 코드만으로 특정 물질의 속성 효과를 결정하기란 쉽지 않다. 이런 속성의 효과는 dat.GUI를 사용해 실험을 통해 확인하는 것이 좋다.

또한 물질의 대부분의 속성은 실행시 변경될 수 있음을 기억하자. 하지만 일부(예를 들어, side)는 실행 시 변경할 수 없다. 이런 값을 변경한다면 `needsUpdate` 속성을 `true`로 설정해야 한다. 실행할 때 변경할 수 있는 속성과 변경할 수 없는 속성의 전체 목록은 https://github.com/mrdoob/three.js/wiki/Updates에서 확인한다.

이번 장과 이전 장을 통해 지오메트리에 대해 알아보았다. 예제를 통해 사용했고 이들 일부를 살펴보았다. 다음 장에서는 지오메트리와 지오메트리를 다루는 방법을 알아보겠다.

# 5

# 지오메트리로 작업

이전 장들을 통해 Three.js로 작업하는 방법에 대해 많은 것을 배웠다. 기본 장면을 만들고, 조명을 더하고 메시의 물질을 구성하는 방법을 배웠다. 2장에서 지오메트리에 대해 살짝 살펴보았지만 Three.js가 제공하는 3D 객체를 생성할 수 있는 지오메트리에 대해 자세히 알아보지는 않았다. 5장과 6장을 통해, Three.js가 제공하는 모든 지오메트리(이전 장에서 다룬 THREE.Line은 제외)에 대해 알아보겠다. 5장에서 알아볼 지오메트리는 다음과 같다.

- THREE.CircleGeometry

- THREE.RingGeometry

- THREE.PlaneGeometry

- THREE.ShapeGeometry

- THREE.BoxGeometry

- THREE.SphereGeometry

- THREE.CylinderGeometry

- THREE.TorusGeometry

- THREE.TorusKnotGeometry

- THREE.PolyhedronGeometry

- THREE.IcosahedronGeometry

- THREE.OctahedronGeometry

- THREE.TetraHedronGeometry

- THREE.DodecahedronGeometry

그리고 6장에서는 다음의 복잡한 지오메트리를 알아본다.

- THREE.ConvexGeometry

- THREE.LatheGeometry

- THREE.ExtrudeGeometry

- THREE.TubeGeometry

- THREE.ParametricGeometry

- THREE.TextGeometry

이제 Three.js가 제공하는 모든 기본 지오메트리에 대해 알아보자.


## Three.js가 제공하는 기본 지오메트리

Three.js는 몇 개의 2D 메시와 3D 메시를 생성하는 많은 지오메트리를 제공한다. 이번 절에는 먼저 2D 지오메트리인 THREE.CircleGeometry와 THREE.RingGeometry, THREE.PlaneGeometry, THREE.ShapeGeometry를 알아본다. 그런 다음 3D 지오메트리를 알아본다.

## 2D 지오메트리

2D 객체는 평평한 물체와 같으며 이름에서 알 수 있듯이 2차원만을 가진다. 가장 먼저 알아볼 지오메트리는 `THREE.PlaneGeometry`다.

### THREE.PlaneGeometry

`PlaneGeometry` 객체는 아주 간단한 2차원 사각형을 만드는 데 사용한다. 이 지오메트리의 예로 01-basic-2d-geometries-plane.html을 살펴보자. `PlaneGeometry`로 만든 사각형의 예는 다음 스크린샷과 같다.

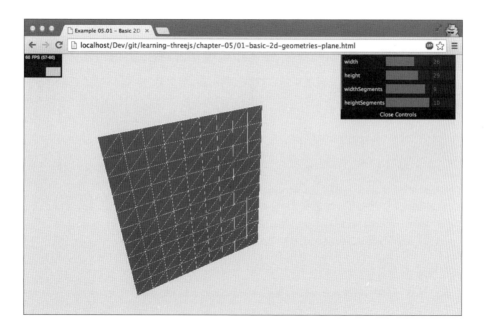

이 지오메트리의 생성은 다음과 같이 아주 간단하다.

```
new THREE.PlaneGeometry(width, height,widthSegments, heightSegments);
```

이 `THREE.PlaneGeometry` 예제에서 3개의 속성을 변경할 수 있고, 바로 결과를 확인할 수 있다. 이들 속성에 대한 설명은 다음 표와 같다.

| 속성 | 필수 | 설명 |
|---|---|---|
| Width | 예 | 사각형의 너비다. |
| Height | 예 | 사각형의 높이다. |
| widthSegments | 아니오 | 너비가 분할되어야 할 세그먼트의 수다. 기본값은 10이다. |
| heightSegments | 아니오 | 높이가 분할되어야 할 세그먼트의 수다. 기본값은 10이다. |

앞에서 본 것처럼 복잡한 지오메트리가 아니다. 크기만 지정하면 끝이다. 면을 더 만들고 싶다면(예를 들어, 체크무늬 패턴을 생성할 때), widthSegments와 heightSegments 속성으로 지오메트리를 작은 면으로 분할할 수 있다.

다음 지오메트리로 이동하기 전에, 이 예제 및 이 장의 다른 예제에서 사용하는 물질에 대해 알아본다. 지오메트리에 기반한 메시를 생성할 때 다음 메소드를 사용한다.

```
function createMesh(geometry) {

  // 두 물질을 할당
  var meshMaterial = new THREE.MeshNormalMaterial();
  meshMaterial.side = THREE.DoubleSide;
  var wireframeMaterial = new THREE.MeshBasicMaterial();
  wireFrameMaterial.wireframe = true;

  // 복합 물질을 생성
  var mesh = THREE.SceneUtils.createMultiMaterialObject( geometry,
    [meshMaterial,wireframeMaterial]);
  return mesh;
}
```

이 함수에서 제공된 메시에 기반해 복합 물질 메시를 생성했다. 첫 번째 물질은 THREE.MeshNormalMaterial이다. 앞 장에서 배웠듯이 THREE.MeshNormalMaterial은 법선 벡터(면의 방향)를 기반으로 컬러면을 만든다. 그리고 이 물질을 양면(THREE.DoubleSide)으로 설정했다. 이렇게 하지 않으면, 카메라가 이 객체의 후면을 향할 때 이 객체를 볼 수 없다. THREE.MeshNormalMaterial 물질뿐만 아니라, 와이어프레임 속성을 사용할 수 있는 THREE.MeshBasicMaterial도 추가했다. 이 방법으로 특정한 지오메트리로 생성된 객체의 3D 형상과 면을 볼 수 있다.

 지오메트리가 생성된 후 속성을 접근할 때 plane.width만으로는 안 된다. 지오메트리의 속성을 접근하려면 객체의 parameters 속성을 사용해야 한다. 따라서 plane 객체의 width 속성을 구하기 위해서는 plane.parameters.width를 사용해야 한다.

## THREE.CircleGeometry

아마도 THREE.CircleGeometry로 무엇을 생성할 수 있을지 추측할 수 있을 것이다. 이 지오메트리로 아주 간단한 2차원 원(또는 부분 원)을 만들 수 있다. 먼저 이 지오메트리의 예제(02-basic-2d-geometries-circle.html)를 살펴보자. 다음 스크린 샷에서 THREE.CircleGeometry를 만들 때 2 * PI보다 작은 thetaLength 값을 사용한 것을 알 수 있다.

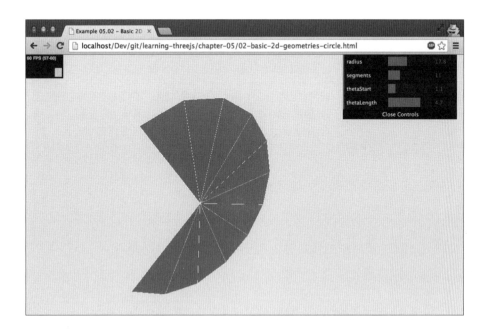

라디안에서 2 * PI는 완전한 원을 나타낸다. 라디안보다 각도를 사용해서 작업하기를 원한다면 이들 사이의 변환은 아주 쉽다. 다음 두 함수로 라디안과 각도 사이의 변환을 쉽게 할 수 있다.

```
function deg2rad(degrees) {
  return degrees * Math.PI / 180;
}
function rad2deg(radians) {
  return radians * 180 / Math.PI;
}
```

이 예제에서 THREE.CircleGeometry로 만든 메시를 제어할 수 있다. THREE.CircleGeometry를 생성할 때, 다음처럼 원의 모양을 정의하는 몇 가지 속성을 지정할 수 있다.

| 속성 | 필수 | 설명 |
| --- | --- | --- |
| Radius | 아니오 | 라디안은 원의 크기를 정의한다. 라디안은 원의 중심으로부터의 거리다. |
| segments | 아니오 | 원을 만드는 데 사용되는 면의 개수를 정의한다. 최소 수는 30이고, 지정되어 있지 않은 경우 기본값으로 8이 설정된다. 값이 높을수록 부드러운 원을 의미한다. |
| thetaStart | 아니오 | 이 속성은 원을 그리기 시작하는 위치를 정의한다. 이 값은 0에서 2 * PI 사이의 범위를 가질 수 있고 기본값은 0이다. |
| thetaLength | 아니오 | 이 속성은 어디까지 원을 그릴지 정의한다. 기본값은 2 * PI(완전한 원)다. 예를 들어 이 값을 0.5 * PI로 지정하는 경우, 1/4 원을 그린다. 이 속성을 thetaStart 속성과 함께 사용해 원의 모양을 정의한다. |

다음 코드로 완전한 원을 만들 수 있다.

```
new THREE.CircleGeometry(3, 12);
```

지오메트리에서 반원을 만들고 싶은 경우에는 다음처럼 사용한다.

```
new THREE.CircleGeometry(3, 12, 0, Math.PI);
```

다음 지오메트리로 넘어가기 전에, 이런 2차원 모양(THREE.PlaneGeometry, THREE.CircleGeometry, THREE.ShapeGeometry)을 만들 때 Three.js가 사용하는 방향에 대해

알아본다. Three.js는 이런 객체들을 만들 때 서 있는 형태로 만든다. 따라서 x, y 평면을 따라 누워 있다. 2차원 형상이기 때문에 이는 매우 논리적이다. 그러나 종종, 특히 THREE.PlaneGeometry에서는 그라운드(x-z 평면)에 누워 있는 메시가 필요할 수 있다. 여기서 그라운드는 나머지 객체들을 배치할 수 있는 영역이다. 수직이 아닌 수평으로 되어 있는 2차원 객체를 만드는 가장 쉬운 방법은 다음과 같이 메시를 x축을 중심으로 뒤로 1/4만큼(-PI/2) 회전시키는 것이다.

```
mesh.rotation.x =- Math.PI/2;
```

이것이 THREE.CircleGeometry에 대한 모든 것이다. 다음 지오메트리인 THREE.RingGeometry는 THREE.CircleGeometry와 많이 닮았다.

## THREE.RingGeometry

THREE.RingGeometry로 THREE.CircleGeometry와 매우 유사한 2D 객체를 만들 수 있을 뿐만 아니라 중앙에 구멍이 있는 객체도 정의할 수 있다(예제는 03-basic-3d-geometries-ring.html을 참조한다).

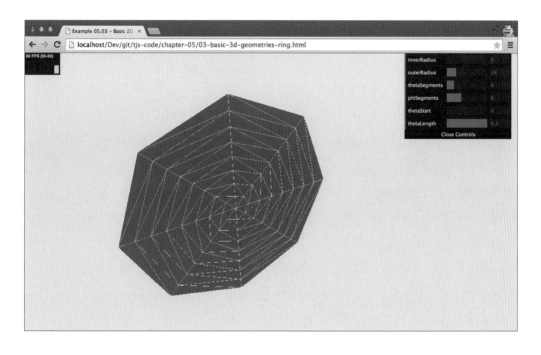

THREE.RingGeometry는 아무런 속성이 없어도 된다(다음 표에 기본값이 명시되어 있다). 따라서 다음처럼 지정하면 지오메트리를 만들 수 있다.

```
Var ring = new THREE.RingGeometry();
```

생성자에 다음 인수들을 전달해 링 지오메트리의 모습을 조절할 수 있다.

| 속성 | 필수 | 설명 |
| --- | --- | --- |
| innerRadius | 아니오 | 원의 안쪽 반경은 중심 구멍의 크기를 정의한다. 이 속성을 0으로 설정하면 구멍은 보이지 않는다. 기본값은 0이다. |
| outerRadius | 아니오 | 원의 바깥쪽 반경의 크기를 정의한다. 반경은 원의 중심에서 측면까지의 거리다. 기본값은 50이다. |
| thetaSegments | 아니오 | 원을 생성하는데 사용될 대각선 세그먼트의 수다. 값이 높을수록 부드러운 링을 의미한다. 기본값은 8이다. |
| phiSegments | 아니오 | 링의 길이에 따라 사용될 필요한 세그먼트의 수다. 기본값은 8이다. 원의 부드러움에 영향을 미치지는 않고 다만 면의 수만 증가시킨다. |
| thetaStart | 아니오 | 원을 그리기 시작하는 위치를 정의한다. 값은 0에서 2 * PI까지의 범위를 가지며, 기본값은 0이다. |
| thetaLength | 아니오 | 원이 완료되는 범위를 정의한다. 지정되어 있지 않을 경우 기본값은 2 * PI(완전한 원)다. 예를 들어 이 값을 0.5 * PI로 지정하면 1/4의 원을 얻는다. 이 속성과 thetaStart 속성을 함께 사용해 원의 모양을 정의한다. |

다음 절에서는 2D 지오메트리의 마지막인 THREE.ShapeGeometry를 살펴보겠다.

### THREE.ShapeGeometry

THREE.PlaneGeometry와 THREE.CircleGeometry는 형상을 사용자 정의하는 데 제한이 많다. 자신만의 사용자 정의 2D 형상을 만들고 싶다면 THREE.ShapeGeometry를 사용할 수 있다. THREE.ShapeGeometry는 자신만의 형상을 제작할 수 있도록 여러 함수들을 제공한다. 이 함수들은 HTML canvas나 SVG의 <path> 요소 함수와 비교할 수 있다. 먼저 예제를 살펴보고 자신만의 형상을 제작할 수 있는 다양한 함수를 알아보겠다. 5장의 예제 폴더에서 03-basic-2d-geometries-shape.html 파일을 실행하면 다음과 같다.

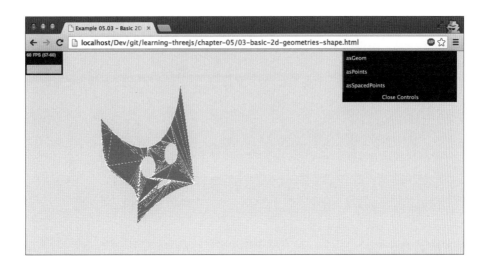

이 예제에서 사용자가 정의한 2D 형상을 볼 수 있다. 각 속성들에 대해 자세히 알아보기 전에 먼저 코드를 살펴보자. THREE.ShapeGeometry를 생성하기 전에, 먼저 THREE.Shape를 생성해야 한다. 이전 그림에서 오른쪽 하단 모서리부터 시작해서 각 단계를 추적해 보자. 예제에서 THREE.Shape를 만든 방법은 다음과 같다.

```
function drawShape() {
  // 기본 형상 작성
  var shape = new THREE.Shape();

  // 시작점
  shape.moveTo(10, 10);

  // 위쪽으로 직선을 그림
  shape.lineTo(10, 40);

  // 우측 상단에서 곡선을 그림
  shape.bezierCurveTo(15, 25, 25, 25, 30, 40);

  // 다시 하단으로 스플라인(spline) 곡선을 그림
```

```
shape.splineThru(
  [new THREE.Vector2(32, 30),
  new THREE.Vector2(28, 20),
  new THREE.Vector2(30, 10),
])

// 하단의 곡선을 그림
shape.quadraticCurveTo(20, 15, 10, 10);

// '눈'을 추가
var hole1 = new THREE.Path();
hole1.absellipse(16, 24, 2, 3, 0, Math.PI * 2, true);
shape.holes.push(hole1);

// 두번째 '눈'을 추가
var hole2 = new THREE.Path();
hole2.absellipse(23, 24, 2, 3, 0, Math.PI * 2, true);
shape.holes.push(hole2);

// '입'을 추가
var hole3 = new THREE.Path();
hole3.absarc(20, 16, 2, 0, Math.PI, true);
shape.holes.push(hole3);

// 형상을 반환
return shape;
}
```

이 코드에서 라인과 곡선, 스플라인을 사용해 형상의 윤곽을 만들었다. 다음으로
THREE.Shape의 holes 속성으로 형상에 몇 개의 구멍을 냈다. 그러나 이 절에서
는 THREE.Shape가 아닌 THREE.ShapeGeometry에 대해 이야기하고 있다. THREE.
Shape에서 형상을 만들려면, 다음처럼 THREE.ShapeGeometry의 인자로 THREE.
Shape(이 경우 drawShape() 함수의 결과값)를 전달해야 한다.

```
new THREE.ShapeGeometry(drawShape());
```

이 함수의 결과는 메시를 생성할 때 사용할 수 있는 지오메트리다. 이미 형상이 있을 경우 THREE.ShapeGeometry를 생성할 수 있는 다른 방법도 있다. shape.makeGeometry(options)를 호출하면, THREE.ShapeGeometry(옵션은 다음 표를 참조)의 인스턴스를 반환한다.

THREE.ShapeGeometry에 전달할 수 있는 인자들을 먼저 살펴보자.

| 속성 | 필수 | 설명 |
| --- | --- | --- |
| shapes | 아니오 | THREE.Geometry를 생성하는 데 사용되는 하나 이상의 THREE.Shape 객체다. 하나의 THREE.Shape 객체나 THREE.Shape 객체들의 배열로 전달할 수 있다. |
| options | 아니오 | 또한 전체 형상에 적용되는 options를 shapes 인수로 전달할 수 있다. 옵션에 대한 설명은 다음과 같다.<br>• curveSegments: 이 속성은 형상에서 만들어지는 곡선의 부드러운 정도를 결정한다. 기본값은 12다.<br>• material: 지정된 형의 면을 만드는 데 사용되는 materialIndex 속성이다. 이 지오메트리와 함께 THREE.MeshFaceMaterial을 사용하면, materialIndex 속성은 전달된 어떤 물질이 형상의 면에 사용되는지 결정한다.<br>• UVGenerator: 물질과 텍스처를 사용하는 경우 UV 매핑은 텍스처의 어떤 부분이 특정한 면에 사용되는지 결정한다. UVGenerator 속성을 사용하면, 면에 대한 UV 설정을 만드는 자신의 객체를 전달할 수 있다. UV 설정에 대한 자세한 설명은 10장을 참조한다. 아무것도 지정하지 않으면 THREE.ExtrudeGeometry.WorldUVGenerator가 사용된다. |

THREE.ShapeGeometry의 가장 중요한 부분은 형상을 만드는 데 사용하는 THREE.Shape다. 따라서 THREE.Shape를 만드는 데 사용할 수 있는 그리기 함수의 목록을 살펴보자(실제로는 THREE.Shape 확장인 THREE.Path 객체의 함수다).

| 이름 | 설명 |
| --- | --- |
| moveTo(x,y) | 지정된 x, y 좌표로 그리는 위치를 이동한다. |
| lineTo(x,y) | 현재 위치(예를 들어, moveTo 함수로 설정된)에서 제공된 x, y 좌표까지 라인을 그린다. |
| quadraticCurveTo(aCPx, aCPy, x, y) | 곡선을 지정하는 두 가지 방법을 사용할 수 있다. quadraticCurveTo 함수나 bezierCurveTo 함수(표의 다음 행을 참조)를 사용할 수 있다. 이 두 함수 사이의 차이는 곡선의 곡률을 지정하는 방법이다. 다음 그림은 이 두 옵션의 차이점을 설명한다. 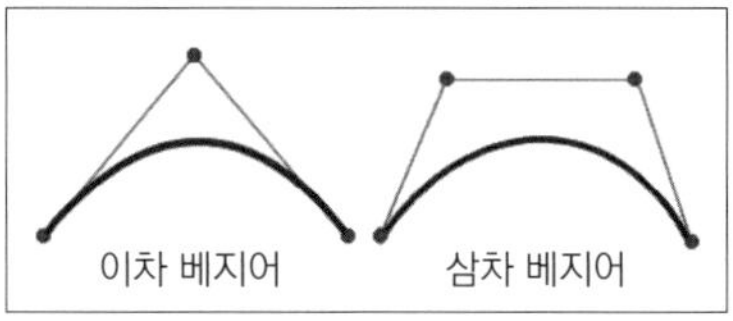<br><br><br><br>이차 곡선(quadratic curve)의 경우, 하나의 추가 점(aCPx와 aCPy 인수를 사용해)을 지정해야 하고, 곡선은 전적으로 그 점과 종료점(x와 y 인수)에 기초해 그려진다. 삼차 곡선(cubic curve)의 경우, (bezierCurveTo 함수 사용) 곡선을 정의하는 두 개의 추가 점을 지정한다. 시작점은 경로의 현재 위치다. |
| bezierCurveTo(aCPx1, aCPy1, aCPx2, aCPy2, x, y) | 지정된 인수에 따라 곡선을 그린다. 설명은 위 항목(quadratic CurveTo)을 참조한다. 곡선은 곡선을 정의하는 두 개의 좌표(aCPx1, aCPy1, aCPx2, aCPy2)와 종료점(x와 y)을 기반으로 그려진다. 시작점은 경로의 현재 위치다. |
| splineThru(pts) | 이 함수는 제공된 좌표의 집합(pts)을 통해 유동적인 라인을 그린다. 이 인수는 THREE.Vector2 객체의 배열이어야 한다. 시작점은 경로의 현재 위치다. |
| arc(aX, aY, aRadius, aStartAngle, aEndAngle, aClockwise) | 원(또는 원의 일부)을 그린다. 원은 패스의 현재 위치에서 시작한다. 여기서 aX와 aY가 현재 위치의 오프셋으로 사용된다. aRadius는 원의 크기를 설정하고 aStartAngle과 aEndAngle은 원의 부분이 어디까지 그려지는지를 정의한다. Boolean 속성인 aClockwise는 시계 방향으로 그려질지 반시계 방향으로 그려질지를 결정한다. |
| absArc(aX, aY, aRadius, aStartAngle, aEndAngle, AClockwise) | 현재 위치 대신 절대 위치를 기준으로 한다는 점만 제외하고는 arc와 동일하다. |

(이어짐)

| 이름 | 설명 |
|---|---|
| ellipse(aX, aY, xRadius, yRadius, aStartAngle, aEndAngle, aClockwise) | arc의 설명을 참조한다. 추가로 ellipse 함수는 x와 y 반경을 분리해 설정할 수 있다. |
| absEllipse(aX, aY, xRadius, yRadius, aStartAngle, aEndAngle, aClockwise) | ellipse의 설명을 참조한다. 현재 위치 대신 절대 위치를 기준으로 한다. |
| fromPoints(vectors) | 이 함수에 THREE.Vector2(또는 THREE.Vector3) 객체를 전달하면, Three.js는 제공된 벡터로부터 직선을 사용해 경로를 생성한다. |
| holes | holes 속성은 THREE. Shape 객체의 배열을 포함한다. 이 배열의 각 객체는 구멍(hole)으로 렌더링된다. 이 절의 시작 부분에 살펴본 예제가 좋은 예다. 이 예제 코드에서 세 개의 THREE. Shape 객체를 이 배열에 추가했다. 하나는 왼쪽 눈, 하나는 오른쪽 눈, 그리고 하나는 입을 위한 THREE.Shape 객체다. |

이 예에서 new THREE.ShapeGeometry(drawShape()) 생성자를 사용해 THREE. Shape 객체로부터 THREE.ShapeGeometry를 생성했다. THREE.Shape 객체는 자체적으로 지오메트리를 생성하는 데 사용할 수 있는 몇 개의 헬퍼 함수를 가지고 있다. 헬퍼 함수는 다음과 같다.

| 이름 | 설명 |
|---|---|
| makeGeometry(options) | 이 함수는 THREE.Shape에서 THREE.ShapeGeometry를 반환한다. 사용 가능한 옵션에 대한 자세한 설명은 앞에서 살펴본 THREE.ShapeGeometry의 속성을 참조한다. |
| createPointsGeometry(divisions) | 형상을 점의 집합으로 변환한다. divisions 속성은 얼마나 많은 점이 반환되는지를 정의한다. 값이 높을수록 많은 수의 점이 반환되고 결과적으로 선이 부드러워진다. divisions는 경로의 각 부분에 별도로 적용된다. |
| createSpacedPointsGeometry(divisions) | 형상을 점의 집합으로 변환할 수도 있지만, 이 함수는 divisions를 한 번에 전체 경로로 적용한다. |

createPointsGeometry 또는 createSpacedPointsGeometry로 점들의 집합을 만들면, 이 점들로 다음처럼 라인을 그릴 수 있다.

```
new THREE.Line( shape.createPointsGeometry(10), new THREE.
LineBasicMaterial( { color: 0xff3333, linewidth: 2 } ) );
```

예제에서 **asPoints** 또는 **asSpacedPoints** 버튼을 클릭하면, 다음과 같은 결과를 볼 수 있다.

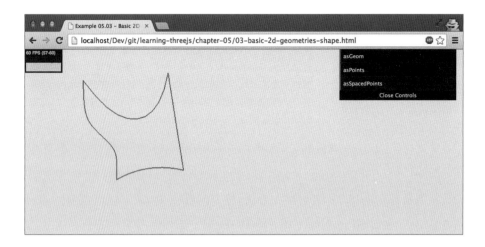

지금까지 2D 형상에 대해 알아보았다. 다음 절에서는 기본 3D 형상에 대해 설명한다.

## 3D 지오메트리

이번 절에서는 기본 3D 지오메트리를 설명한다. 먼저 이미 앞에서 몇 번 살펴보았던 THREE.BoxGeometry부터 시작한다.

### THREE.BoxGeometry

THREE.BoxGeometry는 너비width와 높이height, 깊이depth를 지정해 박스를 생성하는 아주 간단한 3D 지오메트리다. 04-basic-3d-geometries-cube.html 예제에서 이 지오메트리의 여러 속성들을 테스트해 볼 수 있다. 다음 스크린샷은 이 지오메트리를 보여준다.

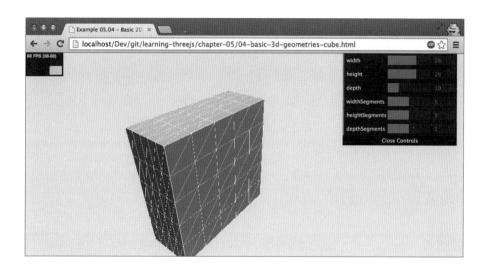

예제에서 볼 수 있듯이, THREE.BoxGeometry의 width, height, depth 속성을 변경하면, 메시의 크기를 제어할 수 있다. 이 세 가지 속성은 필수 요소로 다음과 같이 새로운 정육면체를 생성할 때 반드시 지정해줘야 한다.

```
new THREE.BoxGeometry(10,10,10);
```

예제에서 정육면체를 정의하는 여러 다른 속성들도 확인할 수 있다. 다음 표에 이들 속성들에 대해 설명한다.

| 속성 | 필수 | 설명 |
| --- | --- | --- |
| Width | 예 | 정육면체의 너비다. x축을 따른 정육면체 꼭지점의 길이다. |
| height | 예 | 정육면체의 높이다. y축을 따른 정육면체 꼭지점의 길이다. |
| depth | 예 | 정육면체의 깊이다. z축을 따른 정육면체 꼭지점의 길이다. |
| widthSegments | 아니오 | 정육면체의 x축 방향으로 면을 분할하는 세그먼트의 수다. 기본값은 1이다. |
| heightSegments | 아니오 | 정육면체의 y축 방향으로 면을 분할하는 세그먼트의 수다. 기본값은 1이다. |
| depthSegments | 아니오 | 정육면체의 z축 방향으로 면을 분할하는 세그먼트의 수다. 기본값은 1이다. |

세그먼트 속성의 값을 증가시키면 정육면체의 기본 6개 면을 여러 개의 작은 면으로 분할할 수 있다. 이는 THREE.MeshFaceMaterial을 사용해 정육면체의 일부에 특정 물질의 속성을 설정하고자 하는 경우 유용하다. THREE.BoxGeometry는 매우 간단한 지오메트리다. 또 다른 간단한 지오메트리로 THREE.SphereGeometry가 있다.

### THREE.SphereGeometry

SphereGeometry로 3D 구체를 만들 수 있다. 바로 예제를 살펴보자. 예제는 05-basic-3d-geometries-sphere.html이다.

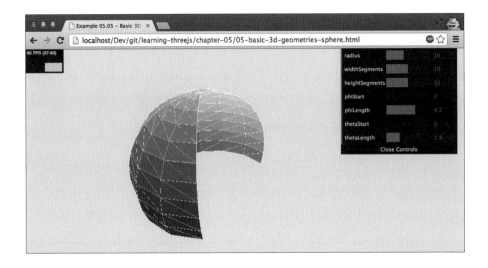

이 스크린샷에서 THREE.SphereGeometry로 만든 절반이 오픈된 구체를 볼 수 있다. 이 지오메트리는 아주 유연해서 구체와 관련된 모든 형태의 지오메트리를 만드는 데 사용할 수 있다. 기본 THREE.SphereGeometry는 new THREE.SphereGeometry()를 사용해 아주 쉽게 생성할 수 있다. 다음 속성으로 메시의 결과를 조정할 수 있다.

| 속성 | 필수 | 설명 |
|---|---|---|
| radius | 아니오 | 구체의 반경을 설정하는 데 사용된다. 메시의 크기를 정의한다. 기본값은 50이다. |
| widthSegments | 아니오 | 수직으로 사용되는 세그먼트의 수를 지정한다. 많은 세그먼트가 사용될수록 표면은 매끄러워진다. 기본값은 8이고, 최소값은 3이다. |
| heightSegments | 아니오 | 수평으로 사용되는 세그먼트의 수를 지정한다. 많은 세그먼트가 사용될수록 표면은 매끄러워 진다. 기본값은 6이고, 최소값은 2다. |
| phiStart | 아니오 | x축을 따라 구체가 그려질 시작 위치를 결정한다. 0부터 2 * PI까지의 범위를 가진다. 기본값은 0이다. |
| phiLength | 아니오 | phiStart 부터 어디까지 구체를 그릴지 결정한다. 2 * PI는 완전한 구체를 그리고, 0.5 * PI는 1/4 크기의 오픈된 구체를 그린다. 기본값은 2 * PI다. |
| thetaStart | 아니오 | y축을 따라 구체가 그려질 시작 위치를 결정한다. 0부터 PI까지의 범위를 가진다. 기본값은 0이다. |
| thetaLength | 아니오 | thetaStart부터 어디까지 구체를 그릴지 결정한다. PI는 완전한 구체를 그리고, 0.5 * PI는 구체의 상반부를 반만 그린다. 기본값은 PI다. |

radius와 widthSegments, heightSegments 속성은 명확해야 한다. 이들 속성은 이미 다른 예제를 통해 많이 살펴보았다. phiStart와 phiLength, thetaStart, thetaLength 속성은 예제를 보지 않고는 조금 이해하기 어렵다. 다행히 05-basic-3d-geometries-sphere.html 예제의 메뉴를 통해 이들 속성에 대해 실험해 볼 수 있고 다음처럼 재미있는 지오메트리를 만들 수 있다.

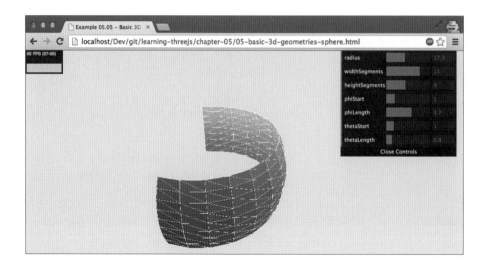

다음은 THREE.CylinderGeometry다.

### THREE.CylinderGeometry

이 지오메트리로 실린더 또는 실린더처럼 생긴 객체를 만들 수 있다. 다른 지오메트리와 마찬가지로 예제(06-basic-3d-geometries-cylinder.html)를 통해 이 지오메트리의 속성들을 실험해 볼 수 있다. 다음 스크린샷은 예제의 결과를 보여준다.

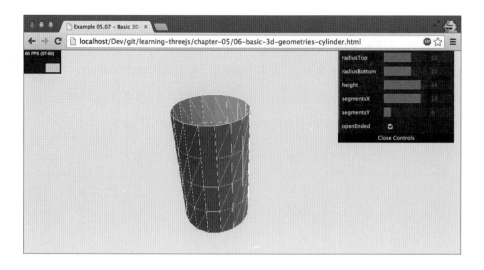

THREE.CylinderGeometry를 만들 때 반드시 지정해야 하는 인수는 없다. 따라서 new THREE.CylinderGeometry()를 호출하는 것만으로 실린더를 만들 수 있다. 예제에서 본 것처럼 다양한 속성을 통해 실린더의 모습을 변경할 수 있다. 다음 표에서 이들 속성들을 설명한다.

| 속성 | 필수 | 설명 |
| --- | --- | --- |
| radiusTop | 아니오 | 실린더 상단의 크기를 설정한다. 기본값은 20이다. |
| radiusBottom | 아니오 | 실린더 하단의 크기를 설정한다. 기본값은 20이다. |
| height | 아니오 | 실린더의 높이를 설정한다. 기본값은 100이다. |
| radialSegments | 아니오 | 실린더의 반경에 따른 세그먼트의 수를 결정한다. 기본값은 8이다. 세그먼트가 많을수록 더 매끄러운 실린더를 만든다. |
| heightSegments | 아니오 | 실린더의 높이에 따른 세그먼트의 수를 결정한다. 기본값은 1이다. 세그먼트가 많을수록 더 매끄러운 실린더를 만든다. |
| openEnded | 아니오 | 메시의 상단과 하단이 닫혀 있는지 여부를 결정한다. 기본값은 false다. |

이들은 모두 실린더를 설정하는 데 필요한 가장 기본적인 속성들이다. 상단(또는 하단)의 반경 크기에 음수 값을 사용하면 재미있는 결과를 얻을 수 있다. 이렇게 하면 다음 스크린샷과 같은 모래시계 모양의 지오메트리를 만들 수 있다. 한가지 주의해야 하는 점은 색상에서 보듯이, 상단의 절반이 뒤집어져 있다는 것이다. THREE.DoubleSide로 설정하지 않은 물질을 사용하면, 상단 절반을 볼 수 없다.

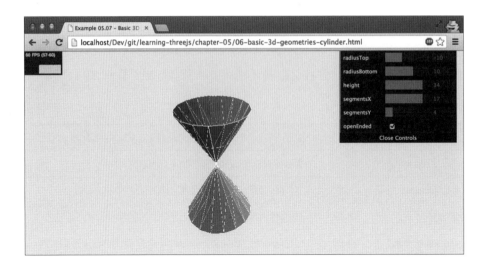

다음 지오메트리는 도넛 같은 모양을 만드는 데 사용할 수 있는 THREE. TorusGeometry다.

## THREE.TorusGeometry

토러스torus는 도넛과 같은 간단한 모양이다. 다음 스크린샷(예제 08-basic-3d-geometries-torus.html)은 THREE.TorusGeometry의 동작을 보여준다.

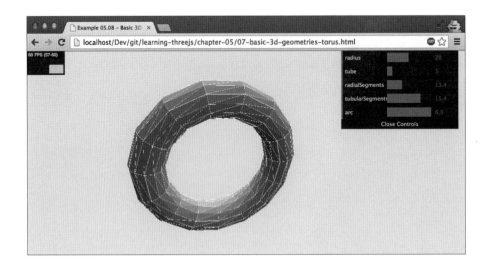

다른 간단한 지오메트리와 마찬가지로, THREE.TorusGeometry를 만들 때 필수 인자를 필요로 하지 않는다. 다음 표는 이 지오메트리를 생성할 때 사용할 수 있는 속성들이다.

| 속성 | 필수 | 설명 |
|---|---|---|
| radius | 아니오 | 전체 토러스의 크기를 설정한다. 기본값은 100이다. |
| tube | 아니오 | 튜브의 반경(실제 도넛)을 설정한다. 기본값은 40이다. |
| radialSegments | 아니오 | 토러스의 길이를 따라 사용될 세그먼트의 개수를 결정한다. 기본값은 80이다. 데모를 통해 이 값을 변경했을 때 효과를 확인할 수 있다. |
| tubularSegments | 아니오 | 토러스의 너비를 따라 사용될 세그먼트의 개수를 결정한다. 기본값은 60이다. 데모를 통해 이 값을 변경했을 때 효과를 확인할 수 있다. |
| arc | 아니오 | 이 속성으로 토러스가 완전한 원을 그리는지 여부를 제어할 수 있다. 기본값은 2 * PI(완전한 원)다. |

이들 대부분은 이미 살펴본 적이 있는 가장 기본적인 속성이다. 이들 중 arc는 가장 재미있는 속성이다. 이 속성으로 도넛을 전체 원형으로 만들지 일부분만 만들지 결정할 수 있다. 실험을 통해 이 속성으로 재미있는 메시를 만들 수 있다. 다음 예는 arc를 0.5 * PI로 설정한 결과다.

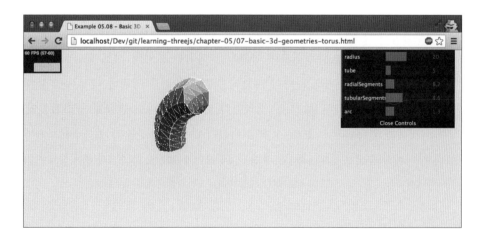

THREE.TorusGeometry는 아주 간단한 지오메트리다. 다음 절에서는 이름이 거의 똑같지만 조금은 복잡한 THREE.TorusKnotGeometry에 대해 알아본다.

### THREE.TorusKnotGeometry

THREE.TorusKnotGeometry로 토러스 매듭torus knot을 만들 수 있다. 토러스 매듭은 매듭 자체의 주위를 여러 번 구불구불 감고 있는 튜브 모양의 특별한 매듭의 한 종류다. 이 지오메트리를 설명하는 가장 좋은 방법은 08-basic-3d-geometries-torus-knot.html 예제를 보는 것이다. 다음 스크린샷은 이 지오메트리를 보여준다.

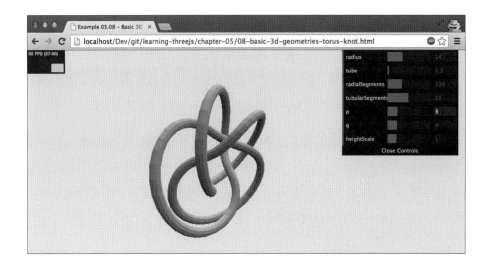

예제를 열어 p와 q 속성을 바꿔보면 아름다운 다양한 모양의 지오메트리를 만들 수 있다. p 속성은 축을 따라 얼마나 매듭이 감겨 있는지를 정의하고, q 속성은 내부로 얼마나 매듭이 감겨 있는지를 정의한다. 이해하기 다소 어렵게 들리겠지만, 걱정할 필요는 없다. 다음 스크린샷처럼 아름다운 매듭을 만들기 위해 이들 속성을 전부 이해할 필요는 없다(자세한 내용에 대해 흥미가 있다면, 이 주제에 대한 훌륭한 기사를 위키피디아(http://en.wikipedia.org/wiki/Torus_knot)에서 찾을 수 있다).

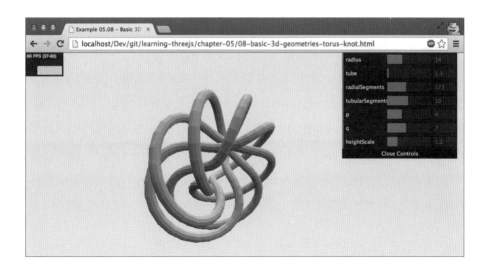

예제를 통해, 다음 속성들과 p와 q의 다양한 조합이 이 지오메트리에 미치는 영향을 볼 수 있다.

| 속성 | 필수 | 설명 |
|---|---|---|
| radius | 아니오 | 전체 토러스의 크기를 설정한다. 기본값은 100이다. |
| tube | 아니오 | 튜브(실제 도넛)의 반경을 설정한다. 기본값은 40이다. |
| radialSegments | 아니오 | 토러스 매듭의 길이(length)를 따라 사용될 세그먼트의 개수를 결정한다. 기본값은 64다. 이 값을 변경했을 때 효과는 데모를 통해 확인한다. |
| tubularSegments | 아니오 | 토러스 매듭의 너비(width)를 따라 사용될 세그먼트의 개수를 결정한다. 기본값은 8이다. 이 값을 변경했을 때 효과는 데모를 통해 확인한다. |
| p | 아니오 | 매듭의 모양을 결정한다. 기본값은 2다. |
| q | 아니오 | 매듭의 모양을 결정한다. 기본값은 30이다. |
| heightScale | 아니오 | 이 속성으로 토러스 매듭을 늘릴 수 있다. 기본값은 10이다. |

다음으로 알아볼 지오메트리는 기본 지오메트리의 마지막인 THREE.PolyhedronGeometry다.

## THREE.PolyhedronGeometry

지오메트리로 쉽게 다면체를 만들 수 있다. 다면체는 평평한 면과 직선의 가장자리를 가진 지오메트리다. 그러나 대부분의 경우 이 지오메트리를 직접 사용하지는 않는다. Three.js는 THREE.PolyhedronGeometry의 꼭지점과 면을 지정하지 않고도 직접 사용할 수 있는 다양한 다면체를 제공한다. 이 절의 뒷부분에서 이러한 다면체를 논의할 것이다. THREE.PolyhedronGeometry를 직접 사용하고 싶다면, 3장에서 했던 것처럼 꼭지점과 면들을 지정해야 한다. 예를 들어, 다음처럼 간단한 사면체<sub>tetrahedron</sub>(이 장의 뒷부분에서 THREE.TetrahedronGeometry에 대해서도 설명한다)를 만들 수 있다.

```
var vertices = [
  1, 1, 1,
  -1, -1, 1,
  -1, 1, -1,
  1, -1, -1
];

var indices = [
  2, 1, 0,
  0, 3, 2,
  1, 3, 0,
  2, 3, 1
];

polyhedron = createMesh(new THREE.PolyhedronGeometry(vertices, indices,
controls.radius, controls.detail));
```

THREE.PolyhedronGeometry를 구성하기 위해 vertices과 indices, radius, detail 속성을 전달한다. THREE.PolyhedronGeometry 객체의 결과는 예제 09-basic-3d-geometries-polyhedron.html(오른쪽 상단의 메뉴의 type에서 Custom 을 선택한다)을 참조한다.

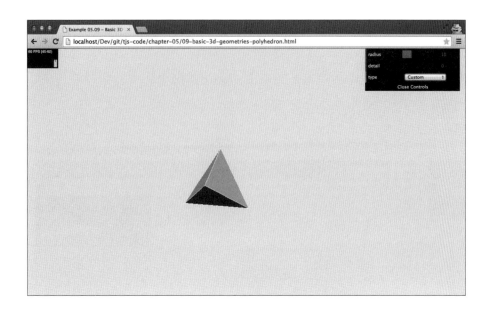

다면체를 만들 때 다음과 같은 네 가지 속성을 전달할 수 있다.

| 속성 | 필수 | 설명 |
|---|---|---|
| vertices | 예 | 다면체를 구성하는 점이다. |
| indices | 예 | 꼭지점에서 생성될 면이다. |
| radius | 아니오 | 다면체의 크기다. 기본값은 10이다. |
| detail | 아니오 | 이 속성을 사용해 다면체에 추가 세부사항을 지정할 수 있다. 1로 설정하면, 다면체의 각 삼각형은 네 개의 작은 삼각형으로 분할된다. 2로 설정하면, 네 개의 작은 삼각형이 다시 각각 네 개의 작은 삼각형으로 분할된다. |

이 절의 시작부에서 Three.js는 여러 다면체를 제공한다고 언급했다. 다음 세부 절에서 이들에 대해 다뤄보겠다.

이런 모든 다면체의 타입들은 09-basic-3d-geometries-polyhedron.html 예제에서 확인할 수 있다.

### THREE.IcosahedronGeometry

THREE.IcosahedronGeometry는 12개의 꼭지점에서 만들어진 20개의 동일한 삼각형 면을 가지고 있는 다면체를 만든다. 이 다면체를 만들 때 radius와 detail 레벨을 지정해야 한다. 다음 스크린샷은 THREE.IcosahedronGeometry로 만든 다면체를 보여준다.

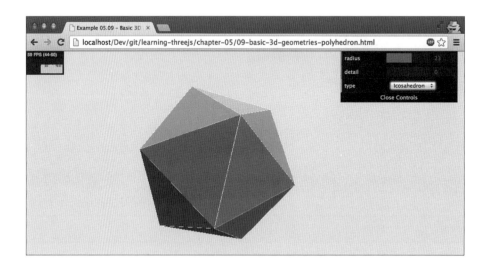

### THREE.TetrahedronGeometry

사면체tetrahedron는 간단한 다면체 중 하나다. 이 다면체는 네 개의 꼭지점에서 만들어진 네 개의 삼각형 면만을 포함한다. THREE.TetrahedronGeometry는 Three. js가 제공하는 다른 다면체와 같이 radius와 detail 레벨을 지정해 만들 수 있다. 다음은 THREE.TetrahedronGeometry로 만든 사면체의 스크린샷이다.

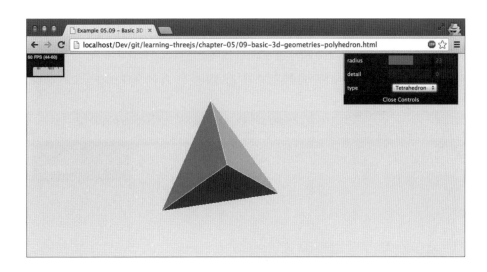

## THREE.Octahedron Geometry

Three.js는 팔면체octahedron의 구현도 제공한다. 이름에서 알 수 있듯이, 이 팔면체는 8개의 면을 가진다. 이 면들은 6개의 꼭지점으로 만들어진다. 다음 스크린샷은 이 지오메트리를 보여준다.

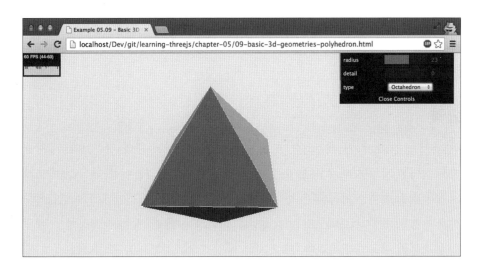

### THREE.DodecahedronGeometry

Three.js가 제공하는 마지막 다면체 지오메트리는 `THREE.DodecahedronGeometry`다. 이 다면체는 12개의 면을 가진다. 다음 스크린샷은 이 지오메트리를 보여준다.

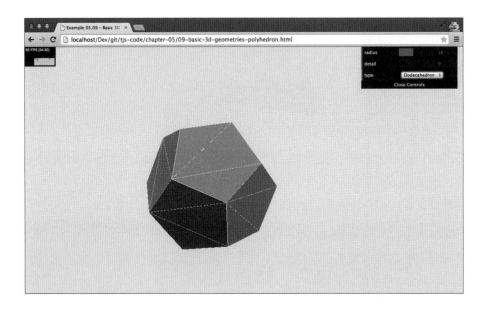

이로써 Three.js가 제공하는 기본 2D와 3D 지오메트리를 모두 알아보았다.

## 요약

5장에서는 Three.js가 제공하는 모든 표준 지오메트리에 대해 알아보았다. 지금까지 알아본 것처럼, 바로 사용할 수 있는 많은 지오메트리들이 있다. 지오메트리의 사용법을 배우는 가장 좋은 방법은 많은 실험을 해 보는 것이다. Three.js에서 사용 가능한 표준 지오메트리들의 속성을 이해하는 데 이 장에서 제공하는 예제들을 충분히 활용하기 바란다. 또한 기본 물질로 지오메트리를 시작하는 것이 좋다. 바로 복합 물질을 사용하지 말고, 먼저 와이어프레임을 `true`로 설정한 `THREE.MeshBasicMaterial`이나 `THREE.MeshNormalMaterial`로 간단하게 시작하는 것이 좋다. 이런 방식으로 지오메트리의 진정한 모습을 제대로 이해할 수 있게 될 것이다. 2D 형상의 경우에는 x, y 평면에 배치된다는 점을 기억하는 것이 중요하다. 수평의 2D 형상을 원한다면 메시를 x축으로 -0.5 * PI만큼 회전시켜야 한다. 그리고 마지막으로, 2D 형상이나 개방된 3D 형상(예를 들어 실린더나 튜브)을 회전할 때는 물질을 THREE.DoubleSide로 설정해야 한다. 그렇지 않으면 지오메트리의 안쪽이나 뒤쪽이 보이지 않을 것이다.

5장에서는 단순하고 간단한 메시에 초점을 맞췄다. Three.js는 복잡한 지오메트리를 만드는 방법도 제공한다. 다음 장에서는 이런 복잡한 지오메트리를 만드는 방법을 알아본다.

# 6

# 고급 지오메트리와
# 이항 연산

5장에서는 Three.js가 제공하는 모든 기본 지오메트리들에 대해 알아보았다. 이런 기본 지오메트리 외에도 Three.js는 다양한 고급 객체와 특화된 객체를 제공한다. 6장에서는 이런 고급 지오메트리와 다음 주제들을 알아본다.

- THREE.ConvexGeometry와 THREE.LatheGeometry, THREE.TubeGeometry 같은 고급 지오메트리의 사용법을 알아본다.

- THREE.ExtrudeGeometry로 2D 형상에서 3D 형상을 만드는 방법과 Three.js에서 제공하는 기능으로 2D 형상에서 3D 형상을 만들거나 외부에서 읽어들인 SVG 이미지에서 3D 형상을 만드는 방법을 예제를 통해 살펴본다.

- 5장에서 배운 형상을 수정해 쉽게 사용자 정의 형상을 직접 만들 수 있다. 또한 Three.js는 THREE.ParamtericGeometry 객체도 제공한다. 이 객체를 사용하면 일련의 방정식을 기반으로 지오메트리를 만들 수 있다.

- 마지막으로 THREE.TextGeometry를 사용해 3D 텍스트 효과를 만드는 방법에 대해 알아본다.

- 또한 Three.js 확장인 ThreeBSP가 제공하는 이항 연산을 사용해 기존 지오메트리에서 새로운 지오메트리를 생성하는 방법을 알아본다.

먼저 THREE.ConvexGeometry부터 시작한다.

## THREE.ConvexGeometry

THREE.ConvexGeometry로 컨벡스 홀convex hull을 만들 수 있다. 컨벡스 홀은 모든 점을 포함하는 최소의 형상을 말한다. 예제를 보는 것이 컨벡스 홀을 이해하는 가장 쉬운 방법이다. 01-advanced-3d-geometries-convex.html 예제를 열면, 임의의 점들을 모두 포함하는 컨벡스 홀을 볼 수 있다. 다음 스크린샷은 이 지오메트리를 보여준다.

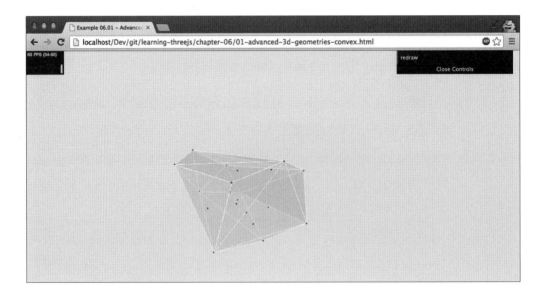

이 예제에서 임의의 점들의 집합을 만들고 이들 점들을 기반으로 THREE. ConvexGeometry를 생성한다. 예제에서 **redraw** 버튼을 클릭하면, 20개의 새로운 점을 생성하고 컨벡스 홀을 그린다. 또한 컨벡스 홀이 동작하는 모습을 명확하게 보여주기 위해, 점들에 작은 THREE.SphereGeometry 객체를 추가했다. THREE. ConvexGeometry는 표준 Three.js 배포판에 포함되어 있지 않다. 이 지오메트리를 사용하려면 추가 자바스크립트 파일을 포함해야 한다. HTML 페이지의 상단에 다음을 추가한다.

```
<script src="../libs/ConvexGeometry.js"></script>
```

다음 코드는 이 점들이 어떻게 생성되고 장면에 추가되는지 보여준다.

```
function generatePoints() {
  // 10개의 임의의 구체를 추가
  var points = [];
  for (var i = 0; i < 20; i++) {
    var randomX = -15 + Math.round(Math.random() * 30);
    var randomY = -15 + Math.round(Math.random() * 30);
    var randomZ = -15 + Math.round(Math.random() * 30);
    points.push(new THREE.Vector3(randomX, randomY, randomZ));
  }

  var group = new THREE.Object3D();
  var material = new THREE.MeshBasicMaterial({color: 0xff0000, transparent:
    false});
  points.forEach(function (point) {
    var geom = new THREE.SphereGeometry(0.2);
    var mesh = new THREE.Mesh(geom, material);
    mesh.position.clone(point);
    group.add(mesh);
  });

  // 점들을 그룹으로 장면에 추가
  scene.add(group);
}
```

코드에서 보듯이, 20개의 임의의 점(THREE.Vector3)을 만들어, 배열에 집어 넣었다. 다음으로 이 배열을 반복하고 이 점들의 위치를 지정(position.clone(point))해 THREE.SphereGeometry를 생성했다. 모든 점들을 그룹에 추가(이에 대한 자세한 설명은 7장에서 다룬다)하고 그룹을 회전시키면 점들을 쉽게 회전할 수 있다.

점들을 그룹으로 만들면 THREE.ConvexGeometry의 생성이 다음 코드처럼 매우 간단하다.

```
// 동일한 점들로 convexgeometry를 생성
var convexGeometry = new THREE.ConvexGeometry(points);
convexMesh = createMesh(convexGeometry);
scene.add(convexMesh);
```

THREE.ConvexGeometry는 인수로 꼭지점을 포함하는 배열(THREE.Vector3 타입)만 필요하다. 마지막으로 createMesh() 함수에 대해 주의가 필요하다. 5장에서는 THREE.MeshNormalMaterial을 사용해 메시를 생성할 때 이 함수를 사용했다. 6장에서는 생성한 컨벡스 홀과 이 지오메트리를 구성하는 각각의 점들이 더 잘 보이게 하기 위해 녹색의 반투명한 THREE.MeshBasicMaterial로 변경했다.

다음은 꽃병 같은 모양을 만드는 데 사용하는 복잡한 지오메트리인 THREE.LatheGeometry에 대해 알아본다.

## THREE.LatheGeometry

THREE.LatheGeometry로 부드러운 곡선 형상을 만들 수 있다. 이 곡선은 여러 점들(매듭knot으로도 불린다)로 정의되고 주로 스플라인spline으로 불린다. 이 스플라인은 객체의 중앙 z축을 중심으로 회전해, 결과적으로 꽃병이나 종 모양의 형상을 만든다. THREE.LatheGeometry를 이해하는 가장 쉬운 방법은 예제를 보는 것이다. 이 지오메트리는 02-advanced-3d-geometries-lathe.html에 있다. 다음 스크린샷은 이 지오메트리의 한 예다.

앞의 스크린샷에서 작은 빨간 구체로 이루어진 스플라인을 볼 수 있다. 이 구체들의 위치는 다른 여러 인자들과 함께 THREE.LatheGeometry에 전달된다. 이 예제에서 이 스플라인을 반 바퀴 회전시켰고, 이 스플라인을 기반으로 형상을 추출했다. 인자들에 대해 알아보기 전에, 먼저 스플라인을 만드는 코드와 THREE.LatheGeometry가 이 스플라인을 어떻게 이용하는지 알아보자.

```
function generatePoints(segments, phiStart, phiLength) {
  // 10개의 임의의 구체를 추가
  var points = [];
  var height = 5;
  var count = 30;
  for (var i = 0; i < count; i++) {
    points.push(new THREE.Vector3((Math.sin(i * 0.2) + Math.cos(i * 0.3))
      * height + 12, 0, ( i - count ) + count / 2));
  }
  ...

  // 동일한 점으로 LatheGeometry를 생성
  var latheGeometry = new THREE.LatheGeometry (points, segments, phiStart,
    phiLength);
  latheMesh = createMesh(latheGeometry);
  scene.add(latheMesh);
}
```

이 자바스크립트에서 사인과 코사인 함수의 조합에 기초한 x 좌표와, i와 count 변수에 기초한 z 좌표를 가지는 30개의 점을 만들었다. 이 점들이 앞의 스크린샷에서 빨간색 점으로 보여지는 스플라인을 생성한다.

이 점들을 기반으로 THREE.LatheGeometry를 생성할 수 있다. 꼭지점의 배열 외에도 THREE.LatheGeometry는 다른 여러 인수를 받는다. 다음 표는 이 인수들을 보여준다.

| 속성 | 필수 | 설명 |
| --- | --- | --- |
| points | 예 | 종이나 꽃병 형상을 생성하는 데 사용되는 스플라인을 구성하는 점들이다. |
| segments | 아니오 | 형상을 생성하는 데 사용되는 세그먼트의 개수다. 숫자가 높을수록 더 둥근 모양을 만든다. 기본값은 12다. |
| phiStart | 아니오 | 형상을 만들 때 원에서의 시작 위치를 결정한다. 0에서 2*PI 사이의 범위를 가진다. 기본값은 0이다. |
| phiLength | 아니오 | 형상이 얼마나 완전하게 생성되는지 정의한다. 예를 들어, 0.5*PI는 형상의 1/4만 만든다. 기본값은 360도나 2*PI다. |

다음 절에서는 2D 형상에서 3D 지오메트리를 추출해 지오메트리를 만드는 방법에 대해 알아본다.

## 압출로 지오메트리 생성

Three.js는 2D 형상에서 3D 형상을 추출해 낼 수 있는 몇 가지 방법을 제공한다. 압출extruding이란 2D 형상을 z축을 따라 확장함으로써 3D 형상으로 전환하는 것을 말한다. 예를 들어, THREE.CircleGeometry를 압출하면 실린더 같은 형상을 만들수 있고, THREE.PlaneGeometry를 압출하면 정육면체 같은 형상을 만들 수 있다.

형상을 압출하는 가장 다재다능한 방법은 THREE.ExtrudeGeometry 객체를 사용하는 것이다.

## THREE.ExtrudeGeometry

THREE.ExtrudeGeometry로 2D 형상으로부터 3D 객체를 생성할 수 있다. 이 지오메트리에 대해 자세히 알아보기 전에, 먼저 03-extrude-geometry.html 예제를 보자. 다음 스크린샷은 이 지오메트리의 예를 보여준다.

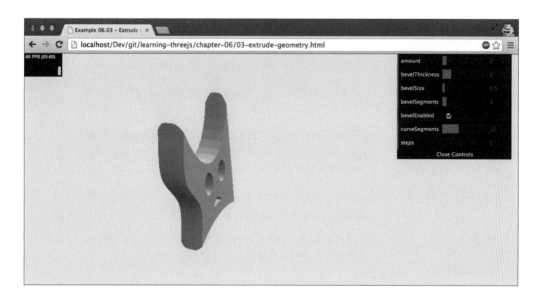

이 예제에서는 5장에서 만든 2D 형상을 THREE.ExtrudeGeometry를 이용해 3D로 변환했다. 이 스크린샷에서 보듯이, 형상은 z축을 따라 압출되어 3D 형상이 된다. THREE.ExtrudeGeometry를 만드는 코드는 아주 간단하다.

```
var options = {
  amount: 10,
  bevelThickness: 2,
  bevelSize: 1,
  bevelSegments: 3,
  bevelEnabled: true,
  curveSegments: 12,
  steps: 1
};

shape = createMesh(new THREE.ExtrudeGeometry(drawShape(), options));
```

코드에서 5장과 마찬가지로 drawShape() 함수로 형상을 만들었다. 이 형상은 options 객체와 함께 THREE.ExtrudeGeometry 생성자에 전달된다. options 객체를 사용해 형상이 어떻게 압출되는지 정확히 정의할 수 있다. 다음 표는 THREE. ExtrudeGeometry에 전달할 수 있는 옵션을 설명한다.

| 속성 | 필수 | 설명 |
| --- | --- | --- |
| shapes | 예 | 지오메트리를 압출시킬 하나 이상의 형상(THREE.Shape 객체)이 필요하다. 이 형상을 만드는 방법은 5장을 참조한다. |
| amount | 아니오 | 형상이 얼마나 멀리(깊이) 압출될지를 결정한다. 기본값은 100이다. |
| bevelThickness | 아니오 | 베벨(bevel)의 깊이를 결정한다. 베벨은 전후면과 압출 사이의 둥근 모서리다. 이 값은 형상에 얼마나 깊이 베벨이 생기는지를 정의한다. 기본값은 6이다. |
| bevelSize | 아니오 | 베벨의 높이를 결정한다. 이것은 형상의 정상 높이에 더해진다. 기본값은 bevelThickness − 2다. |
| bevelSegments | 아니오 | 베벨에 사용되는 세그먼트의 개수를 결정한다. 더 많은 세그먼트가 사용될수록 베벨은 매끄럽게 보인다. 기본값은 3이다. |
| bevelEnabled | 아니오 | 이 값이 true로 설정되면, 베벨이 더해진다. 기본값은 true다. |
| curveSegments | 아니오 | 형상의 곡선을 압출할 때 사용되는 세그먼트 개수를 결정한다. 더 많은 세그먼트가 사용될수록 베벨은 매끄럽게 보인다. 기본값은 12다. |
| steps | 아니오 | 깊이에 따라 분할될 압출된 세그먼트의 개수를 정의한다. 기본값은 1이다. 더 많은 세그먼트가 사용될수록 더 많은 면이 생긴다. |
| extrudePath | 아니오 | 형상이 압출되는 경로(THREE.CurvePath)다. 이 값이 지정되지 않는 경우, 형상은 z축을 따라 압출된다. |
| material | 아니오 | 전면과 후면에 사용되는 물질의 인덱스다. 전면과 후면의 물질을 다르게 지정하고 싶으면 THREE.SceneUtils. createMultiMaterialObject 함수를 사용해 메시를 생성한다. |
| extrudeMaterial | 아니오 | 베벨과 압출에 사용되는 물질의 인덱스다. 전면과 후면의 물질을 다르게 지정하고 싶으면 THREE.SceneUtils. createMultiMaterialObject 함수를 사용해 메시를 생성한다. |

(이어짐)

| 속성 | 필수 | 설명 |
|---|---|---|
| uvGenerator | 아니오 | 물질과 텍스처를 사용하는 경우, UV 매핑은 특정 면에 사용될 텍스처의 부분을 결정한다. uvGenerator 속성으로, 형상을 구성하는 면의 UV 설정을 만드는 자신의 객체를 전달할 수 있다. UV 설정에 대한 자세한 설명은 10장을 참조한다. 값이 지정되지 않으면 THREE.ExtrudeGeometry.WorldUVGenerator가 사용된다. |
| frames | 아니오 | Frenet 프레임은 스플라인의 tangent, normal, binormal을 계산하는 데 사용된다. 이것은 extrudePath를 따라 압출될 때 사용된다. Three.js가 THREE.TubeGeometry.FrenetFrames로 이에 대한 구현을 제공하고 있기 때문에, 특별히 이를 지정할 필요는 없다. 기본값은 THREE.TubeGeornetry.FrenetFrames다. Frenet 프레임에 대한 추가 정보는 http://en.wikipedia.org/wiki/Differential_geometry_of_curves#Frenet_frame을 참조한다. |

03-extrude-geometry.html 예제의 메뉴를 통해 이들 옵션을 실험해 볼 수 있다.

이 예제에서 형상을 z축 방향으로 압출했다. 옵션에서 본 것처럼 extrudePath 옵션의 경로를 따라 형상을 압출할 수도 있다. 다음의 THREE.TubeGeometry 지오메트리에서 extrudePath 옵션의 경로를 따라 형상을 압출해 보겠다.

### THREE.TubeGeometry

THREE.TubeGeometry는 3D 스플라인을 따라 추출되는 튜브를 만든다. 패스는 꼭지점으로 지정할 수 있으며, THREE.TubeGeometry는 이를 따라 튜브를 만든다. 이를 실험해 볼 수 있는 예제는 04-extrude-tube.html이다. 다음 스크린샷은 이 예제를 보여준다.

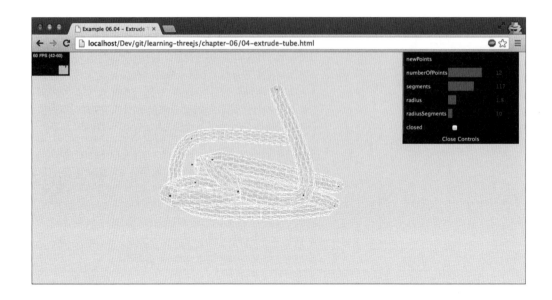

예제에서 보듯이, 임의의 점들을 생성하고, 이 점들을 따라 튜브를 그린다. 오른쪽 상단의 제어판으로 튜브의 모양을 정의하거나, **newPoints** 버튼을 클릭해 새로운 튜브를 생성할 수 있다. 튜브를 만드는 코드는 다음처럼 아주 간단하다.

```
var points = [];
for (var i = 0 ; i < controls.numberOfPoints ; i++) {
  var randomX = -20 + Math.round(Math.random() * 50);
  var randomY = -15 + Math.round(Math.random() * 40);
  var randomZ = -20 + Math.round(Math.random() * 40);
  points.push(new THREE.Vector3(randomX, randomY, randomZ));
}

var tubeGeometry = new THREE.TubeGeometry(new THREE.SplineCurve3 (points),
  segments, radius, radiusSegments, closed);
var tubeMesh = createMesh(tubeGeometry);
scene.add(tubeMesh);
```

가장 먼저 할 일은 THREE.ConvexGeometry와 THREE.LatheGeometry에서 한 것처럼 일련의 THREE.Vector3 타입의 꼭지점을 구하는 것이다. 이들 점으로 튜브를 만들기 전에 먼저 이들 점을 THREE.SplineCurve3로 변환해야 한다. 바꿔 말하면,

앞에서 정의한 점들로 부드러운 곡선을 정의해야 한다. 꼭지점의 배열을 `THREE.SplineCurve3`의 생성자로 전달하면 간단히 해결된다. 이 스플라인과 다른 인자들(뒤에서 설명한다)로 튜브를 생성하고 장면에 추가할 수 있다.

`THREE.TubeGeometry`는 `THREE.SplineCurve3` 외에도 몇 가지 다른 인자들을 받는다. 다음 표는 `THREE.TubeGeometry`의 모든 인자를 보여준다.

| 속성 | 필수 | 설명 |
| --- | --- | --- |
| path | 예 | THREE.SplineCurve3로 튜브의 패스를 기술한다. |
| segments | 아니오 | 튜브를 구성하는 세그먼트의 개수다. 기본값은 64다. 패스가 길수록 더 많은 세그먼트를 지정해야 한다. |
| radius | 아니오 | 튜브의 반경이다. 기본값은 10이다. |
| radiusSegments | 아니오 | 튜브의 길이에 따라 필요한 세그먼트의 개수다. 기본값은 8이다. 더 많은 세그먼트를 사용할수록 튜브가 둥글게 보인다. |
| closed | 아니오 | true로 설정되어 있으면, 튜브는 시작과 끝이 서로 연결된다. 기본값은 false다. |

이번 장에서 보여줄 마지막 압출 예제도 크게 다르지 않다. 다음 절에서는 `THREE.ExtrudeGeometry`를 사용해 기존 SVG 패스로부터 압출을 생성하는 방법을 보여준다.

## SVG에서 압출

`THREE.ShapeGeometry`를 살펴볼 때, SVG에서 형상을 그리는 방법도 유사하다고 말했다. SVG는 Three.js가 형상을 다루는 방법과 매우 유사하다. 이번 절에서는 https://github.com/asutherland/d3-threeD의 라이브러리로 SVG 패스를 Three.js 형상으로 전환하는 방법을 알아본다.

05-extrude-svg.html 예제에서 다음 스크린샷과 같이 베트맨 로고를 그리는 SVG를 가져와서 `ExtrudeGeometry`를 사용해 3D로 전환했다.

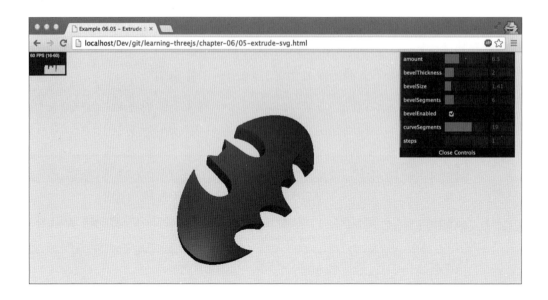

먼저 원본 SVG 코드(예제의 소스 코드에서 확인할 수 있다)를 살펴본다.

```
<svg version="1.0" xmlns="http://www.w3.org/2000/svg"
xmlns:xlink="http://www.w3.org/1999/xlink" x="0px" y="0px" width="1152px"
height="1152px" xml:space="preserve">
  <g>
  <path id="batman-path" style="fill:rgb(0,0,0);" d="M 261.135 114.535 C
    254.906 116.662 247.491 118.825 244.659 119.344 C 229.433 122.131
    177.907 142.565 151.973 156.101 C 111.417 177.269 78.9808 203.399
    49.2992 238.815 C 41.0479 248.66 26.5057 277.248 21.0148 294.418
    C 14.873 313.624 15.3588 357.341 21.9304 376.806 C 29.244 398.469
    39.6107 416.935 52.0865 430.524 C 58.2431 437.23 63.3085 443.321
    63.3431 444.06 ... 261.135 114.535 "/>
  </g>
</svg>
```

SVG 전문가가 아니라면 코드는 큰 의미가 없다. 기본적으로 코드는 일련의 그리기 명령문이다. 예를 들어, C 277.987 119.348 279.673 116.786 279.673 115.867은 브라우저에게 삼차 베지어 곡선을 그리게 하고, L 489.242 111.787은 지정된 위치로 직선을 그리도록 명령한다. 다행히도 이 코드를 직접 작성하지 않아도 된다. d3-threeD 라이브러리로 자동으로 변환할 수 있다. 이 라이브러리는 원래 D3.js 라이브러리와 함께 사용하기 위해 만들어졌지만, 약간의 작업으로 단독으로 이 함수를 사용할 수 있다.

 SVG는 Scalable Vector Graphics의 약자로, 웹에서 벡터 기반의 2D 이미지를 그리는 데 사용하는 XML 기반의 표준이다. SVG는 오늘날의 모든 브라우저에서 지원하고 있는 공개 표준이다. 하지만 직접 SVG를 작성하고 자바스크립트로 조작하는 것은 그리 간단하지 않다. 다행히도 SVG로 쉽게 작업하게 도와주는 많은 오픈소스 자바스크립트 라이브러리들이 있다. 이 중에서 Paper.js와 Snap.js, D3.js, Raphael.js가 가장 훌륭하다.

다음 코드는 앞에서 살펴본 SVG를 읽어들이고 `THREE.ExtrudeGeometry`로 변환해 스크린에 보여주는 과정을 보여준다.

```
function drawShape() {
  var svgString = document.querySelector("#batman-path").
    getAttribute("d");
  var shape = transformSVGPathExposed(svgString);
  return shape;
}

var options = {
  amount: 10,
  bevelThickness: 2,
  bevelSize: 1,
  bevelSegments: 3,
  bevelEnabled: true,
  curveSegments: 12,
  steps: 1
};

shape = createMesh(new THREE.ExtrudeGeometry(drawShape(), options));
```

이 코드에서 `transformSVGPathExposed` 함수를 호출한다. 이 함수는 d3-threeD 라이브러리가 제공하는 함수로, SVG 문자열을 인자로 받는다. `document.querySelector("#batman-path").getAttribute("d")` 같은 식으로 SVG 요소

에서 직접 SVG 문자열을 얻을 수 있다. SVG에서 d 요소는 형상을 그리는 패스 명령문을 포함한다. 반짝이는 물질과 스포트라이트를 추가해 이 예제를 멋지게 만들 수 있다.

이 절에서 마지막으로 다룰 지오메트리는 THREE.ParametricGeometry다. 이 지오메트리로 몇 개의 함수를 지정해 지오메트리를 프로그래밍할 수 있다.

### THREE.ParametricGeometry

THREE.ParametricGeometry로 방정식에 기반한 지오메트리를 만들 수 있다. 우리 예제를 작성하기 전에 먼저 Three.js가 제공하는 예제를 살펴보는 것이 좋다. Three.js 배포판을 다운로드하면 examples/js/ParametricGeometries.js 파일이 있다. 이 파일에서 THREE.ParametricGeometry에서 사용할 수 있는 여러 예제 방정식을 찾을 수 있다. 가장 기본적인 예제는 평면을 만드는 함수다.

```
function plane(u, v) {
  var x = u * width;
  var y = 0;
  var z = v * depth;
  return new THREE.Vector3(x, y, z);
}
```

이 함수는 THREE.ParametricGeometry에 의해 호출된다. u와 v 값은 0에서 1 사이의 범위를 가지며 매우 자주 호출된다. 이 예제에서 u 값은 벡터의 x 좌표를, v 값은 z 좌표를 결정하는 데 사용된다. 이 함수가 실행되면 width의 너비와 depth의 깊이를 가지는 기본 평면이 생성된다.

우리 예제에서는 이와 유사하지만, 평평한 평면 대신 06-parametric-geometries.html 예제와 같이 물결 모양의 패턴을 만든다. 다음 스크린샷은 이 예제를 보여준다.

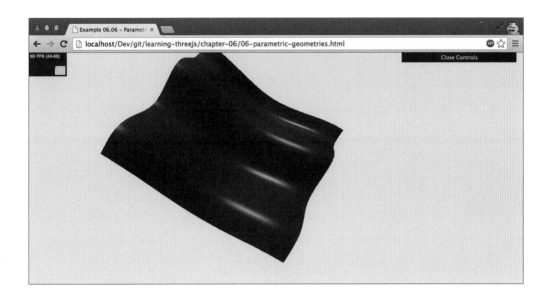

이 형상을 만들기 위해 `THREE.ParametricGeometry`에 다음 함수를 전달한다.

```
radialWave = function (u, v) {
  var r = 50;

  var x = Math.sin(u) * r;
  var z = Math.sin(v / 2) * 2 * r;
  var y = (Math.sin(u * 4 * Math.PI) + Math.cos(v * 2 * Math.PI)) * 2.8;

  return new THREE.Vector3(x, y, z);
}

var mesh = createMesh(new THREE.ParametricGeometry(radialWave, 120, 120,
false));
```

예제에서 볼 수 있듯이, 몇 줄의 코드로 정말 재미있는 지오메트리를 만들었다. 이 예제에서 `THREE.ParametricGeometry`에 전달하는 인자를 볼 수 있다. 이 인자들은 다음 표에서 설명한다.

| 속성 | 필수 | 설명 |
|---|---|---|
| function | 예 | 제공된 u와 v 값에 기반해 각 꼭지점의 위치를 정의하는 함수다. |
| slices | 예 | u 값으로 분할되어야 할 부분의 개수를 정의한다. |
| stacks | 예 | v 값으로 분할되어야 할 부분의 개수를 정의한다. |

이 장의 마지막 부분으로 넘어가기 전에 마지막으로 slices와 stacks 속성을 어떻게 사용하는지 다시 한 번 짚고 넘어가자. u와 v 속성은 function 인자로 전달되고 0에서 1 사이의 범위를 가진다고 말했다. slices와 stacks 속성으로 전달될 함수가 얼마나 자주 호출되는지 정의할 수 있다. 예를 들어, slices를 5로 설정하고, stacks를 4로 설정하면 함수는 다음 값으로 호출된다.

```
u:0/5, v:0/4
u:1/5, v:0/4
u:2/5, v:0/4
u:3/5, v:0/4
u:4/5, v:0/4
u:5/5, v:0/4
u:0/5, v:1/4
u:1/5, v:1/4
...
u:5/5, v:3/4
u:5/5, v:4/4
```

따라서 이 값을 증가시키면, 더 많은 꼭지점을 지정할 수 있고, 더 매끄러운 지오메트리를 만들 수 있다. 06-parametric-geometries.html 예제의 오른쪽 상단 메뉴를 통해 이 효과를 실험해 볼 수 있다.

Three.js 배포판의 examples/js/ParametricGeometries.js 파일에서 더 많은 예제를 확인할 수 있다. 이 파일은 다음의 지오메트리를 만드는 함수들을 포함한다.

- 클라인 항아리Klein bottle

- 평면Plane

- 평평한 뫼비우스의 띠Flat mobius strip

- 3차원 뫼비우스의 띠3d mobius strip

- 튜브Tube

- 토러스 매듭Torus knot

- 구체Sphere

6장의 마지막 부분은 3D 텍스트 객체의 생성을 다룬다.


## 3D 텍스트 생성

이 장의 마지막 부분에서는 3D 텍스트 효과를 만드는 방법에 대해 간단히 살펴본다. 먼저 Three.js에서 제공하는 폰트를 사용해 텍스트를 렌더링하는 방법에 대해 알아보고, 다음으로 사용자 정의 폰트를 사용하는 방법에 대해서도 간단히 알아본다.


### 텍스트 렌더링

Three.js에서 텍스트를 렌더링하는 것은 매우 쉽다. 사용할 폰트와 `THREE.ExtrudeGeometry`에서 살펴본 기본 압출 속성들을 정의하기만 하면 된다. 다음 스크린샷은 07-text-geometry.html 예제를 통해 Three.js에서 텍스트를 렌더링하는 방법을 보여준다.

다음처럼 3D 텍스트를 생성하는 코드가 필요하다.

```
var options = {
  size: 90,
  height: 90,
  weight: 'normal',
  font: 'helvetiker',
  style: 'normal',
  bevelThickness: 2,
  bevelSize: 4,
  bevelSegments: 3,
  bevelEnabled: true,
  curveSegments: 12,
  steps: 1
};

// createMesh 함수는 앞에서 살펴본 것과 동일하다.
text1 = createMesh(new THREE.TextGeometry("Learning", options));
text1.position.z = -100;
text1.position.y = 100;
scene.add(text1);
text2 = createMesh(new THREE.TextGeometry("Three.js", options));
scene.add(text2);
};
```

`THREE.TextGeometry`에서 지정할 수 있는 모든 옵션은 다음과 같다.

| 속성 | 필수 | 설명 |
|---|---|---|
| size | 아니오 | 텍스트의 크기다. 기본값은 100이다. |
| height | 아니오 | 압출되는 길이(깊이)다. 기본값은 50이다. |
| weight | 아니오 | 폰트의 굵기다. normal 또는 bold 값을 가질 수 있다. 기본값은 normal이다. |
| font | 아니오 | 사용할 폰트의 이름이다. 기본값은 helvetiker다. |
| style | 아니오 | 폰트의 굵기다. normal 또는 italic 값을 가질 수 있다. 기본값은 normal이다. |
| bevelThickness | 아니오 | 베벨의 깊이다. 베벨은 전후면과 압출 사이의 둥근 모서리다. 기본값은 100이다. |
| bevelSize | 아니오 | 베벨의 높이다. 기본값은 80이다. |
| bevelSegments | 아니오 | 베벨에 사용되는 세그먼트의 개수를 결정한다. 더 많은 세그먼트가 사용될수록 베벨은 매끄럽게 보인다. 기본값은 30이다. |
| bevelEnabled | 아니오 | 이 값이 true로 설정되면, 베벨이 더해진다. 기본값은 false다. |
| curveSegments | 아니오 | 형상의 곡선을 압출할 때 사용되는 세그먼트 개수를 결정한다. 더 많은 세그먼트가 사용될수록 베벨은 매끄럽게 보인다. 기본값은 4다. |
| steps | 아니오 | 압출로 분할될 세그먼트의 개수를 정의한다. 기본값은 1이다. |
| extrudePath | 아니오 | 형상이 압출되는 경로다. 이 값이 지정되지 않는 경우, 형상은 z축을 따라 압출된다. |
| material | 아니오 | 전면과 후면에 사용되는 물질의 인덱스다. THREE.SceneUtils. createMultiMaterialObject 함수를 사용해 메시를 생성한다. |
| extrudeMaterial | 아니오 | 베벨과 압출에 사용되는 물질의 인덱스다. THREE.SceneUtils. createMultiMaterialObject 함수를 사용해 메시를 생성한다. |
| uvGenerator | 아니오 | 물질과 텍스처를 사용하는 경우, UV 매핑은 특정 면에 사용될 텍스처의 부분을 결정한다. uvGenerator 속성으로, 형상을 구성하는 면의 UV 설정을 만드는 자신의 객체를 전달할 수 있다. UV 설정에 대한 자세한 설명은 10장을 참조한다. 값이 지정되지 않으면 THREE. ExtrudeGeometry.WorldUVGenerator가 사용된다. |

(이어짐)

| 속성 | 필수 | 설명 |
|------|------|------|
| frames | 아니오 | Frenet 프레임은 스플라인의 탄젠트, 정상, 비정상을 계산하는 데 사용된다. extrudePath를 따라 압출될 때 사용된다. Three.js가 THREE.TubeGeometry.FrenetFrames로 이에 대한 구현을 제공하고 있기 때문에, 특별히 이를 지정할 필요는 없다. 기본값은 THREE.TubeGeometry.FrenetFrames다. Frenet 프레임에 대한 추가 정보는 http://en.wikipedia.org/wiki/Differential_geometry_of_curves#Frenet_frame에서 찾을 수 있다. |

Three.js에 포함되어 있는 폰트는 이 책의 소스 코드에도 추가되었다. assets/fonts 폴더에서 찾을 수 있다.

 예를 들어 물질의 텍스처로 사용하기 위해 폰트를 2D에서 렌더링할 경우, THREE.TextGeometry를 사용하면 안 된다. THREE.TextGeometry는 3D 텍스트를 만들기 위해 내부적으로 THREE.ExtrudeGeometry를 사용해 자바스크립트 폰트에서 많은 오버헤드가 발생한다. 간단한 3D 폰트를 렌더링할 때는 HTML5 캔버스를 사용하는 것이 낫다. context.font로 사용할 폰트를 설정하고, context.fillText로 캔버스에 텍스트를 출력한다. 그런 다음, 이 캔버스를 텍스처의 입력으로 사용할 수 있다. 10장에서 이 과정을 설명한다.

이 지오메트리에서 다른 폰트도 사용할 수 있지만, 먼저 자바스크립트로 변환해야 한다. 이 작업을 수행하는 방법은 다음 절에서 소개한다.

## 사용자 정의 폰트 추가

Three.js는 장면에서 사용할 수 있는 몇 가지 폰트를 제공한다. 이 폰트들은 typeface.js가 제공하는 폰트에 기반하고 있다. Typeface.js는 트루타입TrueType과 오픈타입OpenType 폰트를 자바스크립트로 변환할 수 있는 라이브러리다. 생성된 자바스크립트 파일을 페이지에 추가하면, Three.js에서 이 폰트를 사용할 수 있다.

기존의 오픈타입 또는 트루타입 폰트의 변환은 웹 페이지 https://gero3.github.

io/facetype.js/에서 가능하다. 이 페이지에 폰트를 업로드하면, 자바스크립트로 변환된다. 하지만 모든 유형의 폰트에 대해 동작하지는 않는다. 폰트가 간단할수록(직선에 가까울수록) Three.js에서 더 잘 렌더링된다.

해당 폰트를 포함하려면 HTML 페이지의 상단에 다음 줄을 추가한다.

```
<script type="text/javascript" src="../assets/fonts/bitstream_vera_sans_
mono_roman.typeface.js">
</script>
```

이 코드는 폰트를 로드해 Three.js에서 사용할 수 있도록 한다. 폰트의 이름을 알고 싶다면(font 속성에서 사용하기 위해), 다음 자바스크립트 코드를 사용해 콘솔에 폰트 캐시font cache를 출력할 수 있다.

```
console.log(THREE.FontUtils.faces);
```

그러면 다음처럼 출력된다.

```
▼ Object 📋
  ▼ bitstream vera sans mono: Object
    ▶ normal: Object
    ▶ __proto__: Object
  ▼ helvetiker: Object
    ▶ bold: Object
    ▶ normal: Object
    ▶ __proto__: Object
  ▶ __proto__: Object
```

여기에서 helvetiker 폰트의 weight를 bold나 normal로 사용하고, bitstream vera sans mono 폰트의 weight는 normal로 사용할 수 있음을 알 수 있다. 각각의 폰트 굵기는 별도의 자바스크립트 파일로 제공되며 별도로 로딩되어야 함을 명심하자. 폰트 이름을 결정하는 다른 방법은 폰트의 자바스크립트 소스 파일을 보는 것이다. 파일의 끝에 다음 코드와 같이 familyName 이름으로 되어 있는 속성을 찾을 수 있다. 이 속성은 폰트의 이름을 포함한다.

```
"familyName":"Bitstream Vera Sans Mono"
```

다음은 intersect나 subtract, union 같은 이항 연산binary operation을 사용해 아주

재미있는 형상의 지오메트리를 만들 수 있는 ThreeBSP 라이브러리를 소개한다.

## 이항 연산으로 메시 결합

이번 절에서는 지오메트리를 생성할 수 있는 또 다른 방법을 알아본다. 지금까지는 Three.js가 제공하는 기본 지오메트리를 사용해 지오메트리를 만들어 왔다. 속성의 기본 설정으로 아름다운 모델을 만들 수 있었다. 하지만 Three.js가 제공하는 것에 제한되었다. 이번 절에서는 CSGConstructive Solid Geometry로 알려진 표준 지오메트리를 결합해 새로운 지오메트리를 만드는 방법을 알아본다. 이 작업을 위해서는 https://github.com/skalnik/ThreeBSP에서 찾을 수 있는 Three.js의 확장인 ThreeBSP가 필요하다. 이 추가 라이브러리는 다음과 같은 세 가지 함수를 제공한다.

| 이름 | 설명 |
| --- | --- |
| intersect | 이 함수는 두 개의 기존 지오메트리를 교차해 새로운 지오메트리를 생성한다. 두 지오메트리가 겹치는 영역이 새로운 지오메트리의 형상을 정의한다. |
| union | Union 함수는 두 개의 지오메트리를 결합해 하나의 새로운 지오메트리를 생성한다. 이 함수는 8장에서 알아볼 mergeGeometry 함수와 비교할 수 있다. |
| subtract | Subtract 함수는 union 함수와 반대. 처음 지오메트리에서 겹치는 영역을 제거해 새로운 지오메트리를 생성한다. |

다음 절에서 각 함수에 대해 자세히 알아본다. 다음 스크린샷은 union과 subtract 함수를 이용해 할 수 있는 예를 보여준다.

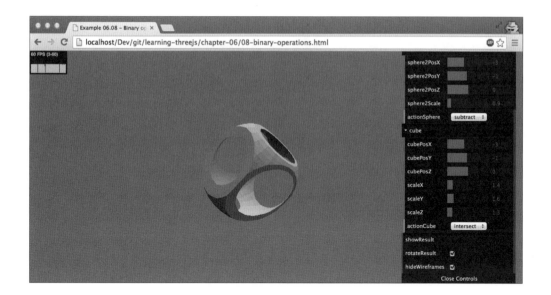

라이브러리를 사용하기 위해 먼저 페이지에 이 라이브러리를 포함시켜야 한다. 이 라이브러리는 커피스크립트CoffeeScript로 작성되어 자바스크립트보다 더 사용자 친화적이다. 라이브러리가 동작하게 하려면 두 가지 옵션이 있다. 커피스크립트 파일을 추가해 실행 중에 컴파일하거나, 자바스크립트로 미리 컴파일해 직접 포함할 수도 있다. 첫 번째 방법을 위해서는 다음과 같은 과정이 필요하다.

```
<script type="text/javascript" src="../libs/coffee-script.js"> </script>
<script type="text/coffeescript" src="../libs/ThreeBSP.coffee"> </script>
```

ThreeBSP.coffee 파일은 이 예제에 필요한 기능을 포함하고 있고, coffee-script.js는 커피 언어를 ThreeBSP에서 사용할 수 있도록 해석할 수 있다. 마지막 단계는 ThreeBSP 함수를 시작하기 전에 ThreeBSP.coffee 파일이 완전히 파싱되도록 하는 것이다. 이를 위해 파일의 끝에 다음을 추가한다.

```
<script type="text/coffeescript">
  onReady();
</script>
```

onload 함수를 다음처럼 onReady로 이름을 변경한다.

```
function onReady() {
  // Three.js 코드
}
```

커피스크립트를 커피스크립트의 명령행 도구를 사용해 자바스크립트로 미리 컴파일하면, 컴파일된 자바스크립트 파일을 직접 포함시킬 수 있다. 그러나 이를 위해서는 커피스크립트가 인스톨되어 있어야 한다. 커피스크립트 웹사이트(http://coffeescript.org/)의 설치 과정을 따르면 된다. 커피스크립트를 설치한 후에 다음 명령행으로 커피스크립트 ThreeBSP 파일을 자바스크립트로 변환할 수 있다.

```
coffee --compile ThreeBSP.coffee
```

이 명령은 ThreeBSP.js 파일을 만든다. 이 파일은 다른 자바스크립트 파일과 마찬가지로 예제에 포함시킬 수 있다. 예제에서는 페이지를 읽을 때마다 커피스크립트를 컴파일하는 것보다 빠르기 때문에 두 번째 방법을 사용했다. 이를 위해 HTML 페이지의 상단에 다음 코드를 추가한다.

```
<script type="text/javascript" src="../libs/ThreeBSP.js"></script>
```

이제 ThreeBSP 라이브러리가 로드되고, 이 라이브러리가 제공하는 함수들을 사용할 수 있게 되었다.

## subtract 함수

subtract 함수를 시작하기 전에, 명심해야 할 단계가 있다. 이 세 함수는 계산할 때 메시의 절대 위치를 사용한다. 따라서 함수를 적용하기 전에 메시를 그룹으로 묶었거나, 복수의 물질을 사용한다면 이상한 결과를 얻게 될 것이다. 예측할 수 있고 제대로 된 결과를 얻으려면 그룹이 해제된 메시로 작업해야 한다.

subtract 함수부터 시작하자. 이에 대한 예제는 08-binary-operations.html이다. 이 예제로 세 개의 함수를 실험할 수 있다. 예제를 열면 다음과 같은 시작 화면을 볼 수 있다.

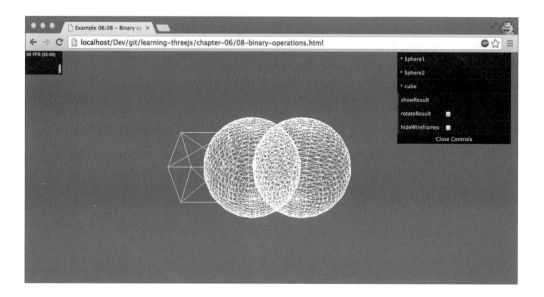

하나의 정육면체와 두 개의 구체로 된 세 개의 와이어프레임을 볼 수 있다. 중앙에 있는 구체 Sphere1이 모든 동작이 실행되는 객체다. Sphere2는 오른쪽 사이드에 있고, Cube는 왼쪽 사이드에 있다. Sphere2와 Cube에서 subtract와 union, intersect, none 이렇게 네 개의 작업 중 하나를 정의할 수 있다. 이러한 작업은 Sphere1의 관점에서 적용된다. Sphere2를 subtract로 설정하고 showResult를 선택하면(그리고 와이어프레임을 숨기면), Sphere1에서 Sphere1과 Sphere2가 겹치는 영역을 뺀 결과를 보여준다. 몇몇 작업은 **showResult** 버튼을 누른 후 완료될 때까지 수 초가 소요될 수 있다. 따라서 작업이 완료될 때까지 인내심을 가지고 기다리자.

다음 스크린샷은 구체에서 다른 구체를 subtract 작업한 결과를 보여준다.

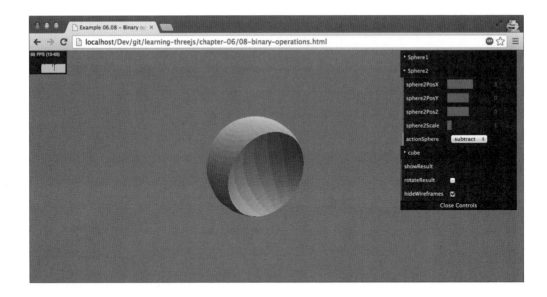

이 예제에서 먼저 Sphere2에 정의된 동작이 실행되고, 다음으로 Cube에 정의된 동작이 실행된다. 따라서 Sphere2와 Cube에 subtract를 적용하면(x축을 따라 약간의 크기를 조절했다), 다음 결과를 얻는다.

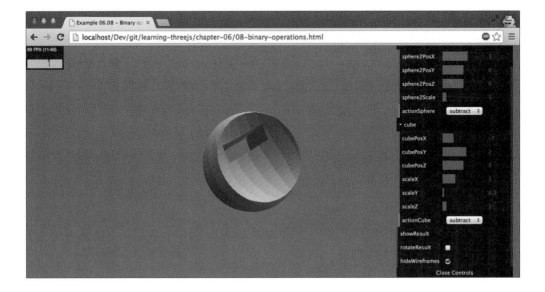

subtract 함수를 이해하는 가장 좋은 방법은 예제를 테스트해 보는 것이다. ThreeBSP 코드는 아주 간단하다. 이 예제에서는 redrawResult 함수에 구현되어 있어 예제의 **showResult** 버튼을 클릭할 때마다 호출된다.

```
function redrawResult() {
  scene.remove(result);
  var sphere1BSP = new ThreeBSP(sphere1);
  var sphere2BSP = new ThreeBSP(sphere2);
  var cube2BSP = new ThreeBSP(cube);

  var resultBSP;

  // 먼저 구체를 작업
  switch (controls.actionSphere) {
    case "subtract":
      resultBSP = sphere1BSP.subtract(sphere2BSP);
    break;
    case "intersect":
      resultBSP = sphere1BSP.intersect(sphere2BSP);
    break;
    case "union":
      resultBSP = sphere1BSP.union(sphere2BSP);
    break;
    case "none": // noop;
  }

  // 다음으로 정육면체를 작업
  if (!resultBSP) resultBSP = sphere1BSP;
  switch (controls.actionCube) {
    case "subtract":
      resultBSP = resultBSP.subtract(cube2BSP);
    break;
    case "intersect":
      resultBSP = resultBSP.intersect(cube2BSP);
    break;
    case "union":
      resultBSP = resultBSP.union(cube2BSP);
```

```
      break;
    case "none": // noop;
  }

  if (controls.actionCube === "none" && controls.actionSphere === "none") {
    // 아무 동작도 안 함
  } else {
    result = resultBSP.toMesh();
    result.geometry.computeFaceNormals();
    result.geometry.computeVertexNormals();
    scene.add(result);
  }
}
```

이 코드에서 첫 번째로 할 일은 메시(눈으로 볼 수 있는 와이어프레임)를 ThreeBSP 객체로 감싸는 것이다. 이로써 이 객체에 subtract와 intersect, union 함수를 적용할 수 있다. 이제 중앙에 있는 구체(sphere1BSP)를 감싸고 있는 ThreeBSP 객체에서 원하는 함수를 호출하면, 이 함수의 결과는 새로운 메시를 생성하는 데 필요한 모든 정보를 포함한다. 이 메시를 만들려면, sphere1BSP 객체의 toMesh() 함수를 호출하면 된다. 결과 객체에서 모든 법선 벡터들이 정확히 계산되었는지 먼저 computeFaceNormals를 호출하고, 다음으로 computeVertexNormals()를 호출해 확인한다. 이들 계산 함수들은 지오메트리의 꼭지점과 면이 변경되고, 이것이 면의 법선 벡터에 영향을 주기 때문에, 이항 연산 중 하나를 실행한 후에 반드시 호출해야 한다. 명시적으로 이들을 재계산해 새로운 객체가 부드럽게 셰이드되고(물질의 셰이딩이 THREE.SmoothShading으로 설정되어 있는 경우) 올바르게 렌더링되도록 한다. 마지막으로 결과를 장면에 추가한다.

intersect와 union에 대해서도 동일한 접근 방법을 사용한다.

## intersect 함수

이전 절에서 이미 대부분의 내용을 설명했기 때문에 intersect 함수에 대해 설명할 것이 많이 남아 있지 않다. 이 함수를 사용하면 메시의 겹쳐지는 부분만 남는다. 다음 스크린샷은 구체와 정육면체가 intersect로 설정된 예제를 보여준다.

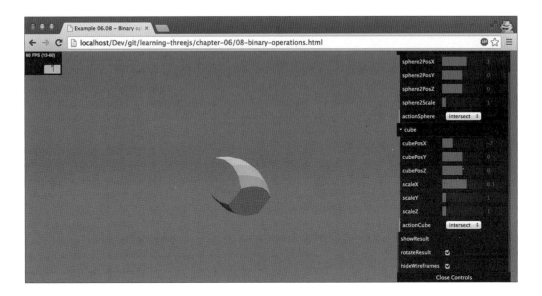

예제에서 설정을 바꿔보면, 이런 종류의 객체를 만드는 것이 아주 간단하다는 것을 알 수 있다. 또한 이번 장에서 살펴본 THREE.ParametricGeometry와 THREE.TextGeometry 같은 복잡한 메시를 포함한 모든 메시에 동일하게 적용할 수 있다는 사실을 기억하자.

subtract와 intersect 함수는 함께 사용할 때 훨씬 좋다. 이번 절의 시작부에서 보았던 예제는 먼저 작은 구체를 subtract 해 속이 빈 구체를 만들었다. 그런 다음, 정육면체를 이 속이 빈 구체와 intersect 해서 다음 결과를 얻었다(모서리가 둥근 속이 빈 정육면체).

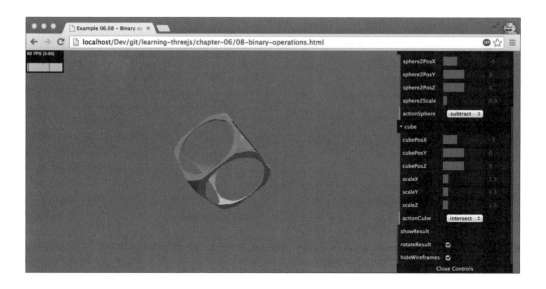

ThreeBSP가 제공하는 마지막 함수는 union 함수다.

## union 함수

마지막 함수는 ThreeBSP의 함수 중 가장 덜 흥미로운 함수다. 이 함수로 두 개의 메시를 결합해 새로운 메시를 만들 수 있다. 따라서 예제의 두 개의 구체와 정육면체에 이를 적용하면 union 함수의 결과로 하나의 객체를 얻을 수 있다.

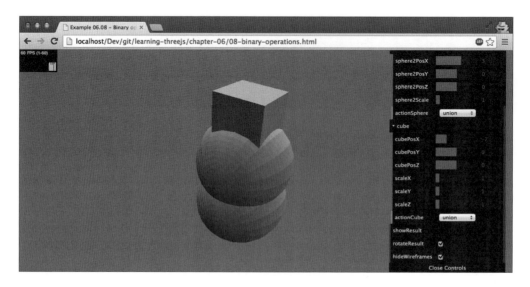

이 기능은 Three.js도 제공(8장의 `THREE.Geometry.merge` 사용법 설명 참조)하고 있기 때문에 그다지 유용하지 않다. 더욱이 Three.js가 조금 더 나은 성능을 제공한다. 이 객체를 회전시키면 회전이 중앙 구체를 중심으로 이루어져, union이 중앙 구체의 관점에서 적용된 것을 알 수 있다. 마찬가지로 나머지 두 동작에도 동일하게 적용된다.

## 요약

6장에서 많은 내용을 다루었다. 다양한 고급 지오메트리를 소개했고, 이항 연산을 사용해 흥미로운 형상의 지오메트리를 만드는 방법도 알아보았다. `THREE.ConvexGeometry`와 `THREE.TubeGeometry`, `THREE.LatheGeometry` 같은 고급 지오메트리를 사용해 정말 아름다운 형상을 만드는 방법과, 실험을 통해 이들 지오메트리에서 원하는 결과를 얻는 방법을 알아보았다. 기존의 SVG 경로를 Three.js로 전환할 수 있는 아주 멋진 기능도 있다. 하지만 여전히 김프GIMP나 어도비 일러스트레이터, 잉크스케이프Inkscape와 같은 도구를 써서 경로를 미세 조정할 필요가 있다는 사실을 기억해두자.

3D 텍스트를 만들려면 사용할 폰트를 지정해야 한다. Three.js는 여러 폰트를 제공하고 있지만, 사용자 정의 폰트를 만들어 사용할 수도 있다. 하지만 복잡한 폰트는 종종 제대로 변환되지 못한다는 사실을 기억하라. 마지막으로 ThreeBSP로 메시에 union과 subtract, intersect 같은 이항 연산을 적용할 수 있다. union으로 두 개의 메시를 결합하거나, subtract로 소스 메시에서 중첩되는 부분을 제거하고, intersect로 중첩되는 부분만 남길 수 있다.

지금까지는 꼭지점이 서로 연결되어 면을 만드는 솔리드(또는 와이어프레임) 지오메트리를 살펴보았다. 다음 장에서는 파티클particle을 사용해 지오메트리를 시각화하는 대체 방법을 알아보겠다. 파티클을 사용하면 완전한 지오메트리를 렌더링하는 대신, 꼭지점을 공간에 단지 점으로 렌더링할 수 있다. 이것으로 굉장히 멋진 3D 효과를 만들 수 있다.

# 7

# 파티클과 스프라이트,
# 포인트 클라우드

이전 장에서는 Three.js가 제공하는 가장 중요한 개념인 객체와 API에 대해 알아보았다. 7장에서는 지금까지 유일하게 다루지 않았던 개념인 파티클particle을 살펴본다. 파티클(때로는 스프라이트sprite로도 불린다)로 비나 눈, 연기와 같은 재미있는 효과를 시뮬레이션하는 아주 많은 작은 객체를 쉽게 생성할 수 있다. 예를 들어, 개별적인 지오메트리를 파티클의 집합으로 렌더링하고 이들 파티클 각각을 제어할 수 있다. 7장에서는 Three.js가 제공하는 다양한 파티클의 특징을 알아보겠다. 좀더 구체적으로, 이번 장에서는 다음 주제들에 대해 다룬다.

- THREE.SpriteMaterial로 파티클을 생성하고 스타일링하기
- 포인트 클라우드point cloud로 파티클 집합 만들기
- 기존 지오메트리에서 포인트 클라우드 만들기
- 파티클과 파티클 시스템을 애니메이션하기
- 텍스처로 파티클에 스타일 주기
- THREE.SpriteCanvasMaterial을 사용해 캔버스로 파티클에 스타일 주기

파티클이 무엇이고 어떻게 만드는지 알아보는 것으로 시작한다. 시작하기 앞서, 이번 장에서 사용되는 이름에 대해 알아본다. Three.js의 최근 버전에서 파티클과 관련된 객체의 이름이 변경되었다.

이번 장에서 사용하는 `THREE.PointCloud`는 `THREE.ParticleSystem`으로 불렸고, `THREE.Sprite`는 `THREE.Particle`로 불렸다. 그리고 물질의 이름도 일부 바뀌었다. 따라서 이전 이름을 사용하고 있는 온라인 예제를 발견한다면, 같은 개념에 대해 말하고 있다고 이해하자. 이번 장에서는 Three.js의 최신 버전에 도입된 새로운 명명 규칙을 사용한다.

## 파티클의 이해

다른 새로운 개념과 마찬가지로, 파티클에 대한 설명도 예제로 먼저 시작한다. 7장의 소스 코드 폴더에서 01-particles.html 예제를 연다. 다음 스크린샷처럼 별로 재미있어 보이지 않는 흰색 정육면체 격자를 볼 수 있다.

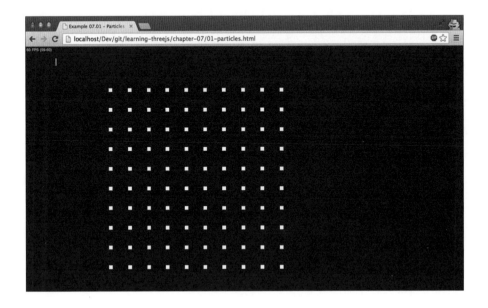

스크린샷은 100개의 스프라이트<sub>sprite</sub>로 구성되어 있다. 스프라이트는 항상 카메라를 향하고 있는 2D 평면이다. 아무런 속성 지정 없이 스파라이트를 만들면, 작고 하얀 2D 사각형으로 렌더링된다. 이 스프라이트는 다음 코드로 만들어졌다.

```
function createSprites() {
  var material = new THREE.SpriteMaterial();
  for (var x = -5; x < 5; x++) {
    for (var y = -5; y < 5; y++) {
      var sprite = new THREE.Sprite(material);
      sprite.position.set(x * 10, y * 10, 0);
      scene.add(sprite);
    }
  }
}
```

이 예제에서는 스프라이트를 THREE.Sprite(material) 생성자를 사용해 수동으로 만들었다. 유일하게 전달한 것은 물질이다. 물질은 THREE.SpriteMaterial 또는 THREE.SpriteCanvasMaterial 둘 중 하나여야 한다. 두 물질에 대해서는 이 장의 뒷부분에서 자세히 알아본다.

다음 파티클로 이동하기 전에 THREE.Sprite 객체에 대해 좀 더 알아본다. THREE.Sprite 객체는 THREE.Mesh와 마찬가지로 THREE.Object3D 객체에서 확장되었다. 이는 THREE.Mesh에서 알고 있는 대부분의 속성과 함수를 THREE.Sprite에서도 사용할 수 있다는 의미다. position 속성으로 위치를 설정하고, scale 속성으로 크기를 조정할 수 있다. translate 속성으로 상대적인 위치로 이동시킬 수 있다.

 구버전 Three.js에서 THREE.Sprite 객체는 THREE.WebGLRenderer와 함께 사용할 수 없고 THREE.CanvasRenderer만 사용할 수 있다. 현재 버전에서는 THREE.Sprite 객체를 두 렌더러와 함께 사용할 수 있다.

THREE.Sprite로 아주 쉽게 일련의 객체를 만들고 장면에서 이동시킬 수 있다. 소수의 객체로 작업할 때는 잘 동작하지만, 다수의 THREE.Sprite 객체로 작업하고자 할 때는 곧 성능 이슈와 맞닿게 될 것이다. 이는 각 객체들이 Three.js에 의해 개별적으로 관리되기 때문이다. Three.js는 다수의 스프라이트(또는 파티클)를 관리하는 대안인 THREE.PointCloud를 제공한다. THREE.PointCloud에서 Three.js는 각각의 THREE.Sprite 객체를 관리할 필요가 없고 THREE.PointCloud 인스턴스만 관리하면 된다.

다음처럼 THREE.PointCloud를 사용해 앞에서 본 스크린샷과 동일한 결과를 얻을 수 있다.

```
function createParticles() {

  var geom = new THREE.Geometry();
  var material = new THREE.PointCloudMaterial({size: 4, vertexColors:
    true, color: 0xffffff});

  for (var x = -5; x < 5; x++) {
    for (var y = -5; y < 5; y++) {
      var particle = new THREE.Vector3(x * 10, y * 10, 0);
      geom.vertices.push(particle);
      geom.colors.push(new THREE.Color(Math.random() * 0x00ffff));
    }
  }

  var cloud = new THREE.PointCloud(geom, material);
  scene.add(cloud);
}
```

각각의 파티클(클라우드상의 각 점)에 대해 꼭지점(THREE.Vector3로 표시)을 만들어 THREE.Geometry와 THREE.PointCloudMaterial을 이용해 이를 THREE.Geometry에 추가해 THREE.PointCloud를 만들고, 이 클라우드를 장면에 추가한다. THREE.PointCloud가 동작하는(색상 있는 사각형으로) 예제는 02-particles-webgl.html이다. 다음 스크린샷은 이 예제를 보여준다.

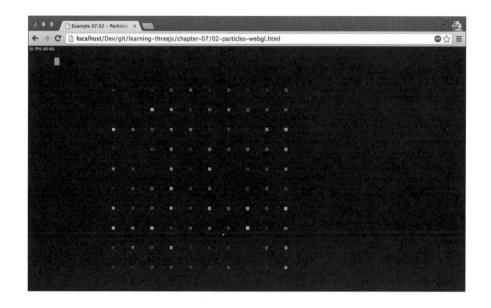

다음 절에서 THREE.PointCloud를 좀 더 자세히 알아본다.

## 파티클과 THREE.PointCloud, THREE.PointCloudMaterial

이전 절의 마지막에서 THREE.PointCloud에 대해 간단히 소개했다. THREE.PointCloud의 생성자는 지오메트리와 물질, 두 개의 속성을 받는다. 물질은 파티클의 색상과 텍스처(뒤에서 알아본다)에 사용되고, 지오메트리는 각 파티클의 위치를 정의한다. 지오메트리를 정의하는 데 사용된 각 꼭지점과 점은 파티클로 표시된다. THREE.BoxGeometry를 기반으로 THREE.PointCloud를 만들면, 정육면체 각 모서리에 하나씩, 8개의 파티클을 얻는다. 일반적으로 표준 Three.js 지오메트리 중 하나에서 THREE.PointCloud를 만들지는 않는다. 대신 이전 절의 마지막에서 했던 것처럼 스크래치(또는 외부에서 불러들인 모델)로 만든 지오메트리에 수동으로 꼭지점을 추가한다. 이번 절에서는 03-basic-point-cloud.html 예제를 통해 이 방법에 대해 좀 더 자세히 알아보고, 또한 THREE.PointCloudMaterial을 사용해 파티클에 스타일을 주는 방법을 알아보겠다. 다음 스크린샷은 이 예제를 보여준다.

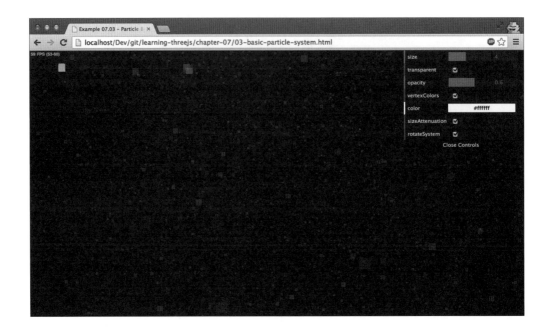

이 예제에서 15,000개의 파티클로 채운 THREE.PointCloud를 만들었다. THREE.PointCloudMaterial로 모든 파티클에 스타일을 주었다. 다음 코드로 THREE.PointCloud를 만든다.

```
function createParticles(size, transparent, opacity, vertexColors,
sizeAttenuation, color) {

  var geom = new THREE.Geometry();
  var material = new THREE.PointCloudMaterial({size: size, transparent:
    transparent, opacity: opacity, vertexColors: vertexColors,
    sizeAttenuation: sizeAttenuation, color: color});

  var range = 500;
  for (var i = 0; i < 15000; i++) {
    var particle = new THREE.Vector3(Math.random() * range - range / 2,
      Math.random() * range - range / 2, Math.random() * range - range / 2);
    geom.vertices.push(particle);
    var color = new THREE.Color(0x00ff00);
    color.setHSL(color.getHSL().h, color.getHSL().s, Math.random() *
      color.getHSL().l);
    geom.colors.push(color);
```

```
  }
  cloud = new THREE.PointCloud(geom, material);
  scene.add(cloud);
}
```

목록에서 먼저 `THREE.Geometry`를 만든다. 이 지오메트리에 `THREE.Vector3`로 표현되는 파티클을 추가한다. 이 작업은 루프에서 `THREE.Vector3`를 임의의 위치에 만들고 추가해 진행된다. 또한 루프에서 `THREE.PointCloudMaterial`의 `vertexColors` 속성을 true로 설정할 때 사용되는 색상의 배열인 `geom.colors`를 지정한다. 마지막으로 `THREE.PointCloudMaterial`을 생성하고 이를 장면에 추가한다.

다음 표는 `THREE.PointCloudMaterial`의 모든 속성을 보여준다.

| 이름 | 설명 |
|------|------|
| color | ParticleSystem에 있는 모든 파티클의 색상이다. vertexColors 속성을 true로 설정하고 지오메트리의 colors 속성으로 색상을 지정하면 이 속성은 재정의된다(정확히 말하면, 꼭지점의 색상이 이 값과 Multiply되어 최종 색상이 결정된다). |
| map | 이 속성으로 파티클에 텍스처를 적용할 수 있다. 이 예제에서는 사용되지 않았지만, 이 장의 뒤에서 다시 설명한다. |
| size | 파티클의 크기. 기본값은 10이다. |
| sizeAnnutation | 이 값이 false로 설정되면, 카메라와의 거리에 상관없이 모든 파티클이 동일한 크기를 가진다. 이 값이 true로 설정되면, 파티클의 크기는 카메라와의 거리에 따라 달라진다. 기본값은 true다. |
| vertexColors | 일반적으로 vertexColors의 모든 파티클은 동일 색상을 가진다. 이 속성이 THREE.VertexColors로 설정되고 지오메트리의 색상 배열이 채워지면, 배열의 색상이 대신 사용된다(표의 color 속성 참조). 기본값은 THREE.NoColors다. |
| opacity | Transparent 속성과 함께 파티클의 투명도를 설정한다. 기본값은 1(불투명)이다. |
| transparent | 이 값이 true로 설정되면, 파티클이 opacity 속성에 설정된 투명도에 따라 렌더링된다. 기본값은 false다. |
| blending | 파티클을 렌더링할 때 사용하는 브렌딩 모드다. 브렌딩 모드에 대한 자세한 설명은 9장을 참조한다. |
| fog | 파티클이 장면에 추가된 안개에 영향을 받는지 여부를 결정한다. 기본값은 true다. |

앞의 예제는 간단한 제어 메뉴를 통해 `THREE.ParticleCloudMaterial`의 속성을 시험해 볼 수 있다.

지금까지는 파티클을 기본 동작인 작은 정육면체로만 렌더링했다. 하지만 파티클에 스타일을 적용할 수 있는 몇 가지 방법이 있다.

- `THREE.SpriteCanvasMaterial`(`THREE.CanvasRenderer`에서만 동작)을 적용해 HTML canvas 요소의 결과물을 텍스처로 사용
- `THREE.WebGLRenderer`로 작업할 때는 HTML 캔버스의 출력을 사용하는 `THREE.SpriteMaterial`과 HTML5 기반의 텍스처를 사용
- 외부 이미지 파일(또는 HTML5 캔버스 사용)을 `THREE.PointCloudMaterial`의 map 속성과 함께 읽어들여 `THREE.ParticleCloud`의 모든 파티클에 스타일을 적용

다음 절에서 어떻게 이들을 사용하는지 알아본다.

## HTML5 캔버스로 파티클에 스타일 주기

Three.js는 HTML5 캔버스를 사용해 파티클에 스타일을 주는 세 가지 방법을 제공한다. `THREE.CanvasRenderer`를 사용한다면, `THREE.SpriteCanvasMaterial`에서 바로 HTML5 캔버스를 참조할 수 있다. `THREE.WebGLRenderer`를 사용한다면, HTML5 캔버스로 파티클에 스타일을 주기 위해 몇 가지 추가 단계를 거쳐야 한다. 다음 두 절에서 이들 접근 방법을 설명한다.

### HTML5 캔버스를 THREE.CanvasRenderer와 함께 사용

`THREE.SpriteCanvasMaterial`로 HTML5 캔버스의 결과물을 파티클의 텍스처로 사용할 수 있다. 이 물질은 특별히 `THREE.CanvasRenderer`를 위해 만들어진 물질로, 이 렌더러를 사용할 때만 동작한다. 이 물질의 사용법을 알아보기 전에 먼저, 이 물질의 속성을 알아본다.

| 이름 | 설명 |
| --- | --- |
| color | 파티클의 색상이다. 지정한 브렌딩 모드에 따라 캔버스의 이미지 색상에 영향을 미친다. |
| program | 캔버스의 컨텍스트를 인자로 받는 함수다. 이 함수는 파티클이 렌더링될 때 호출된다. 이 호출에 대한 결과물은 파티클로 보여진다. |
| opacity | 파티클의 투명도를 판단한다. 기본값은 1로 불투명하다. |
| transparent | 파티클의 투명 여부를 판단한다. opacity 속성과 같이 쓰인다. |
| blending | 사용할 브렌딩 모드다. 자세한 내용은 9장을 참조한다. |
| rotation | 캔버스의 콘텐츠를 회전시킨다. 일반적으로 캔버스의 콘텐츠에 따라 이 속성을 PI로 정확히 설정해야 한다. 이 속성은 물질의 생성자로 전달되지 않는다. 따라서 별도의 설정이 필요하다. |

THREE.SpriteCanvasMaterial의 동작은 04-program-based-sprites.html 예제에서 확인할 수 있다. 다음 스크린샷은 이 예제를 보여준다.

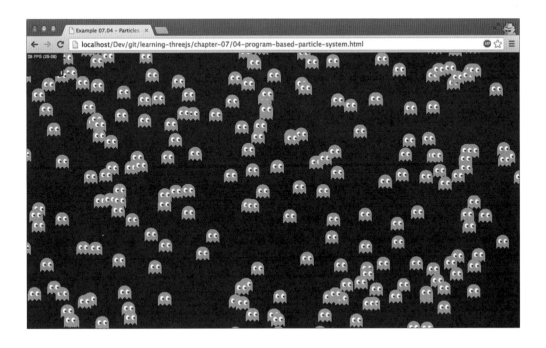

이 예제에서 파티클은 createSprites 함수에서 만들어졌다.

```
function createSprites() {

  var material = new THREE.SpriteCanvasMaterial({
    program: draw,
    color: 0xffffff});
  material.rotation = Math.PI;
  var range = 500;
  for (var i = 0; i < 1000; i++) {
    var sprite = new THREE.Sprite(material);
    sprite.position = new THREE.Vector3(Math.random() * range - range / 2,
      Math.random() * range - range / 2, Math.random() * range - range / 2);
    sprite.scale.set(0.1, 0.1, 0.1);
    scene.add(sprite);
  }
}
```

앞에서 본 코드와 상당히 유사하다. 가장 큰 차이는 THREE.CanvasRenderer로 작업하기 때문에 THREE.PointCloud를 사용하는 대신 THREE.Sprite 객체를 직접 만들었다. 또한 이 코드에서 THREE.SpriteCanvasMaterial을 draw 함수를 가리키는 program 속성으로 정의했다. draw 함수는 파티클이 어떻게 보이는지를 정의한다(이 경우 팩맨의 고스트).

```
var draw = function(ctx) {
  ctx.fillStyle = "orange";
  ...
  // 다른 여러 ctx 그리기 호출
  ...
  ctx.beginPath();
 ctx.fill();
}
```

형상을 그리는 데 필요한 실제 캔버스 코드를 자세히 알아보지는 않는다. 여기서 중요한 것은 2D 캔버스 컨텍스트$_{ctx}$를 인자로 받아들이는 함수를 정의한다는 것이다. 컨텍스트에 그려지는 모든 것들이 THREE.Sprite의 형상으로 사용된다.

## HTML5 캔버스를 WebGLRenderer와 함께 사용

에 HTML5 캔버스를 `THREE.WebGLRenderer`와 함께 사용하려면, 두 개의 다른 접근 방법을 취할 수 있다. `THREE.PointCloudMaterial`을 사용해 `THREE.PointCloud`를 만들거나, `THREE.Sprite`와 `THREE.SpriteMaterial`의 map 속성을 사용할 수 있다.

먼저 첫 번째 방법으로 `THREE.PointCloud`를 만들어 보자. `THREE.PointCloudMaterial`의 속성을 설명할 때, `map` 속성을 언급했다. 이 `map` 속성으로 파티클의 텍스처를 읽어들일 수 있다. Three.js에서는 HTML5 캔버스를 결과물을 이 텍스처로 사용할 수 있다. 이 개념을 보여주는 예는 05a-program-based-point-cloud-webgl.html이다. 다음 스크린샷은 이 예제를 보여준다.

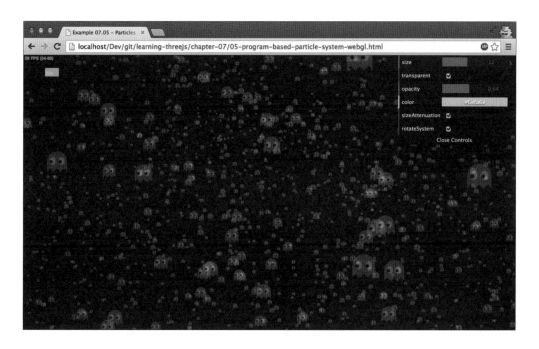

이제 이 효과를 얻기 위해 작성한 코드를 살펴보자. 코드의 대부분은 앞의 웹GL 예제와 동일하기 때문에 세부 사항을 모두 설명하지는 않는다. 이 예제를 위해 만들어진 주요 코드 변경은 다음과 같다.

```
var getTexture = function() {
  var canvas = document.createElement('canvas');
  canvas.width = 32;
  canvas.height = 32;

  var ctx = canvas.getContext('2d');
  ...
  // 고스트 그리기
  ...
  ctx.fill();
  var texture = new THREE.Texture(canvas);
  texture.needsUpdate = true;
  return texture;
}

function createPointCloud(size, transparent, opacity, sizeAttenuation, color) {
  var geom = new THREE.Geometry();

  var material = new THREE.PointCloudMaterial ({size: size, transparent:
    transparent, opacity: opacity, map: getTexture(), sizeAttenuation:
    sizeAttenuation, color: color});

  var range = 500;
  for (var i = 0; i < 5000; i++) {
    var particle = new THREE.Vector3(Math.random() * range - range / 2,
      Math.random() * range - range / 2, Math.random() * range - range / 2);
    geom.vertices.push(particle);
  }

  cloud = new THREE.PointCloud(geom, material);
  cloud.sortParticles = true;
  scene.add(cloud);
}
```

첫 번째 함수인 getTexture에서 HTML5 canvas 요소에 기반해 THREE.Texture
를 만들었다. 두 번째 함수 createPointCloud에서는 이 텍스처를 THREE.
PointCloudMaterial의 map 속성에 할당했다. 또한 이 함수에서 THREE.

PointCloud의 sortParticles 속성을 true로 설정했다. 이 속성은 파티클이 렌더링되기 전에 스크린의 z 좌표에 따라 분류되어 있는지 확인한다. 파티클이 중첩되어 있거나 투명도가 잘못되었을 때 이 속성을 true로 설정하면 (대부분의 경우) 문제가 해결된다. 하지만 이 속성을 true로 설정하면 성능에 영향을 미친다는 사실도 염두에 두어야 한다. 이 설정이 true면, Three.js는 카메라로부터 각 파티클까지의 거리를 결정한다. 아주 큰 THREE.PointCloud 객체의 경우, 이것이 성능에 큰 영향을 미칠 수 있다.

THREE.PointCloud 속성에 대해 이야기할 때 빼놓을 수 없는 추가 속성으로 FrustumCulled가 있다. 이 속성이 true로 설정되어 있으면 파티클이 카메라 범위를 벗어나는 경우 렌더링되지 않는다. 이는 성능을 향상시키고 프레임 속도를 높이는 데 효과적이다.

이 결과로 getTexture() 메소드에서 캔버스에 그리는 모든 것들이 THREE.PointCloud의 파티클로 사용된다. 다음 절에서 외부 파일에서 읽어들인 텍스처와 함께 동작하는 방법에 대해 조금 더 자세히 살펴보겠다. 이 예제에서 텍스처를 사용할 수 있는 부분은 매우 작다. 텍스처에 대해서는 10장에서 자세히 살펴본다.

이번 절의 시작부에서 캔버스 기반의 파티클을 만드는 데 THREE.Sprite를 map 속성과 함께 사용할 수 있다고 말했다. 이를 위해 앞의 예제에서 보았던 방법과 동일한 접근 방식으로 THREE.Texture를 만든다. 여기서는 다음처럼 THREE.Sprite에 할당한다.

```
function createSprites() {
  var material = new THREE.SpriteMaterial({
    map: getTexture(),
    color: 0xffffff
  });

  var range = 500;
  for (var i = 0; i < 1500; i++) {
    var sprite = new THREE.Sprite(material);
    sprite.position.set(Math.random() * range - range / 2, Math.random()
```

```
        * range - range / 2,   Math.random() * range - range / 2);
    sprite.scale.set(4,4,4);
    scene.add(sprite);
  }
}
```

여기서, 표준 `THREE.SpriteMaterial` 객체를 사용하고 캔버스의 결과물을 물질의 `map` 속성을 사용해 `THREE.Texture`로 할당할 수 있다. 이 예제는 05b-program-based-sprites-webgl.html에서 확인할 수 있다. 이 접근 방법은 장단점이 있다. `THREE.Sprite`로는 개별 파티클에 대한 제어가 가능하지만, 파티클이 많아질 때는 성능 문제와 너무 복잡해지는 문제가 있다. `THREE.PointCloud`로는 다수의 파티클을 쉽게 관리할 수 있지만, 개별 파티클에 대한 제어는 쉽지 않다.

## 텍스처로 파티클에 스타일 주기

앞의 예제에서 HTML5 캔버스로 `THREE.PointCloud`와 개별 `THREE.Sprite` 객체에 스타일을 주는 방법을 알아보았다. 무엇이든 필요하면 그릴 수 있고 심지어 외부 이미지도 로드할 수 있기 때문에, 이 접근 방법으로 어떤 스타일도 파티클 시스템에 적용할 수 있다. 하지만 이미지를 사용해 파티클에 스타일을 주는 좀 더 직관적인 방법도 있다. `THREE.ImageUtils.loadTexture()` 함수를 사용해 `THREE.Texture`로 이미지를 읽어들이고, 물질의 `map` 속성에 할당할 수 있다.

이번 절에서는 두 개의 예제를 통해 생성 방법을 설명한다. 두 예제 모두 이미지를 파티클의 텍스처로 사용한다. 첫 번째 06-rainy-scene.html 예제에서는 비 오는 장면을 시뮬레이션한다. 다음 스크린샷은 이 예제를 보여준다.

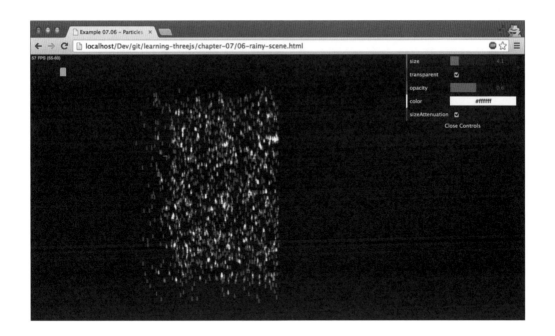

먼저 물방울을 표현하는 텍스처가 필요하다. 텍스처의 예제는 assets/textures/particles 폴더에서 찾을 수 있다. 텍스처에 대해서는 9장에서 자세히 설명한다. 지금은 텍스처는 정사각형(예를 들어 64×64, 128×128, 256×256)이어야 한다는 정도만 알아두자. 이번 예제에서는 다음 텍스처를 사용한다.

이 이미지는 검은색 배경(정확한 브렌딩에 필요)에 물방울을 보여준다. 이 텍스처를 THREE.PointCloudMaterial에서 사용하려면 먼저 이미지를 로드해야 한다. 다음 코드와 같다.

```
var texture = THREE.ImageUtils.loadTexture("../assets/textures/ particles/
raindrop-2.png");
```

이 코드로 Three.js는 텍스처를 로드하고 물질로 사용할 수 있다. 예제의 경우, 다음처럼 물질을 정의했다.

```
var material = new THREE.PointCloudMaterial({size: 3, transparent:
true, opacity: true, map: texture, blending: THREE.AdditiveBlending,
sizeAttenuation: true, color: 0xffffff});
```

이들 속성은 앞에서 이미 다루었다. 여기서 이해해야 할 중요 내용은 map 속성이 THREE.ImageUtils.loadTexture() 함수로 읽어들인 텍스처를 가리키고 있고, THREE.AdditiveBlending을 브렌딩 모드로 지정하고 있다는 점이다. 이는 물방울 텍스처에서 검은색 배경이 보이지 않게 해 준다. 텍스처의 검은 배경을 투명한 배경으로 바꾸는 것도 논리적으로는 동일한 효과를 갖지만, 불행하게도 파티클과 웹GL에서는 동작하지 않는다.

이는 THREE.PointCloud의 스타일을 담당한다. 이전 예제에서는 전체 파티클 시스템을 움직였지만, 이번에는 THREE.PointCloud의 각 파티클에 위치를 준다. 이 과정은 아주 간단하다. 각각의 파티클은 THREE.PointCloud를 생성하는 데 사용되는 지오메트리를 구성하는 꼭지점으로 표현된다. THREE.PointCloud에 파티클을 추가하는 방법은 다음과 같다.

```
var range = 40;
for (var i = 0; i < 1500; i++) {
  var particle = new THREE.Vector3(Math.random() * range - range / 2,
    Math.random() * range * 1.5, Math.random() * range - range / 2);
  particle.velocityX = (Math.random() - 0.5) / 3;
  particle.velocityY = 0.1 + (Math.random() / 5);
  geom.vertices.push(particle);
}
```

앞에서 살펴본 코드와 크게 다르지 않다. 여기서는 각각의 파티클(THREE.Vector3)에 velocityX와 velocity 두 개의 속성을 추가했다. 첫 번째 속성은 파티클(물방울)이 옆으로 움직이는 정도를 정의하고, 두 번째 속성은 물방울이 떨어지는 속도를 정의한다. 수평으로 움직이는 속도는 -0.16에서 +0.16의 범위를 가지고, 떨어지는 속도는 0.1에서 0.3의 범위를 가진다. 이제 각각의 물방울이 자신의 속도를 가지게 되었으므로, 렌더링 루프에서 각각의 파티클을 움직여 보자.

```
var vertices = system2.geometry.vertices;
vertices.forEach(function (v) {
  v.x = v.x - (v.velocityX);
  v.y = v.y - (v.velocityY);

  if (v.x <= -20 || v.x >= 20) v.velocityX = v.velocityX * -1;
  if (v.y <= 0) v.y = 60;
});
```

THREE.PointCloud를 만드는 지오메트리에서 모든 vertices(파티클)를 구한다.
각 파티클의 velocityX와 velocityY로 파티클의 현재 위치를 변경한다. 마지막
두 줄은 파티클이 정의한 범위 내에 있는지 확인한다. v.y 위치가 0 이하로 떨어
지면, 물방울을 다시 맨 위로 추가하고, v.x 위치가 가장자리에 도달하면, 수평 속
도를 반전시켜 방향을 되돌린다.

또 다른 예제를 살펴보자. 이번에는 비 대신 눈을 만든다. 또한 하나의 텍스처
가 아닌 다섯 개의 이미지(Three.js 예제에서 가져온)를 사용한다. 예제 07-snowy-
scene.html의 결과를 살펴보자.

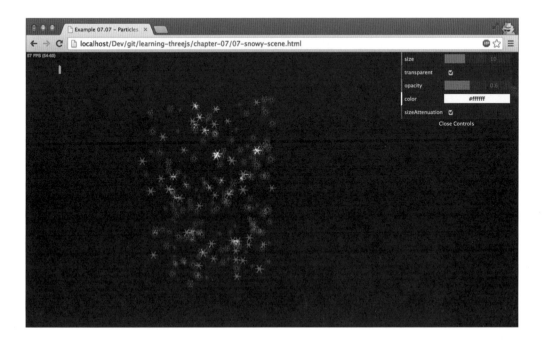

스크린샷에서 텍스처로 하나의 이미지가 아닌 여러 개의 이미지가 사용된 것을 알 수 있다. 기억할지 모르겠지만, THREE.PointCloud는 단지 하나의 물질만 가질 수 있다. 여러 개의 물질이 필요하다면, 다음처럼 여러 개의 파티클 시스템을 만들어야 한다.

```
function createPointClouds(size, transparent, opacity, sizeAttenuation,
color) {

  var texture1 = THREE.ImageUtils.loadTexture ("../assets/textures/
    particles/snowflake1.png");
  var texture2 = THREE.ImageUtils.loadTexture ("../assets/textures/
    particles/snowflake2.png");
  var texture3 = THREE.ImageUtils.loadTexture ("../assets/textures/
    particles/snowflake3.png");
  var texture4 = THREE.ImageUtils.loadTexture ("../assets/textures/
    particles/snowflake5.png");
  scene.add(createPointCloud("system1", texture1, size, transparent,
    opacity, sizeAttenuation, color));
  scene.add(createPointCloud ("system2", texture2, size, transparent,
    opacity, sizeAttenuation, color));
  scene.add(createPointCloud ("system3", texture3, size, transparent,
    opacity, sizeAttenuation, color));
  scene.add(createPointCloud ("system4", texture4, size, transparent,
    opacity, sizeAttenuation, color));
}
```

이 코드에서 텍스처를 따로 읽어들여 THREE.PointCloud 생성에 필요한 모든 정보를 createPointCloud 함수에 전달했다. 함수는 다음과 같다.

```
function createPointCloud(name, texture, size, transparent, opacity,
sizeAttenuation, color) {
  var geom = new THREE.Geometry();

  var color = new THREE.Color(color);
  color.setHSL(color.getHSL().h, color.getHSL().s, (Math.random()) *
    color.getHSL().l);

  var material = new THREE.PointCloudMaterial({size: size, transparent:
    transparent, opacity: opacity, map: texture, blending: THREE.
```

```
  AdditiveBlending, depthWrite: false, sizeAttenuation: sizeAttenuation,
  color: color});

var range = 40;
for (var i = 0; i < 50; i++) {
  var particle = new THREE.Vector3(Math.random() * range - range / 2,
    Math.random() * range * 1.5, Math.random() * range - range / 2);
  particle.velocityY = 0.1 + Math.random() / 5;
  particle.velocityX = (Math.random() - 0.5) / 3;
  particle.velocityZ = (Math.random() - 0.5) / 3;
  geom.vertices.push(particle);
}

var cloud = new THREE.ParticleCloud(geom, material);
cloud.name = name;
cloud.sortParticles = true;
return cloud;
}
```

이 함수에서 가장 먼저 할 일은 특정 텍스처를 위한 파티클이 렌더링되는 색상을 정의하는 것이다. 이것은 전달된 색상의 밝기를 무작위로 변경하면 된다. 다음으로 이전과 같은 방법으로 물질을 생성한다. 유일하게 다른 점은 depthWrite 속성을 false로 설정하는 것이다. 이 속성은 객체가 웹GL 깊이 버퍼depth buffer에 영향을 주는지 여부를 정의한다. 이 속성을 false로 설정함으로써 여러 포인트 클라우드들이 서로를 간섭하지 않도록 한다. 이 속성이 false로 설정되어 있지 않으면, 때때로 파티클이 다른 THREE.PointCloud 객체의 파티클 위에 있을 때 텍스처의 검은색 배경이 보인다. 이 코드의 마지막 단계는 파티클에 임의의 위치와 임의의 속도를 부여하는 것이다. 렌더링 루프에서 다음처럼 THREE.PointCloud 객체의 모든 파티클 각각의 위치를 업데이트할 수 있다.

```
scene.children.forEach(function (child) {
  if (child instanceof THREE.ParticleSystem) {
    var vertices = child.geometry.vertices;
    vertices.forEach(function (v) {
      v.y = v.y - (v.velocityY);
      v.x = v.x - (v.velocityX);
```

```
        v.z = v.z - (v.velocityZ);

        if (v.y <= 0) v.y = 60;
        if (v.x <= -20 || v.x >= 20) v.velocityX = v.velocityX * -1;
        if (v.z <= -20 || v.z >= 20) v.velocityZ = v.velocityZ * -1;
    });
  }
});
```

이 접근 방식에서 서로 다른 텍스처를 가지는 파티클을 정의할 수 있다. 하지만 이 접근 방식에는 다소 제약이 따른다. 더 다양한 텍스처가 필요할수록 더 많은 포인트 클라우드를 생성하고 관리해야 한다. 파티클이 제한적이라면 앞에서 보았던 THREE.Sprite 객체를 사용하는 것이 좋다.


## 스프라이트 맵으로 작업

이 장의 시작부에서 THREE.CanvasRenderer와 THREE.WebGLRenderer로 단일 파티클을 렌더링하는 데 THREE.Sprite 객체를 사용했다. 이들 스프라이트는 3D 공간의 어딘가에 위치하며 크기는 카메라로부터의 거리에 기초한다(때때로 빌보딩 billboarding이라고도 불린다). 이번 절에서는 THREE.Sprite 객체의 다른 사용법을 알아본다. THREE.Sprite로 THREE.OrthographicCamera 인스턴스를 사용해 3D 콘텐츠용 헤드 업 디스플레이HUD와 유사한 레이어를 제작하는 방법을 알아본다. 또한 스프라이트 맵으로 THREE.Sprite 객체에 사용할 이미지를 선택하는 방법도 알아본다.

예제로, 화면의 왼쪽에서 오른쪽으로 이동하는 간단한 THREE.Sprite 객체를 만들어 본다. THREE.Sprite가 카메라에 독립적으로 이동하는 것을 보여주기 위해, 움직이는 카메라로 3D 장면을 렌더링한다. 다음 스크린샷은 첫 번째 예제 (08-sprites.html)를 보여준다.

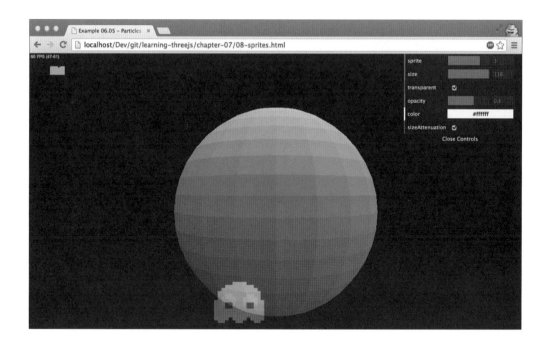

브라우저에서 예제를 열면, 팩맨의 고스트가 화면을 가로질러 이동하다가 오른쪽 가장자리에 닿으면 색상과 모습을 바꾸는 것을 볼 수 있다. 먼저 THREE.OrthographicCamera와 THREE.Sprite를 렌더링할 별도의 장면을 만든다.

```
var sceneOrtho = new THREE.Scene();
var cameraOrtho = new THREE.OrthographicCamera( 0, window.innerWidth,
window.innerHeight, 0, -10, 10 );
```

다음으로 THREE.Sprite의 생성자와 스프라이트의 다양한 모양을 로딩한다.

```
function getTexture() {
  var texture = new THREE.ImageUtils.loadTexture("../assets/ textures/
    particles/sprite-sheet.png");
  return texture;
}

function createSprite(size, transparent, opacity, color, spriteNumber) {
  var spriteMaterial = new THREE.SpriteMaterial({
    opacity: opacity,
    color: color,
```

```
      transparent: transparent,
   map: getTexture()});

 // 한 줄에 5개의 스프라이트를 가진다.
 spriteMaterial.map.offset = new THREE.Vector2(1/5 * spriteNumber, 0);
 spriteMaterial.map.repeat = new THREE.Vector2(1/5, 1);
 spriteMaterial.blending = THREE.AdditiveBlending;

 // 객체가 항상 전면에 렌더링되도록 한다.
 spriteMaterial.depthTest = false;
 var sprite = new THREE.Sprite(spriteMaterial);
 sprite.scale.set(size, size, size);
 sprite.position.set(100, 50, 0);
 sprite.velocityX = 5;

 sceneOrtho.add(sprite);
}
```

getTexture() 함수에서 텍스처를 로딩했다. 고스트를 위해 다섯 개의 별도 이미
지 대신, 모든 스프라이트를 가지고 있는 하나의 텍스처를 사용했다. 예제에서 사
용한 텍스처는 다음과 같다.

map.offset과 map.repeat 속성으로, 화면에 보여줄 스프라이트를 선택한다. map.
offset 속성으로 로드한 텍스처의 x축(u)과 y축(v) 오프셋을 결정한다. 이들 속성
의 스케일은 0에서 1 사이에서 결정된다. 이 예제에서 세 번째 고스트 이미지를
선택하고 싶다면 u 오프셋(x축은)은 0.4로 설정하고, 한 줄만 있기 때문에 v 오프셋
(y축)은 변경할 필요가 없다. 이 속성만 설정하면 텍스처는 세 번째 이미지뿐만 아
니라 네 번째, 다섯 번째 고스트도 한꺼번에 화면에 표시된다. 하나의 고스트만 표
시하려면, 확대가 필요하다. 이 작업은 u 값에 대한 map.repeat 속성을 1/5로 설

정하면 된다. 이것은 x축으로 확대해 텍스처의 20%(하나의 고스트 이미지)만 보여주는 것을 의미한다.

마지막 단계로 render 함수를 업데이트한다.

```
webGLRenderer.render(scene, camera);
webGLRenderer.autoClear = false;
webGLRenderer.render(sceneOrtho, cameraOrtho);
```

먼저 장면을 일반 카메라와 움직이는 구체로 렌더링하고, 그 후에 스프라이트가 들어 있는 장면을 렌더링한다. WebGLRenderer의 autoClear 속성을 false로 설정하는 것을 잊지 말자. 그렇지 않으면, Three.js는 스프라이트를 렌더링하기 전에 장면을 지워버려 구체가 표시되지 않을 것이다.

다음 표는 예제에서 사용한 THREE.SpriteMaterial의 모든 속성을 보여준다.

| 이름 | 설명 |
| --- | --- |
| color | 스프라이트의 색상이다. |
| map | 스프라이트에 사용되는 텍스처. 예제에서 사용한 것과 같은 스프라이트 시트도 될 수 있다. |
| sizeAnnutation | 이 값을 false로 설정하면, 스프라이트의 크기가 카메라로부터의 거리에 영향을 받지 않는다. 기본값은 true다. |
| opacity | 스프라이트의 투명성을 설정한다. 기본값은 1(불투명)이다. |
| blending | 스프라이트를 렌더링할 때 사용할 브렌딩 모드를 정의한다. 자세한 정보는 9장을 참조한다. |
| fog | 스프라이트가 장면에 추가된 안개에 영향을 받는지 여부를 결정한다. 기본값은 true다. |

또한 이 물질에 depthTest와 depthWrite 속성도 설정할 수 있다. 이들 속성에 대한 자세한 설명은 4장을 참조한다.

물론 3D 공간에서 THREE.Sprites의 위치를 정하는데 스프라이트 맵을 사용할 수도 있다(이 장의 시작부에서 했던 것처럼). 다음 스크린샷은 09-sprites-3D.html 예제를 보여준다.

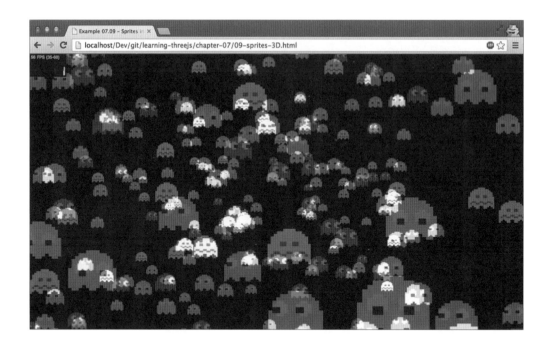

앞의 테이블에 나열된 속성들로 스크린샷과 같은 효과를 쉽게 줄 수 있다.

```
function createSprites() {

  group = new THREE.Object3D();
  var range = 200;
  for (var i = 0; i < 400; i++) {
    group.add(createSprite(10, false, 0.6, 0xffffff, i % 5, range));
  }
  scene.add(group);
}

function createSprite(size, transparent, opacity, color, spriteNumber,
range) {
  var spriteMaterial = new THREE.SpriteMaterial({
    opacity: opacity,
      color: color,
    transparent: transparent,
    map: getTexture()}
  );
```

```
// 1줄에 5개의 스프라이트가 있음
spriteMaterial.map.offset = new THREE.Vector2(0.2*spriteNumber, 0);
spriteMaterial.map.repeat = new THREE.Vector2(1/5, 1);
spriteMaterial.depthTest = false;
spriteMaterial.blending = THREE.AdditiveBlending;
var sprite = new THREE.Sprite(spriteMaterial);
sprite.scale.set(size, size, size);
sprite.position.set(Math.random() * range - range / 2, Math.random() *
  range - range / 2,    Math.random() * range - range / 2);
sprite.velocityX = 5;
return sprite;
}
```

예제에서 스프라이트 시트의 이미지로 400개의 스프라이트를 만들었다. 이제 대부분의 속성과 개념에 대해 이해하게 되었을 것이다. 개별 스프라이트를 그룹에 추가했기 때문에 이들의 회전은 다음처럼 아주 쉽게 할 수 있다.

```
group.rotation.x+=0.1;
```

이 장에서 지금까지 주로 스프라이트와 포인트 클라우드를 만드는 방법에 대해 알아보았다. 재미있는 옵션은 기존의 지오메트리로부터 THREE.PointCloud를 만드는 것이다.


## 고급 지오메트리에서 THREE.PointCloud 제작

THREE.PointCloud는 지오메트리의 꼭지점에 따라 각각의 파티클을 렌더링한다. 이는 복잡한 지오메트리(예를 들어, 토러스 매듭이나 튜브 등)를 제공하는 경우, 이 특정 지오메트리의 꼭지점에 따라 THREE.PointCloud를 만들 수 있음을 의미한다. 이 장의 마지막 절에서는 토러스 매듭을 하나 만들어서 THREE.PointCloud로 렌더링해 본다.

토러스 매듭에 대해서는 앞에서 이미 알아보았다. 따라서 토러스 매듭에 대한 자세한 설명은 생략한다. 이전 장의 코드를 그대로 사용하고, 렌더링된 메시를 THREE.PointCloud로 변환하는 메뉴 옵션을 하나 추가한다. 10-createparticle-system-from-model.html에서 이에 대한 예제를 볼 수 있다. 다음 스크린샷은 이 예제를 보여준다.

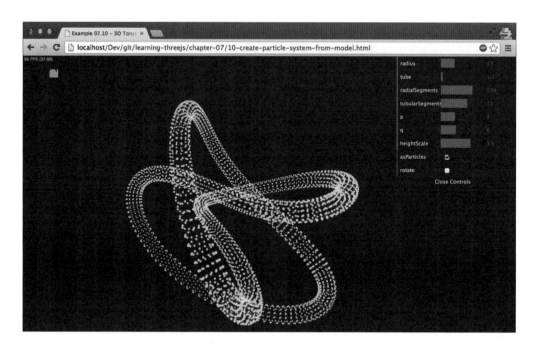

스크린샷에서 보듯이 토러스 매듭을 생성하는 데 사용된 모든 꼭지점이 파티클로 사용되었다. 이 예제에서 HTML 캔버스를 기반으로 빛나는 효과를 만드는 멋진 물질을 추가했다. 여기서는 물질과 파티클 시스템을 만드는 코드만 살펴보겠다.

```
function generateSprite() {

  var canvas = document.createElement('canvas');
  canvas.width = 16;
  canvas.height = 16;

  var context = canvas.getContext('2d');
  var gradient = context.createRadialGradient(canvas.width / 2, canvas.
    height / 2, 0, canvas.width / 2, canvas.height / 2, canvas.width / 2);

  gradient.addColorStop(0, 'rgba(255,255,255,1)');
  gradient.addColorStop(0.2, 'rgba(0,255,255,1)');
```

```
gradient.addColorStop(0.4, 'rgba(0,0,64,1)');
gradient.addColorStop(1, 'rgba(0,0,0,1)');

context.fillStyle = gradient;
context.fillRect(0, 0, canvas.width, canvas.height);

var texture = new THREE.Texture(canvas);
texture.needsUpdate = true;
return texture;
}

function createPointCloud(geom) {
  var material = new THREE.PointCloudMaterial({
    color: 0xffffff,
    size: 3,
    transparent: true,
    blending: THREE.AdditiveBlending,
    map: generateSprite()
  });

  var cloud = new THREE.PointCloud(geom, material);
  cloud.sortParticles = true;
  return cloud;
}

// 다음처럼 사용
var geom = new THREE.TorusKnotGeometry(...);
var knot = createPointCloud(geom);
```

이 코드에는 createPointCloud()와 generateSprite(), 두 개의 함수가 있다. 첫 번째 함수는 제공된 지오메트리(예제에서는 토러스 매듭)로부터 직접 간단한 THREE.PointCloud 객체를 만들고, generateSprite() 함수로 텍스처(map 속성)를 다음 그림과 같은 반짝이는 점(HTML5 canvas 요소에서 만들어진)으로 설정한다.

## 요약

7장에서는 파티클과 스프라이트, 파티클 시스템에 대해 알아보고, 가용한 물질로 이들 객체에 스타일을 주는 방법을 알아보았다. 7장에서는 THREE. CanvasRenderer와 THREE.WebGLRenderer에서 직접 THREE.Sprite를 사용하는 방법을 알아보았다. 다수의 파티클을 만든다면 THREE.PointCloud를 사용해야 한다. THREE.PointCloud에서는 모든 파티클이 동일한 물질을 공유한다. 개별 파티클에서 유일하게 바꿀 수 있는 속성은 색상이다. 물질의 vertexColors 속성을 THREE.VertexColors로 설정하고, THREE.PointCloud를 만드는 데 사용되는 THREE.Geometry의 colors 배열의 색상 값을 제공해 개별 색상을 변경할 수 있다. 또한 위치를 변경해 파티클을 애니메이션할 수 있는 방법도 알아보았다. 이것은 개별 THREE.Sprite 인스턴스와 THREE.PointCloud를 만드는 데 사용되는 지오메트리의 꼭지점에서 동일하게 동작한다.

지금까지 Three.js가 제공하는 지오메트리를 가지고 메시를 만들었다. 이는 구체나 정육면체 같은 간단한 모델에서는 잘 동작하지만, 복잡한 3D 모델을 만들 때는 최적의 접근 방식은 아니다. 이런 모델의 경우 블렌더Blender나 3D 스튜디오 맥스 3D Studio Max 같은 3D 모델링 애플리케이션을 사용하는 것이 좋다. 8장에서는 이런 3D 모델링 애플리케이션으로 만든 모델을 로드하고 표시하는 방법을 알아본다.

# 8

# 고급 메시와 지오메트리의 생성과 로딩

8장에서는 복잡한 고급 지오메트리와 메시를 생성할 수 있는 몇 가지 다른 방법을 살펴본다. 5장과 6장에서 Three.js가 제공하는 객체를 사용해 고급 지오메트리를 생성하는 몇 가지 방법을 알아보았다. 8장에서는 다음 두 가지 접근 방식으로 고급 지오메트리와 메시를 생성한다.

- **그룹화**grouping**와 병합**merging: 첫 번째 접근 방식은 Three.js의 내장 함수로 기존의 지오메트리로 그룹을 만들고 병합한다. 이 방법으로 기존 객체에서 새로운 메시와 지오메트리를 만들 수 있다.
- **외부에서 로드**: 이 절에서는 외부 소스에서 메시와 지오메트리를 로드하는 방법을 설명한다. 예를 들어, 블렌더Blender에서 Three.js가 사용하는 포맷으로 메시를 내보내는 방법을 알아본다.

그룹화와 병합부터 시작한다. 이 접근 방식에서는 표준 Three.js의 그룹화와 `THREE.Geometry.merge()` 함수를 사용해 새로운 객체를 만든다.

## 지오메트리의 그룹화와 병합

이 절에서는 객체를 그룹화하고, 복수의 메시를 하나의 메시로 병합하는 Three.js의 두 가지 기본 기능을 알아본다.

### 객체의 그룹화

이전 장에서 여러 물질로 작업할 때 이미 객체를 그룹화하는 경우가 있었다. 여러 개의 물질을 사용해 지오메트리에서 메시를 만들 때 Three.js는 그룹을 생성한다. 지오메트리의 여러 복사본은 각자 자신의 특정 물질로 이 그룹에 추가된다. 이 그룹이 반환되면 여러 물질을 사용하는 메시처럼 보인다. 그러나 사실은 여러 메시를 포함하고 있는 그룹이다.

그룹의 생성은 아주 간단하다. 사용자가 만든 모든 메시는 add 함수를 사용해 추가할 수 있는 자식 요소를 포함할 수 있다. 자식 객체를 그룹에 추가하면 부모 객체를 이동하거나 크기 조절, 회전, 변환할 때 모든 자식 객체도 같이 영향을 받는 효과가 있다. 01-grouping.html 예제를 참조한다. 다음 스크린샷은 이 예제를 보여준다.

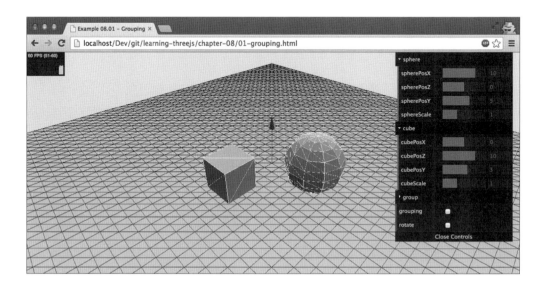

이 예제에서 메뉴를 이용해 구체와 정육면체를 이동할 수 있다. rotate 옵션을 클릭하면, 이 두 메시가 자신을 중심으로 회전하는 것을 볼 수 있다. 이는 전혀 새롭거나 흥미로운 사실이 아니다. 하지만 이 두 객체는 직접 장면에 추가된 것이 아니라 그룹으로 추가되었다. 다음 코드는 이를 보여준다.

```
sphere = createMesh(new THREE.SphereGeometry(5, 10, 10));
cube = createMesh(new THREE.BoxGeometry(6, 6, 6));

group = new THREE.Object3D();
group.add(sphere);
group.add(cube);
scene.add(group);
```

이 코드에서 THREE.Object3D를 생성했다. 이것은 THREE.Mesh와 THREE.Scene의 기본 클래스지만, 그 자체로는 아무것도 포함하고 있지 않기 때문에 렌더링될 것이 없다. 최신 Three.js 버전에서 THREE.Group이라는 새로운 객체가 그룹화를 지원하기 위해 도입되었다. 이 객체는 THREE.Object3D 객체와 완전히 동일해서 앞의 코드에서 new THREE.Object3D()를 new THREE.Group()으로 교체해도 동일한 효과를 얻을 수 있다. 이 예제에서 add 함수를 사용해 sphere와 cube를 이 객체에 추가하고, 이 객체를 scene에 추가했다. 예제를 보면, 여전히 정육면체와 구체를 이동시키고 크기를 조정하거나 회전시킬 수 있다. 또한 이 객체들이 속해 있는 그룹에도 동일한 작업을 할 수 있다. 그룹 메뉴를 보면 위치와 스케일에 대한 옵션이 있다. 이 옵션으로 그룹 전체를 이동하거나 스케일을 조정할 수 있다. 그룹 내 객체의 위치와 스케일은 그룹의 위치와 스케일에 상대적이다.

스케일과 위치는 매우 간단하다. 명심해야 할 것은 그룹을 회전시킬 때 그룹 내 객체를 개별적으로 회전시키지 않는다는 것이다. 그룹의 중심을 기준으로(예제에서는 전체 그룹을 group 객체의 중심을 기준으로 회전시킨다) 전체 그룹을 회전시킨다. 예제에서는 그룹의 중심을 표시하기 위해 THREE.ArrowHelper 객체를 사용해 화살표를 배치했다.

```
var arrow = new THREE.ArrowHelper(new THREE.Vector3(0, 1, 0), group.
position, 10, 0x0000ff);
scene.add(arrow);
```

grouping과 rotate 체크박스를 모두 선택하면, 그룹이 회전한다. 다음처럼 구체와 정육면체가 그룹의 중심(화살표로 표시) 주위를 회전하는 것을 볼 수 있다.

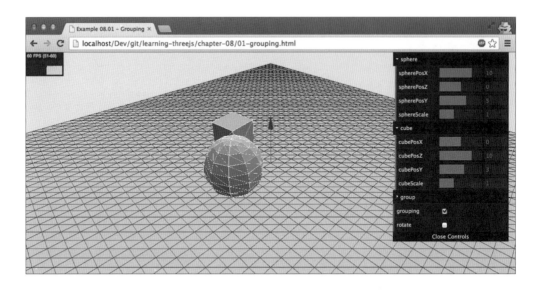

그룹을 사용할 때 여전히 각각의 지오메트리를 수정하거나 위치를 변경할 수 있다. 한 가지 기억해야 할 점은 모든 위치나 회전, 전환은 부모 객체에 상대적으로 수행된다는 것이다. 다음 절에서 개별 지오메트리를 결합해 하나의 THREE. Geometry 객체를 만드는 병합에 대해 알아본다.

## 여러 메시를 병합해 하나의 메시 생성

대부분의 경우에 그룹을 사용하면 다수의 메시를 쉽게 조작하고 관리할 수 있다. 하지만 아주 많은 객체를 처리할 때, 성능이 문제가 될 수 있다. 그룹에서는 여전히 개별 객체로 작업하기 때문에 이들을 개별적으로 다루고 렌더링해야 한다. THREE.Geometry.merge()로 여러 지오메트리를 병합해 하나로 만들 수 있다. 다음 예제에서 이것이 어떻게 동작하고 성능에 영향을 미치는지 알 수 있다. 02-merging.html 예제를 열면 랜덤하게 분포된 반투명 정육면체의 집합을 볼 수 있다. 메뉴의 슬라이더로 정육면체의 개수를 설정하고 redraw 버튼을 클릭해 장면을 다시 그린다. 예제를 실행하는 하드웨어의 성능에 따라 달라지기는 하지만, 정육면체의 수가 증가함에 따라 성능이 저하되는 것을 볼 수 있다. 다음 스크린샷에서 볼 수 있듯이, 객체가 4000개 이상이 되면 재생속도가 정상치인 60fps에서 40fps 이하로 떨어진다.

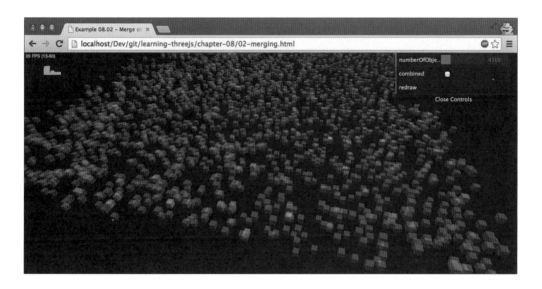

예제에서 보듯이, 장면에 추가할 수 있는 메시의 개수에 제한이 있다. 일반적으로, 이렇게 많은 메시가 필요하지는 않겠지만 특정 게임(예를 들어 마인크래프트Minecraft 같은)이나 고급 시각화를 만들 때, 아주 많은 개별 메시를 관리할 필요가 있다. THREE.Geometry.merge()로 이 문제를 해결할 수 있다. 코드를 살펴보기 전에, 이번에는 combine 박스를 체크하고 동일 예제를 다시 실행해 보자. 이 옵션을 선택하면 모든 정육면체를 하나의 THREE.Geometry로 병합해 장면에 추가한다.

이제 20,000개 정도의 정육면체도 성능 저하 없이 쉽게 렌더링할 수 있게 되었다.
이를 위해, 다음처럼 몇 줄의 코드만 추가하면 된다.

```
var geometry = new THREE.Geometry();
for (var i = 0; i < controls.numberOfObjects; i++) {
  var cubeMesh = addcube();
  cubeMesh.updateMatrix();
  geometry.merge(cubeMesh.geometry,cubeMesh.matrix);
}
scene.add(new THREE.Mesh(geometry, cubeMaterial));
```

이 코드에서 addCube() 함수는 THREE.Mesh를 반환한다. 구버전의 Three.js
에서는 THREE.Mesh 객체를 THREE.Geometry 객체에 병합할 수 있는 THREE.
GeometryUtils.merge 함수도 사용할 수 있다. 최신 버전에서는 이 함수는
THREE.Geometry.merge로 통합되어 더 이상 사용되지 않는다. 병합된 THREE.
Geometry 객체의 위치가 올바르고 정확히 회전되도록 하기 위해 merge 함수에
THREE.Geometry뿐만 아니라 변환 행렬transformation matrix도 제공한다. 이 행렬을
함수에 추가하면, 병합한 정육면체는 올바른 위치를 가질 것이다.

이 작업을 20,000번 수행하면 하나의 지오메트리만 남는다. 코드를 보면 이 접근 방식의 단점 몇 가지를 볼 수 있다. 하나의 지오메트리만 남아 있기 때문에, 각각의 정육면체에 물질을 적용할 수 없다. 하지만 이 문제는 `THREE. MeshFaceMaterial`을 사용해 해결할 수 있다. 가장 큰 단점은 각각의 정육면체에 대한 제어를 잃는 것이다. 하나의 정육면체를 이동하거나 회전, 스케일링을 할 수 없다(개별적인 객체의 정확한 면과 꼭지점, 위치를 찾아야 한다).

그룹화 및 병합의 접근 방식으로 Three.js에서 제공하는 기본 지오메트리를 사용해 크고 복잡한 지오메트리를 만들 수 있다. 하지만 좀 더 고급 지오메트리를 만들려면 Three.js가 제공하는 프로그래밍 방식으로는 한계가 있다. 다행스럽게도 Three.js는 지오메트리를 만들 수 있는 몇 가지 다른 옵션을 제공한다. 다음 절에서는 외부 자원으로부터 지오메트리와 메시를 로드할 수 있는 방법에 대해 알아보겠다.

## 외부 자원에서 지오메트리 로딩

Three.js는 다양한 3D 파일 포맷을 읽어들이고 해당 파일에서 정의된 지오메트리와 메시를 추출할 수 있다. 다음 표는 Three.js가 지원하는 파일 포맷을 보여준다.

| 포맷 | 설명 |
| --- | --- |
| JSON | Three.js는 선언적인 방법으로 지오메트리나 장면을 정의하는 자신만의 JSON 포맷을 지원한다. 공식 포맷은 아니지만, 복잡한 지오메트리나 장면을 재사용하고자 할 때 매우 유용하다. |
| OBJ or MTL | OBJ는 웨이브프론트 테크놀로지(Wavefront Technologies)사가 개발한 간단한 3D 포맷이다. 가장 널리 사용되는 3D 파일 포맷으로 객체의 지오메트리를 정의하는 데 사용된다. MTL은 OBJ와 같이 사용되는 포맷이다. MTL 파일에서 OBJ 파일의 객체의 물질이 지정된다.<br>Three.js는 또한 OBJExporter.js로 불리는 사용자 정의 OBJ 익스포터(exporter)를 지원해 Three.js에서 OBJ로 모델을 내보낼 수 있다. |
| Collada | 콜라다(Collada)는 XML 형식으로 디지털 자산을 정의하는 포맷이다. 이 포맷 역시 3D 애플리케이션과 렌더링 엔진에서 널리 사용된다. |

(이어짐)

| 포맷 | 설명 |
|------|------|
| STL | STL은 STereoLithography의 약자로, 신속한 프로토 타입을 만드는 데 널리 사용된다. 예를 들어 3D 프린터용 모델은 종종 STL 파일로 정의된다. Three.js는 STLExporter.js로 불리는 사용자 정의 STL 익스포터를 지원하고 있어 Three.js에서 STL로 모델을 내보낼 수 있다. |
| CTM | CTM은 openCTM이 만든 파일 포맷이다. 3D 삼각 메시를 저장하는 포맷으로 사용된다. |
| VTK | VTK는 Visualization Toolkit이 정의한 파일 포맷으로 꼭지점과 면을 지정하는 데 사용된다. 바이너리와 텍스트 기반의 ASCII 포맷의 두 가지 포맷을 사용할 수 있다. Three.js는 ASCII 기반의 포맷만 지원한다. |
| AWD | AWD는 3D 장면을 저장하는 바이너리 포맷으로 http://away3d.com/ 엔진과 함께 자주 사용된다. Three.js는 압축 AWD 파일은 지원하지 않는다. |
| Assimp | 오픈 어셋 임포트 라이브러리(Assimp라고도 불림)는 다양한 3D 모델 포맷을 가져올 수 있는 표준 방법이다. assimp2json으로 변환된 3D 포맷에서 모델을 가져올 수 있다. assimp2json에 대한 자세한 사항은 https://github.com/acgessler/assimp2json을 참조한다. |
| VRML | VRML은 Virtual Reality Modeling Language의 약자다. 3D 객체와 3D 세상을 지정할 수 있는 텍스트 기반의 포맷이다. VRML은 X3D 파일 포맷으로 대체되었다. Three.js는 X3D 모델을 지원하지 않지만, X3D 모델은 다른 포맷으로 쉽게 변환할 수 있다. 자세한 내용은 http://www.x3dom.org/?page_id=532#을 참조한다. |
| Babylon | 바빌론은 3D 자바스크립트 게임 라이브러리다. 모델을 내부 포맷으로 저장한다. 자세한 내용은 http://www.babylonjs.com/을 참조한다. |
| PDB | 단백질 데이터 은행(Protein Data Bank)이 만든 단백질을 정의하는 데 사용되는 매우 전문적인 포맷이다. Three.js는 이 포맷으로 지정된 단백질을 읽어들여 시각화할 수 있다. |
| PLY | 다각형(Polygon) 파일 포맷으로 불린다. 3D 스캐너에서 정보를 저장하는 데 주로 사용된다. |

다음 장에서 애니메이션에 대해 배울 때 이들 포맷(그리고 MD2와 glTF 포맷 추가)에 대해 다시 알아볼 것이다. 먼저 Three.js의 내부 포맷부터 시작한다.

## Thee.js JSON 포맷으로 저장하고 로딩

Three.js의 두 개의 시나리오에서 Three.js의 JSON 포맷을 사용할 수 있다. 하나의 `THREE.Mesh`를 저장하고 로드하는 데 사용하거나, 또는 전체 장면을 저장하고 로드하는 데 사용할 수 있다.

### THREE.Mesh의 저장과 로딩

저장과 로딩을 설명하기 위해 `THREE.TorusKnotGeometry`에 기반한 간단한 예제를 하나 만들었다. 이 예제에서 5장과 같이 토러스 매듭을 만들고 **Save & Load** 메뉴의 **save** 버튼을 이용해 현재 지오메트리를 저장할 수 있다. 이 예제에서는 HTML5의 로컬 스토리지 API를 사용해 저장한다. 이 API는 쉽게 클라이언트의 브라우저에 정보를 저장하고 나중에 이를 다시 읽어들일 수 있게 해 준다(브라우저가 종료되었다가 재시작한 경우에도).

03-load-save-json-object.html 예제를 살펴보자. 다음 스크린샷은 이 예제를 보여준다.

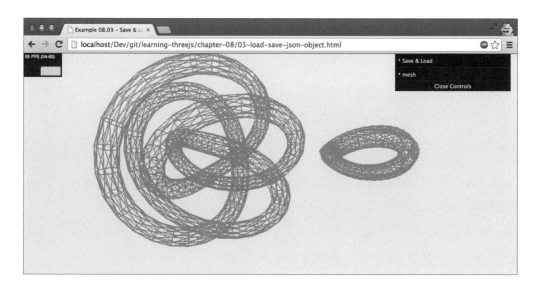

Three.js에서 JSON으로 내보내기는 아주 쉽고 추가 라이브러리가 필요하지 않다. THREE.Mesh를 JSON으로 내보내기 위해 유일하게 할 일은 다음과 같다.

```
var result = knot.toJSON();
localStorage.setItem("json", JSON.stringify(result));
```

저장하기 전에, 먼저 JSON.stringify 함수를 사용해 자바스크립트 객체인 toJSON 함수의 결과를 문자열로 변환한다. JSON 문자열로 된 결과는 다음과 같다 (대부분의 꼭지점과 면들은 생략되었다).

```
{
  "metadata": {
    "version": 4.3,
    "type": "Object",
    "generator": "ObjectExporter"
  },
  "geometries": [{
    "uuid": "53E1B290-3EF3-4574-BD68-E65DFC618BA7",
    "type": "TorusKnotGeometry",
    "radius": 10,
    "tube": 1,
    "radialSegments": 64,
    "tubularSegments": 8,
    "p": 2,
    "q": 3,
    "heightScale": 1
  }],
  ...
}
```

Three.js는 THREE.Mesh의 모든 정보를 저장한다. HTML5의 로컬 스토리지 API를 사용해 이 정보를 저장하기 위해 필요한 일은 localStorage.setItem 함수를 호출하는 것이 전부다. 첫 번째 인수는 나중에 두 번째 인수로 전달된 정보를 검색하는 데 사용하는 키key 값(여기서는 json)이다.

Three.js에서 THREE.Mesh를 다시 로딩하는 것도 다음 같은 몇 줄의 코드만 있으면 된다.

```
var json = localStorage.getItem("json");

if (json) {
  var loadedGeometry = JSON.parse(json);
  var loader = new THREE.ObjectLoader();
  loadedMesh = loader.parse(loadedGeometry);
  loadedMesh.position.x -= 50;
  scene.add(loadedMesh);
}
```

여기에서 먼저 로컬 스토리지에서 저장한 이름(이 경우 json)을 사용해 JSON을 구한다. 이를 위해 HTML5 로컬 스토리지 API가 제공하는 localStorage.getItem 함수를 사용한다. 다음으로 자바스크립트 객체(JSON.parse)로 문자열을 변환하고 JSON 객체를 THREE.Mesh로 변환해야 한다. Three.js는 JSON을 THREE.Mesh로 변환하는 데 사용할 수 있는 THREE.ObjectLoader라는 헬퍼 객체를 제공한다. 예제에서 JSON 문자열을 직접 파싱하기 위해 로더의 parse 메소드를 사용했다. 로더는 또한 JSON 정의가 들어 있는 파일에 대한 URL을 전달할 수 있는 load 함수도 제공한다.

여기에서 우리는 THREE.Mesh만 저장했다. 나머지 다른 정보는 모두 잃어버린다. 조명과 카메라를 포함한 전체 장면을 저장하려면 THREE.SceneExporter를 사용한다.

## 장면의 저장과 로딩

전체 장면을 저장하려면, 이전 절에서 지오메트리에 사용한 것과 동일한 접근 방식을 사용한다. 04-load-save-json-scene.html은 이를 보여주는 예제다. 다음 스크린샷은 이 예제를 보여준다.

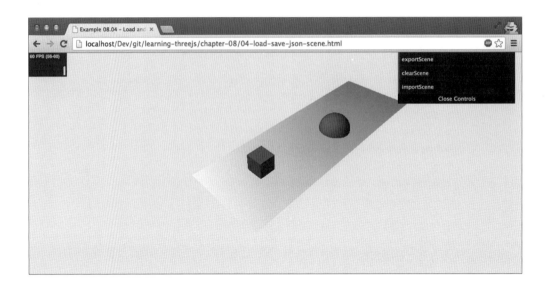

이 예제는 exportScene과 clearScene, importScene의 세 가지 옵션을 가지고
있다. exportScene으로 현재 장면의 상태를 브라우저의 로컬 스토리지에 저장한
다. 가져오기 기능의 테스트를 위해 **clearScene** 버튼을 클릭해 장면을 지워버리고
**importScene** 버튼으로 로컬 스토리지에서 다시 로드한다. 코드는 매우 간단하지만,
이 기능을 사용하기 전에 먼저 필요한 익스포터exporter와 로더loader를 Three.js 배
포판에서 가져와야 한다(examples/js/exporters와 examples/js/loaders 디렉토리를 확
인한다).

```
<script type="text/javascript" src="../libs/SceneLoader.js"> </script>
<script type="text/javascript" src="../libs/SceneExporter.js"> </script>
```

이 자바스크립트를 페이지에 포함하면 다음 코드로 장면을 내보낼 수 있다.

```
var exporter = new THREE.SceneExporter();
var sceneJson = JSON.stringify(exporter.parse(scene));
localStorage.setItem('scene', sceneJson);
```

이 방법은 이전 절에서 사용한 것과 정확히 동일하다. 이번에만 전체 장면을 내보
내기 위해 THREE.SceneExporter()를 사용한다. 결과 JSON은 다음과 같다.

```
{
  "metadata": {
    "formatVersion": 3.2
    "type": "scene",
    "generatedBy": "SceneExporter",
    "objects": 5,
    "geometries": 3,
    "materials": 3,
    "textures": 0
  },
  "urlBaseType": "relativeToScene", "objects": {
    "Object_78B22F27-C5D8-46BF-A539-A42207DDDCA8": {
      "geometry": "Geometry_5",
      "material": "Material_1",
      "position": [15, 0, 0],
      "rotation": [-1.5707963267948966, 0, 0],
      "scale": [1, 1, 1],
      "visible": true
    }
    ... // 가독성을 위해 다른 객체들을 모두 제거
  },
  "geometries": {
    "Geometry_8235FC68-64F0-45E9-917F-5981B082D5BC": {
      "type": "cube",
      "width": 4,
      "height": 4,
      "depth": 4,
      "widthSegments": 1,
      "heightSegments": 1,
      "depthSegments": 1
    }
    ... // 가독성을 위해 다른 객체들을 모두 제거
  }
  ... // 텍스처를 비롯한 장면 정보들
```

이 JSON을 다시 로드할 때, Three.js는 객체들을 내보낸 그대로 복원한다. 장면의
로딩은 다음처럼 진행된다.

```
var json = (localStorage.getItem('scene'));
var sceneLoader = new THREE.SceneLoader();
sceneLoader.parse(JSON.parse(json), function(e) {
  scene = e.scene;
}, '.');
```

로더('.')에 전달된 마지막 인수는 상대적인 URL을 정의한다. 예를 들어, 텍스처를 사용하는 물질을 가지고 있는 경우(예를 들어 외부 이미지), 상대적인 URL로 이들을 가져올 수 있다. 텍스처를 사용하지 않는 이 예제에서는 현재 디렉토리만 전달한다. THREE.ObjectLoader와 같이 load 함수를 사용해 URL로부터 JSON 파일을 로드할 수 있다.

복잡한 메시를 생성하는 데 사용할 수 있는 다양한 3D 프로그램이 있다. 인기 있는 오픈소스 중 하나는 블렌더(www.blender.org)다. Three.js는 Three.js의 JSON 포맷으로 직접 내보낼 수 있는 블렌더용 익스포터(마야Maya와 3D 스튜디오 맥스용도 있음)를 지원한다. 다음 절에서는 이 익스포터를 사용할 수 있도록 블렌더를 설정하고, 블렌더의 복잡한 모델을 내보내 Three.js에서 표시하는 방법을 알아본다.

## 블렌더로 작업

구성을 시작하기 전에, 목표로 하는 결과물을 먼저 확인한다. 다음 스크린샷은 Three.js 플러그인으로 내보내고 Three.js의 THREE.JSONLoader로 가져오는 간단한 블렌더 모델을 보여준다.

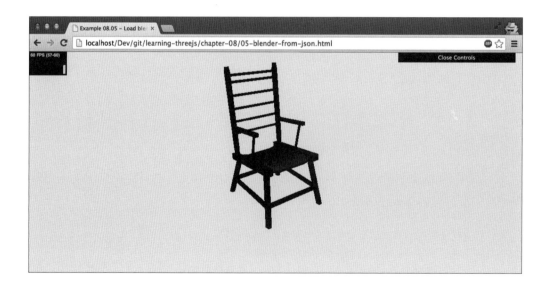

## 블렌더에 Three.js 익스포터 설치

블렌더가 Three.js 모델을 내보낼 수 있게 하기 위해, 먼저 Three.js 익스포터를 블렌더에 추가해야 한다. 다음은 맥 OS X를 위한 절차이지만 윈도우나 리눅스에서도 거의 동일하다. www.blender.org에서 블렌더를 다운로드하고 플랫폼별 설치 지침을 따른다. 설치 후에 Three.js 플러그인을 추가할 수 있다. 먼저 터미널 윈도우를 사용해 블렌더 설치에서 addons 디렉토리를 찾는다.

```
000                               Default
jos@Joss-MacBook-Pro.local:~/Downloads/Blender/blender.app/Contents/MacOS/2.68/scripts/addons$ ls -l | head
total 3104
drwxr-xr-x@  6 jos   staff      204 Jul 24 16:13 add_curve_extra_objects
-rw-r--r--@  1 jos   staff    26032 Jul 24 16:13 add_curve_ivygen.py
drwxr-xr-x@  5 jos   staff      170 Jul 24 16:13 add_curve_sapling
drwxr-xr-x@  7 jos   staff      238 Jul 24 16:13 add_mesh_BoltFactory
-rw-r--r--@  1 jos   staff    27994 Jul 24 16:13 add_mesh_ant_landscape.py
drwxr-xr-x@ 14 jos   staff      476 Jul 24 16:13 add_mesh_extra_objects
-rw-r--r--@  1 jos   staff    35389 Jul 24 16:13 add_mesh_pipe_joint.py
-rw-r--r--@  1 jos   staff    27191 Jul 24 16:13 add_mesh_solid.py
-rw-r--r--@  1 jos   staff    13200 Jul 24 16:13 animation_add_corrective_shape_key.py
jos@Joss-MacBook-Pro.local:~/Downloads/Blender/blender.app/Contents/MacOS/2.68/scripts/addons$ ▮
```

맥 OS에서는 ./blender.app/Contents/MacOS/2.70/scripts/addons에 위치해 있다. 윈도우의 경우 이 디렉토리는 C:\Users\USERNAME\AppData\Roaming\Blender Foundation\Blender\2.7X\scripts\addons에서 찾을 수 있다. 그리고 리눅스의 경우, /home/USERNAME/.config/blender/2.7X/scripts/addons에서 찾을 수 있다.

다음으로 Three.js 배포판을 구해 압축을 해제한다. 이 배포판에서는 utils/exporters/blender/2.65/scripts/addons/ 같은 폴더를 찾을 수 있다. 이 디렉토리에 io_ mesh_threejs 이름의 단일 하위 디렉토리가 있다. 이 디렉토리를 블렌더를 설치한 addons 폴더에 복사한다.

이제 블렌더를 시작하고 익스포터를 활성화하기만 하면 된다. 블렌더에서 Blender User Preferences (File ➤ User Preferences)를 연다. 열린 창에서 Addons 탭을 선택하고 검색창에서 'three'를 입력한다. 다음 화면과 같다.

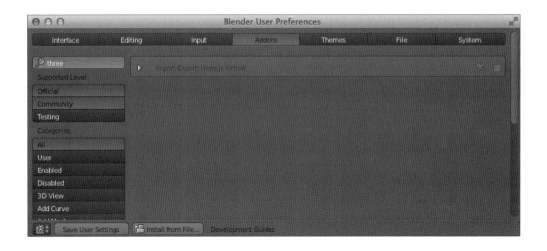

이제 Three.js 플러그인을 찾을 수 있지만, 아직 비활성화된 상태다. 오른쪽의 작은 체크박스를 선택하면 Three.js 익스포터가 활성화된다. 모든 것이 제대로 작동하고 있는지 마지막 점검을 위해 File ➤ Export 메뉴 옵션을 열면, Three.js가 내보내기 옵션으로 나열되어 있는 것을 볼 수 있을 것이다. 다음 스크린샷과 같다.

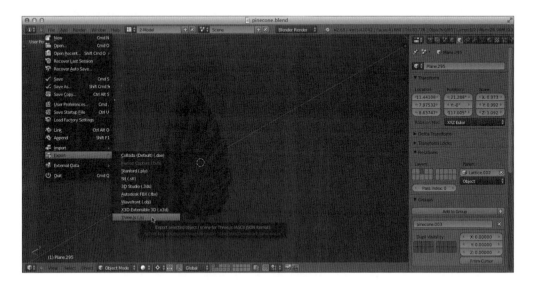

플러그인이 설치되었으므로 이제 모델을 로드할 수 있다.

## 블렌더에서 모델을 로딩하고 내보내기

예로 assets/models 폴더에 misc_chair01.blend라는 블렌더 모델을 추가했다. 이 절에서는 이 모델을 로드하고, Three.js로 내보내는 데 필요한 최소한의 과정을 설명한다.

먼저, 블렌더에서 모델을 로드한다. File > Open 메뉴를 사용해 misc_chair01. blend 파일이 있는 폴더로 이동한다. 이 파일을 선택하고 Open을 클릭한다. 다음과 같은 화면을 볼 수 있다.

이 모델을 Threee.js JSON 포맷으로 내보내는 것은 아주 간단하다. File 메뉴에서 Export > Three.js를 열어 내보낼 파일 이름을 입력하고 Export Three.js를 선택한다. 이제 Three.js가 이해하는 포맷으로 JSON 파일을 생성한다. 이 파일의 일부를 표시하면 다음과 같다.

```
{
  "metadata" :
  {
    "formatVersion" : 3.1,
    "generatedBy" : "Blender 2.7 Exporter",
    "vertices" : 208,
```

```
    "faces" : 124,
    "normals" : 115,
    "colors" : 0,
    "uvs" : [270,151],
    "materials" : 1,
    "morphTargets" : 0,
    "bones" : 0
  },
...
```

하지만 아직 다 끝난 것은 아니다. 앞의 스크린샷에서 의자가 나무 텍스처를 가지고 있는 것을 알 수 있다. JSON 내보내기를 통해 이를 보면 다음처럼 의자에 대한 내보내기에도 이를 지정하고 있는 것을 알 수 있다.

```
"materials": [{
"DbgColor": 15658734,
"DbgIndex": 0,
"DbgName": "misc_chair01",
"blending": "NormalBlending",
"colorAmbient": [0.53132, 0.25074, 0.147919],
"colorDiffuse": [0.53132, 0.25074, 0.147919],
"colorSpecular": [0.0, 0.0, 0.0],
"depthTest": true,
"depthWrite": true,
"mapDiffuse": "misc_chair01_col.jpg",
"mapDiffuseWrap": ["repeat", "repeat"],
"shading": "Lambert",
"specularCoef": 50,
"transparency": 1.0,
"transparent": false,
"vertexColors": false
}],
```

이 물질은 mapDiffuse 속성으로 misc_chair01_col.jpg 텍스처를 지정한다. 따라서 모델을 내보내는 것 외에 텍스처 파일도 Three.js에서 사용할 수 있도록 해야 한다. 다행히도 블렌더에서 이 텍스처를 직접 저장할 수 있다.

블렌더에서 UV/Image Editor 뷰를 연다. File 메뉴의 왼쪽에 있는 드롭다운 메뉴에서 이 뷰를 선택할 수 있다. 이 뷰는 다음과 같이 상단 메뉴를 대체한다.

예제의 경우 내보기할 텍스처로 misc_chair_01_col.jpg가 선택되었다(이미지 아이콘을 통해 다른 이미지를 선택할 수도 있다). 다음으로 Image 메뉴를 클릭하고 Save as Image로 이미지를 저장한다. JSON 내보내기 파일에 지정된 이름을 사용해 모델을 저장한 동일한 폴더에 이미지를 저장한다. 이 시점에서 Three.js에서 모델을 로드할 준비가 끝났다.

Three.js에서 모델을 로드하는 코드는 다음과 같다.

```
var loader = new THREE.JSONLoader();
loader.load('../assets/models/misc_chair01.js', function (geometry, mat) {
  mesh = new THREE.Mesh(geometry, mat[0]);

  mesh.scale.x = 15;
  mesh.scale.y = 15;
  mesh.scale.z = 15;

  scene.add(mesh);

}, '../assets/models/');
```

앞에서 이미 JSONLoader를 살펴본 적이 있지만, 이번에는 parse 함수 대신 load 함수를 사용한다. 이 함수에서 로드할 URL(내보내기한 JSON 파일을 가리키는)과 객체가 로드되면 호출되고 텍스처를 찾을 수 있는 위치(페이지에 상대적인)인 ../assets/models/를 가지는 콜백함수를 지정한다. 이 콜백함수는 geometry와 mat의 두 개의 매개변수를 받는다. geometry 매개변수는 모델을 포함하고 mat 매개변수는 물질 객체의 배열을 포함한다. 물질이 하나밖에 없기 때문에 THREE.Mesh를 생성할 때 이 물질을 바로 참조할 수 있다. 05-blender-from-json.html 예제를 열면, 블렌더에서 내보내기 한 의자를 볼 수 있다.

Three.js의 익스포터가 블렌더의 모델을 Three.js에서 로딩하는 데 사용할 수 있는 유일한 방법은 아니다. Three.js는 여러 3D 파일 포맷을 이해하기 때문에, 블렌더에서 이런 포맷으로 내보내기할 수도 있다. 하지만 Three.js 포맷을 사용하면 아주 간단하고 문제가 생겨도 신속하게 이를 발견할 수 있는 장점이 있다.

다음 절에서 Three.js가 지원하는 여러 파일 포맷에 대해 알아보고, 블렌더를 기반으로 OBJ와 MTL 파일 포맷의 예제를 살펴보겠다.

## 3D 파일 포맷에서 가져오기

8장의 시작부에서 Three.js가 지원하는 여러 파일 포맷의 목록을 보았다. 이번 절에서는 이들 파일 포맷을 예제를 통해 살펴보겠다. 이런 포맷을 이용하기 위해서는 부가적인 자바스크립트 파일을 포함해야 한다. Three.js 배포판의 examples/js/ loaders 디렉토리에서 필요한 모든 파일을 찾을 수 있다.

### OBJ와 MTL 포맷

OBJ와 MTL은 동반 포맷으로, 보통 함께 사용된다. OBJ 파일은 지오메트리를 정의하고 MTL 파일은 사용되는 물질을 정의한다. OBJ와 MTL 모두 텍스트 기반의 포맷이다. OBJ 파일의 일부를 살펴보면 다음과 같다.

```
v -0.032442 0.010796 0.025935
v -0.028519 0.013697 0.026201
v -0.029086 0.014533 0.021409
usemtl Material
s 1
f 2731 2735 2736 2732
f 2732 2736 3043 3044
```

MTL 파일은 다음처럼 물질을 정의한다.

```
newmtl Material
Ns 56.862745
Ka 0.000000 0.000000 0.000000
Kd 0.360725 0.227524 0.127497
Ks 0.010000 0.010000 0.010000
Ni 1.000000
d 1.000000
```

OBJ와 MTL 포맷은 Three.js가 잘 이해하고, 블렌더 역시 이들 포맷을 지원한다. 따라서 블렌더에서 모델을 내보내기 할 때 Three.js의 JSON 포맷 대신 OBJ/MTL 포맷을 선택해도 된다. Three.js는 두 가지 로더를 지원한다. 지오메트리만 로드하기 원한다면 OBJLoader를 사용할 수 있다. 06-load-obj.html 예제에서 이 로더를 사용했다. 다음 스크린샷은 이 예제를 보여준다.

Three.js에서 가져오려면 OBJLoader 자바스크립트 파일을 추가해야 한다.

```
<script type="text/javascript" src="../libs/OBJLoader.js"> </script>
```

다음처럼 모델을 가져온다.

```
var loader = new THREE.OBJLoader();
loader.load('../assets/models/pinecone.obj', function (loadedMesh) {
  var material = new THREE.MeshLambertMaterial({color: 0x5C3A21});

  // loadedMesh는 메시의 그룹이다.
  // 각각의 메시는 물질을 설정하고
  // three.js가 렌더링에 필요한 정보를 계산한다.
  loadedMesh.children.forEach(function (child) {
    child.material = material;
    child.geometry.computeFaceNormals();
    child.geometry.computeVertexNormals();
```

```
  });
  mesh = loadedMesh;
  loadedMesh.scale.set(100, 100, 100);
  loadedMesh.rotation.x = -0.3;
  scene.add(loadedMesh);
});
```

이 코드에서 URL에서 모델을 로드하는 데 OBJLoader를 사용했다. 모델이 로드되면 콜백함수가 호출되고, 모델을 장면에 추가한다.

 일반적으로 로딩된 객체가 구축되는 방법을 이해하기 위해 콜백의 응답을 콘솔에 출력하는 것이 좋다. 보통 이 로더에서는 지오메트리나 메시가 그룹의 계층구조로 반환된다. 이를 이해하면 올바른 물질을 적용하고 필요한 추가 단계를 취하는 데 큰 도움이 된다. 또한 꼭지점의 위치를 통해 모델의 크기를 조정할 필요가 있는지를 판단하고 카메라의 위치를 정한다. 예제에서는 computeFaceNormals와 computeVertexNormals 함수도 호출했다. 이것은 물질(THREE.MeshLambertMaterial)이 올바르게 렌더링되는지 확인하는 데 필요하다.

다음 예제 07-load-obj-mtl.html은 OBJMTLLoader를 이용해 모델을 로드하고 물질을 직접 할당한다. 다음 스크린샷은 이 예제를 보여준다.

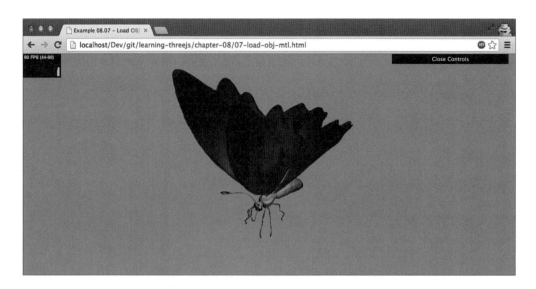

먼저, 페이지에 알맞은 로더를 추가한다.

```
<script type="text/javascript" src="../libs/OBJLoader.js"> </script>
<script type="text/javascript" src="../libs/MTLLoader.js"> </script>
<script type="text/javascript" src="../libs/OBJMTLLoader.js"> </script>
```

다음처럼 OBJ와 MTL 파일에서 모델을 로드할 수 있다.

```
var loader = new THREE.OBJMTLLoader();
loader.load('../assets/models/butterfly.obj', '../assets/ models/butterfly.
mtl', function(object) {
  // 날개를 설정
  var wing2 = object.children[5].children[0];
  var wing1 = object.children[4].children[0];

  wing1.material.opacity = 0.6;
  wing1.material.transparent = true;
  wing1.material.depthTest = false;
  wing1.material.side = THREE.DoubleSide;

  wing2.material.opacity = 0.6;
  wing2.material.depthTest = false;
  wing2.material.transparent = true;
  wing2.material.side = THREE.DoubleSide;

  object.scale.set(140, 140, 140);
  mesh = object;
  scene.add(mesh);

  mesh.rotation.x = 0.2;
  mesh.rotation.y = -1.3;
});
```

코드를 살펴보기 전에, OBJ 파일이나 MTL 파일, 그리고 필요한 텍스처 파일을 로딩할 경우, MTL 파일이 텍스처를 참조하는 방법을 확인해야 함을 명심하자. 이들은 절대 경로가 아닌 MTL 파일에 상대적으로 참조되어야 한다. 코드 자체는 THREE.ObjLoader에서 본 것과 크게 다르지 않다. OBJ 파일의 위치와 MTL 파일의 위치, 그리고 모델이 로드되었을 때 호출할 함수를 지정한다. 이 예제에서 사용한 모델은 복잡한 모델이다. 따라서 다음처럼 렌더링 문제를 해결하기 위해 콜백에서 일부 특정 속성을 설정해야 한다.

- 소스 파일의 불투명도가 잘못 설정되어 날개가 보이지 않는다. 따라서 이 문제를 해결하기 위해 opacity와 transparent 속성을 설정해야 한다.
- 기본적으로 Three.js는 객체의 한쪽만 렌더링한다. 날개를 양쪽에서 보기 때문에, side 속성을 THREE.DoubleSide 값으로 설정해야 한다.
- 날개가 서로의 위에서 렌더링될 때, 원하지 않은 아티팩트를 발생시킨다. depthTest 속성을 false로 설정해 이 문제를 해결할 수 있다. 성능에 약간의 영향을 주지만 종종 이상한 렌더링 아티팩트를 해결해 준다.

이상에서 살펴본 것과 같이 일부 물질 속성을 조절해야 할 수도 있지만, 쉽게 직접 Three.js에서 복잡한 모델을 로드해 브라우저에서 실시간으로 렌더링할 수 있다.

## 콜라다 모델의 로드

콜라다Collada 모델(확장자는 .dae)은 장면과 모델을 정의(또한 애니메이션을 정의한다)하는 데 사용되는 아주 일반적인 포맷이다. 콜라다 모델에서는 지오메트리뿐만 아니라 물질도 정의할 수 있다. 심지어 광원을 정의하는 것도 가능하다.

콜라다 모델을 로드하기 위해서는 OBJ와 MTL 모델과 아주 유사한 절차가 필요하다. 먼저 알맞은 로더를 포함해야 한다.

```
<script type="text/javascript" src="../libs/ColladaLoader.js"> </script>
```

이 예제에서는 다음 모델을 로드한다.

트럭 모델의 로딩은 아주 간단하다.

```
var mesh;
loader.load("../assets/models/dae/Truck_dae.dae", function (result) {
  mesh = result.scene.children[0].children[0].clone();
  mesh.scale.set(4, 4, 4);
  scene.add(mesh);
});
```

가장 큰 차이는 콜백에 반환되는 객체의 결과다. result 객체는 다음과 같은 구조
를 가진다.

```
var result = {

  scene: scene,
  morphs: morphs,
  skins: skins,
  animations: animData,
  dae: {
    ...
  }
};
```

이 장에서 우리는 scene 매개변수에 있는 물질에 관심이 있다. 관심을 가지고 있는 메시 result.scene.children[0].children[0]이 어디 있는지 확인하기 위해 먼저 장면을 콘솔에 출력한다. 이제 마지막으로 적당한 크기로 스케일해 장면에 추가하면 된다. 내가 처음 이 모델을 로드했을 때 물질이 제대로 표시되지 않았다. 이유는 텍스처가 사용하는 .tga 포맷이 웹GL에서 지원되지 않았기 때문이다. 이 문제를 해결하기 위해 .tga 파일을 .png 파일로 변환하고 .dae 모델의 XML을 .png 파일을 가리키도록 수정했다.

지금까지 살펴본 바와 같이, 물질을 포함한 대부분의 복잡한 모델에서 원하는 결과를 얻기 위해 몇 가지 추가 단계가 필요할 수 있다. 물질을 구성하는 방법을 자세히 들여다 보거나(console.log()를 사용해), 또는 이를 테스트 물질로 대체해 보면 문제를 쉽게 발견할 수 있다.

### STL과 CTM, VTK, AWD, Assimp, VRML, 바빌론 모델 로딩

동일한 원칙으로 이들 파일 포맷에 대해 간략히 알아보겠다.

1. 웹 페이지에 [NameOfFormat]Loader.js를 포함한다.

2. [NameOfFormat]Loader.load()를 사용해 URL을 로드한다.

3. 콜백의 응답 포맷을 확인하고 결과를 렌더링한다.

이들 포맷에 대한 예제는 다음과 같다.

| 이름 | 예제 | 스크린샷 |
|------|------|---------|
| STL | 09-load-STL.html | |

(이어짐)

| 이름 | 예제 | 스크린샷 |
|------|------|---------|
| CTM | 10—load—CTM.html | 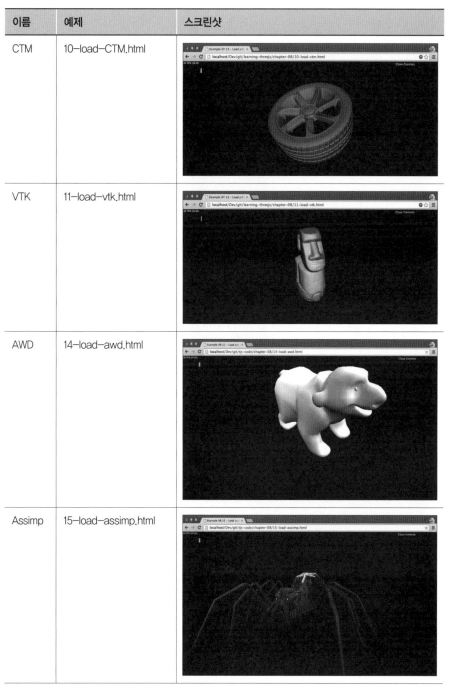 |
| VTK | 11—load—vtk.html | |
| AWD | 14—load—awd.html | |
| Assimp | 15—load—assimp.html | |

(이어짐)

| 이름 | 예제 | 스크린샷 |
|------|------|---------|
| VRML | 16-load-vrml.html | |
| Babylon | 바빌론(Babylon) 로더는 이 표에 있는 다른 로더들과 약간 다르다. 이 로더를 사용하면 THREE.Mesh나 THREE.Geometry 인스턴스를 단독으로 로드할 수 없고, 조명을 포함한 전체 장면을 로드한다.<br>17-load-babylon.html | |

이들 예제의 소스 코드를 들여다 보면, 일부는 물질의 속성을 변경하거나 스케일을 조정해야 모델이 제대로 렌더링되는 것을 알 수 있을 것이다. 이런 작업이 필요한 이유는 모델이 생성된 외부 애플리케이션은 Three.js와 다른 차원이나 그룹화를 사용하기 때문이다.

지원되는 대부분의 파일 포맷을 살펴보았다. 다음 두 절에서는 조금 다른 접근 방식을 사용한다. 먼저 PDB 포맷을 렌더링하는 방법을 알아본다. 그리고 마지막으로 PLY 포맷으로 정의된 모델을 사용해 파티클 시스템을 만들어 본다.

## 단백질 데이터 은행에서 가져온 단백질 구조 표시

단백질 데이터 은행(www.rcsb.org)은 다양한 분자와 단백질에 대한 자세한 정보를 제공한다. 단백질에 대한 설명 외에, 이런 분자 구조를 PDB 포맷으로 다운로드할 수 있는 방법도 제공한다. Three.js는 PDB 포맷으로 지정된 파일에 대한 로더를 제공한다. 이번 절에서는 PDB 파일을 파싱하고 Three.js로 이들을 시각화하는 방법에 대해 알아본다.

다른 파일 포맷과 마찬가지로, 새로운 파일 포맷을 로드하기 위해서는 다음처럼 알맞은 로더가 필요하다.

```
<script type="text/javascript" src="../libs/PDBLoader.js"> </script>
```

이 로더를 포함시켜, 다음과 같은 분자 구조를 설명하는 3D 모델을 만든다 (12-load-pdb.html 예제를 참조한다).

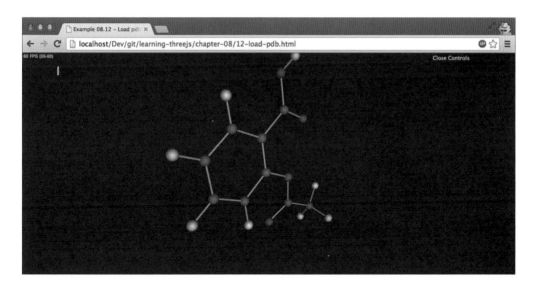

다른 포맷과 마찬가지로 다음처럼 PDB 파일을 로드한다.

```
var loader = new THREE.PDBLoader();
var group = new THREE.Object3D();
loader.load("../assets/models/diamond.pdb", function (geometry, geometryBonds) {
  var i = 0;
```

```
    geometry.vertices.forEach(function (position) {
      var sphere = new THREE.SphereGeometry(0.2);
      var material = new THREE.MeshPhongMaterial({color: geometry.
        colors[i++]});
      var mesh = new THREE.Mesh(sphere, material);
      mesh.position.copy(position);
      group.add(mesh);
    });

    for (var j = 0; j < geometryBonds.vertices.length; j += 2) {
      var path = new THREE.SplineCurve3([geometryBonds.vertices[j],
        geometryBonds.vertices[j + 1]]);
      var tube = new THREE.TubeGeometry(path, 1, 0.04)
      var material = new THREE.MeshPhongMaterial({color: 0xcccccc});
      var mesh = new THREE.Mesh(tube, material);
      group.add(mesh);
    }
    console.log(geometry);
    console.log(geometryBonds);

    scene.add(group);
});
```

예제에서 THREE.PDBLoader를 인스턴스화해 로드할 모델 파일을 전달하고, 모델
이 로드되면 호출되는 콜백함수를 제공했다. 이 로더에서 콜백함수는 geometry와
geometryBonds의 두 개의 인수로 호출된다. geometry 인수의 꼭지점은 개별 원
자의 위치를 제공하고, geometryBounds는 이들 원자 사이의 연결에 사용된다.

각각의 꼭지점에서 모델에서 제공되는 색상으로 구체를 생성한다.

```
var sphere = new THREE.SphereGeometry(0.2);
var material = new THREE.MeshPhongMaterial({color: geometry.colors[i++]});
var mesh = new THREE.Mesh(sphere, material);
mesh.position.copy(position);
group.add(mesh)
```

각각의 연결은 다음처럼 정의된다.

```
var path = new THREE.SplineCurve3([geometryBonds.vertices[j],
geometryBonds.vertices[j + 1]]);
```

```
var tube = new THREE.TubeGeometry(path, 1, 0.04)
var material = new THREE.MeshPhongMaterial({color: 0xcccccc});
var mesh = new THREE.Mesh(tube, material);
group.add(mesh);
```

연결을 위해 먼저, `THREE.SplineCurve3` 객체를 사용해 3D 경로를 만든다. 이 경로는 `THREE.Tube`의 입력으로 들어가고 원자 사이의 연결을 생성하는 데 사용된다. 모든 연결과 원자는 그룹에 추가되고, 이 그룹은 장면에 추가된다. 단백질 데이터 은행에서 다양한 모델을 다운로드할 수 있다.

다음 이미지는 다이아몬드의 구조를 보여준다.

## PLY 모델로 파티클 시스템 제작

PLY 포맷으로 작업하는 것도 다른 포맷과 크게 다르지 않다. 로더를 포함시키고 콜백을 제공해 모델을 시각화한다. 하지만 이 마지막 예제에서는 다른 포맷의 예제와는 다르게 모델을 메시로 렌더링하는 대신에 모델의 정보를 사용해 파티클 시스템을 만들어 본다(13-load-ply.html 예제 참조). 다음 스크린샷은 이 예제를 보여준다.

이 스크린샷을 렌더링하는 자바스크립트 코드는 생각보다 아주 간단하다.

```javascript
var loader = new THREE.PLYLoader();
var group = new THREE.Object3D();
loader.load("../assets/models/test.ply", function (geometry) {
  var material = new THREE.PointCloudMaterial({
    color: 0xffffff,
    size: 0.4,
    opacity: 0.6,
    transparent: true,
    blending: THREE.AdditiveBlending,
    map: generateSprite()
  });

  group = new THREE.PointCloud(geometry, material);
  group.sortParticles = true;

  scene.add(group);
});
```

THREE.PLYLoader를 사용해 모델을 로드한다. 콜백은 geometry를 반환하고, 이 지오메트리를 THREE.PointCloud의 입력으로 사용한다. 사용하는 물질은 앞 장의 마지막 예제와 동일하다. 지금까지 살펴본 바와 같이 Three.js로 단 몇 줄의 코드로, 쉽게 여러 소스로부터 모델을 결합하고 다양한 방법으로 렌더링할 수 있다.

# 요약

Three.js를 사용하면 쉽게 외부 소스의 모델을 사용할 수 있다. 특히 간단한 모델이라면, 단지 간단한 몇 가지 과정으로 충분하다. 외부 모델로 작업하거나 그룹화와 병합을 사용해 만들 때 다음 몇 가지 사항을 기억해 두는 것이 좋다. 먼저 객체를 그룹화할 때 객체들은 여전히 개별 객체로 남아 있다. 부모에 적용되는 변환은 자식에게도 영향을 미치지만, 여전히 자식들을 개별적으로 변환할 수 있다. 그룹화 외에 여러 지오메트리를 하나로 병합할 수도 있다. 이 접근 방식을 사용하면 각각의 지오메트리는 없어지고 하나의 새로운 지오메트리가 생긴다. 이것은 수천 개의 지오메트리를 렌더링하는 데 성능 문제가 발생할 경우 특히 유용하다.

Three.js는 다양한 외부 포맷을 지원한다. 이러한 포맷 로더를 사용할 때는 소스 코드와 콜백에서 받은 정보를 살펴보는 것이 좋다. 이것은 정확한 메시를 구하고 정확한 위치와 스케일로 설정할 때 필요한 단계를 이해하는 데 도움이 된다. 많은 경우 모델이 제대로 표시되지 못하는 것은 물질의 설정이 잘못되었기 때문이다. 호환되지 않는 텍스처 포맷이 사용되었거나, 불투명도가 잘못 정의된 경우, 또는 텍스처 이미지의 링크가 잘못된 경우가 많다. 테스트 물질을 사용해 모델 자체가 제대로 로딩되었는지 여부를 확인하고, 자바스크립트 콘솔에 로딩된 물질을 출력해 예상치 못한 값이 있는지 확인하는 것이 좋다. 또한 Three.js의 GeometryExporter와 SceneExporter, SceneLoader를 사용해 메시와 장면을 내보내는 것도 가능하지만, 이들은 아직 개발 중이라는 사실도 기억해 두는 것이 좋다.

이번 장과 앞 장에서 작업한 모델은 대부분 정적인 모델이었다. 이들은 애니메이션되지 않으며 이동하거나 모양이 변경되지도 않는다. 9장에서는 모델을 애니메이션시키는 방법을 알아본다. 또한 애니메이션 외에도 Three.js가 제공하는 다양한 카메라 제어에 대해서 설명한다. 카메라 제어를 사용해 카메라를 장면 주위로 이동하거나, 패닝, 회전시킬 수 있다.

# 9

# 애니메이션과 카메라 이동

앞 장에서 몇 가지 간단한 애니메이션을 보긴 했지만, 복잡하진 않았다. 1장에서 기본 렌더링 루프를 소개하고, 다음 장에서 루프를 이용해 간단한 객체를 회전시키고 몇 가지 기본 애니메이션 개념을 소개했다. 9장에서는 Three.js가 지원하는 애니메이션에 대해 자세히 알아본다. 구체적으로 다음 4가지 주제에 대해 살펴본다.

- 기본 애니메이션
- 카메라 이동
- 모핑morphing 및 스키닝skinning
- 외부 애니메이션 로드

먼저 애니메이션의 기본 개념부터 알아본다.

# 기본 애니메이션

예제를 살펴보기 전에, 1장에서 알아본 렌더링 루프의 요점을 다시 한 번 짚어보자. 애니메이션을 지원하기 위해 Three.js에게 장면을 자주 렌더링하도록 알려줘야 한다. 이를 위해 다음처럼 표준 HTML5의 requestAnimationFrame 함수를 사용한다.

```
render();

function render() {
  // 장면을 렌더링
  renderer.render(scene, camera);
  // requestAnimationFrame을 사용해 다음 렌더링을 스케쥴링
  requestAnimationFrame(render);
}
```

이 코드에서 장면을 초기화할 때 한 번만 render() 함수를 호출하면 된다. render() 함수에서는 다음 렌더링을 스케쥴링하기 위해 requestAnimationFrame을 사용한다. 이 방법에서 브라우저는 render() 함수가 정확한 간격(일반적으로 1초에 약 60번)으로 호출되었는지 확인한다. requestAnimationFrame이 브라우저에 추가되기 전에는 setInterval(function, interval)이나 setTimeout(function, interval)이 사용된다. 이들은 지정된 함수를 정해진 시간 간격으로 호출한다. 이 접근 방법의 문제는 다른 상황은 고려하지 않는다는 것이다. 애니메이션이 보여지지 않거나 숨겨진 탭에 있는 경우에도 항상 호출되고 자원을 사용한다. 또 다른 문제는 브라우저에게 좋은 상황이 아니어도 이 함수들이 호출될 때마다 화면을 업데이트한다는 것이다. 이것은 높은 CPU 사용을 의미한다. requestAnimationFrame에서는 브라우저에게 언제 화면을 업데이트해야 하는지 말하지 않고, 적당한 때에 함수를 실행하도록 요청한다. 일반적으로 이는 약 60fps의 프레임 레이트의 결과가 된다. requestAnimationFrame으로 애니메이션이 더 부드럽고, 좀 더 CPU와 GPU에 친화적으로 실행된다. 또한 타이밍에 대해 걱정할 필요가 없다.

## 간단한 애니메이션

이 방법으로 객체를 회전하거나, 크기 변경, 위치나 물질, 꼭지점, 면 등을 변경해 아주 쉽게 객체를 애니메이션시킬 수 있다. 다음 렌더링 루프에서 Three.js는 변경된 속성을 렌더링한다. 1장에서 이미 살펴보았던 01-basic-animation.html 예제를 기반으로 아주 간단한 예제를 만들어 본다. 다음 스크린샷은 이 예제를 보여준다.

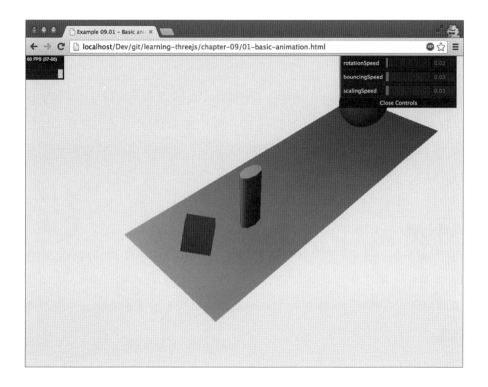

렌더링 루프는 아주 간단하다. 메시의 속성을 변경하기만 하면 Three.js가 나머지를 처리한다. 이 작업을 수행하는 방법은 다음과 같다.

```
function render() {
  cube.rotation.x += controls.rotationSpeed;
  cube.rotation.y += controls.rotationSpeed;
  cube.rotation.z += controls.rotationSpeed;
```

```
step += controls.bouncingSpeed;
sphere.position.x = 20 + ( 10 * (Math.cos(step)));
sphere.position.y = 2 + ( 10 * Math.abs(Math.sin(step)));

scalingStep += controls.scalingSpeed;
var scaleX = Math.abs(Math.sin(scalingStep / 4));
var scaleY = Math.abs(Math.cos(scalingStep / 5));
var scaleZ = Math.abs(Math.sin(scalingStep / 7));
cylinder.scale.set(scaleX, scaleY, scaleZ);

renderer.render(scene, camera);
requestAnimationFrame(render);
}
```

대단한 것은 없다. 하지만 이 책에서 설명하고자 하는 기본 애니메이션의 개념을 잘 보여준다. 다음 절은 주제에서 살짝 벗어난다. 애니메이션 외에 중요한 기능으로, 마우스를 사용해 화면의 객체를 선택할 수 있는 기능이 있다. 이는 복잡한 시나리오에서 Three.js로 작업할 때 자주 마주칠 수 있는 상황이다.

## 객체 선택

애니메이션과 직접 관련되지는 않지만, 카메라와 애니메이션에 대해 알아보고 있기 때문에 이 주제 역시 이 장에서 다루기 좋은 주제다. 여기서는 마우스로 장면의 객체를 선택하는 방법을 알아본다. 예제로 들어가기 전에 필요한 코드를 살펴보자.

```
var projector = new THREE.Projector();

function onDocumentMouseDown(event) {
  var vector = new THREE.Vector3(event.clientX / window.innerWidth ) * 2
    - 1, -( event.clientY / window.innerHeight ) * 2 + 1, 0.5);
  vector = vector.unproject(camera);
  var raycaster = new THREE.Raycaster(camera.position, vector.sub(camera.
    position).normalize());
  var intersects = raycaster.intersectObjects([sphere, cylinder, cube]);
  if (intersects.length > 0) {
    intersects[ 0 ].object.material.transparent - true;
```

```
    intersects[ 0 ].object.material.opacity = 0.1;
  }
}
```

이 코드에서 THREE.Projector를 THREE.Raycaster와 함께 사용해 특정 객체를 클릭했는지 여부를 판단한다. 화면을 클릭하면 다음과 같은 일이 발생한다.

1. 먼저 화면에서 클릭한 좌표에 기초해 THREE.Vector3가 생성된다.

2. 다음으로 vector.unproject 함수로 화면에서 클릭한 위치를 Three.js 장면의 좌표로 변환한다.

3. 다음으로 THREE.Raycaster를 생성한다. THREE.Raycaster로 장면에 빛을 뿌릴 수 있다. 이 경우, 카메라의 위치(camera.position)에서 장면에서 클릭한 위치로 빛을 방출한다.

4. 마지막으로 raycaster.intersectObjects 함수를 사용해 이 빛이 닿은 객체가 있는지 판단한다.

마지막 단계의 결과는 이 빛이 닿은 객체에 대한 정보를 가지고 있다. 다음과 같은 정보가 제공된다.

```
distance: 49.9047088522448
face: THREE.Face3
faceIndex: 4
object: THREE.Mesh
point: THREE.Vector3
```

클릭된 메시는 객체로 face와 faceIndex는 선택된 메시의 면을 가리킨다. distance 값은 카메라와 클릭된 객체 사이의 거리로 측정되며, point는 클릭된 메시의 위치다. 02-selecting-objects.html 예제에서 테스트할 수 있다. 객체를 클릭하면 투명해지고 선택된 세부사항이 콘솔에 출력된다.

비쳐지는 빛의 경로를 보고 싶다면 메뉴에서 showRay 속성을 활성화하면 된다. 다음 스크린샷은 파란색 구체를 선택하는 데 사용된 빛을 보여준다.

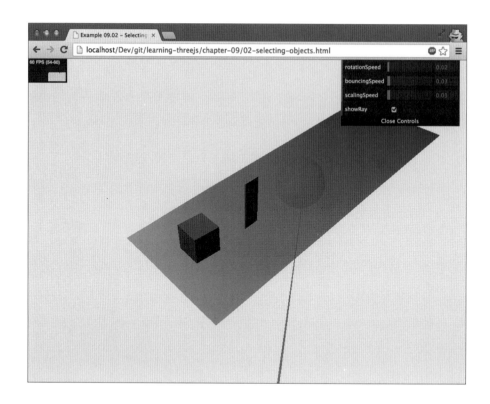

잠깐 휴식시간을 가졌으니 다시 애니메이션으로 돌아가자. 지금까지 렌더링 루프의 속성을 변경해 객체를 애니메이션시켰다. 다음 절에서는 애니메이션의 정의를 더 쉽게 만들어 주는 작은 라이브러리를 살펴본다.

## Tween.js를 이용한 애니메이션

Tween.js는 https://github.com/sole/tween.js/에서 다운로드할 수 있는 작은 자바스크립트 라이브러리로 속성의 두 값 사이의 전환을 쉽게 정의할 수 있게 해준다. 시작 값과 끝 값 사이의 중간 값이 계산된다. 이 과정은 트위닝tweening이라고 불린다.

예를 들어, 다음과 같이 이 라이브러리를 사용해 메시의 x 위치를 10에서 3으로 10초 동안 변경할 수 있다.

```
var tween = new TWEEN.Tween({x: 10}).to({x: 3}, 10000).easing(TWEEN.
Easing.Elastic.InOut).onUpdate( function () {
  // 메시를 업데이트
})
```

예제에서 TWEEN.Tween을 생성했다. 이 트윈은 x 속성을 10에서 3으로 10,000밀리초 동안 변경시킨다. Tween.js는 시간의 경과에 따라 속성이 변경되는 방법도 정의할 수 있다. 이는 선형linear이나 이차quadratic 등 어떤 확률도 사용할 수 있다(자세한 내용은 http://sole.github.io/tween.js/examples/03_graphs.html을 참조한다). 값이 시간이 지남에 따라 변경되는 방법은 이징easing이라고 불린다. Tween.js에서는 easing() 함수로 이를 설정할 수 있다.

Three.js에서 이 라이브러리를 사용하는 것은 아주 간단하다. 03-animation-tween.html 예제를 열면, Tween.js 라이브러리의 동작을 볼 수 있다. 다음 스크린샷은 이 정지 영상을 보여준다.

이 예제에서 7장의 파티클 클라우드를 가져와서, 모든 파티클을 바닥으로 떨어지도록 애니메이션시켰다. 이들 파티클의 위치는 다음처럼 Tween.js 라이브러리로 작성된 트윈tween에 기초한다.

```
// 먼저 트윈을 생성한다.
var posSrc = {pos: 1}
var tween = new TWEEN.Tween(posSrc).to({pos: 0}, 5000);
tween.easing(TWEEN.Easing.Sinusoidal.InOut);

var tweenBack = new TWEEN.Tween(posSrc).to({pos: 1}, 5000);
tweenBack.easing(TWEEN.Easing.Sinusoidal.InOut);

tween.chain(tweenBack);
tweenBack.chain(tween);

var onUpdate = function () {
  var count = 0;
  var pos = this.pos;

  loadedGeometry.vertices.forEach(function (e) {
    var newY = ((e.y + 3.22544) * pos) - 3.22544;
    particleCloud.geometry.vertices[count++].set(e.x, newY, e.z);
  });

  particleCloud.sortParticles = true;
};

tween.onUpdate(onUpdate);
tweenBack.onUpdate(onUpdate);
```

이 코드에서 tween과 tweenBack 이렇게 두 개의 트윈을 만들었다. 첫 번째 트윈은 position 속성이 1에서 0으로 전환되는 방법을 정의한다. 두 번째 트윈은 그 반대다. chain() 함수로 이들 두 트윈을 서로 연결한다. 따라서 이들 트윈은 시작되면 루프가 반복된다. 마지막으로 onUpdate 메소드를 정의한다. 이 메소드는 파티클의 모든 꼭지점의 위치를 트윈이 제공한 위치(this.pos)로 변경한다.

모델의 로딩이 끝났을 때 트윈을 시작한다. 따라서 다음 함수의 끝에서 tween. start() 함수를 호출한다.

```
var loader = new THREE.PLYLoader();
loader.load( "../assets/models/test.ply", function (geometry) {
  ...
  tween.start()
  ...
});
```

트윈이 시작되면, Tween.js 라이브러리에게 언제 트윈을 업데이트해야 하는지 알려줘야 한다. 이 작업은 TWEEN.update() 함수를 호출하면 수행된다.

```
function render() {
  TWEEN.update();
  webGLRenderer.render(scene, camera);
  requestAnimationFrame(render);
}
```

이 코드가 추가되면, 트윈 라이브러리는 포인트 클라우드의 다양한 지점의 위치를 관리할 것이다. 이 라이브러리를 사용하면 전환을 직접 관리하는 것보다 훨씬 쉽다.

애니메이션과 객체를 변경하는 것 이외에도, 카메라를 이동시켜 장면에 애니메이션을 적용할 수 있다. 이전 장에서 이미 카메라의 위치를 수동으로 업데이트해 이 작업을 몇 차례 수행했다. Three.js는 카메라를 업데이트하는 몇 가지 추가 방법도 제공한다.

## 카메라를 이용한 작업

Three.js는 장면에서 카메라를 제어할 수 있는 몇 가지 카메라 컨트롤을 제공한다. 이 컨트롤은 Three.js 배포판에 들어 있으며 examples/js/controls 디렉토리에서 찾을 수 있다. 이번 절에서는 다음 컨트롤들에 대해 자세히 알아본다.

| 이름 | 설명 |
|------|------|
| FirstPersonControls | 1인칭 슈팅 게임처럼 동작하는 컨트롤이다. 키보드로 이동하고 마우스로 주변을 둘러 볼 수 있다. |
| FlyControls | 비행 시뮬레이터 같은 컨트롤이다. 키보드와 마우스로 이동하고 조종한다. |
| RollControls | FlyControls의 약식 버전이다. z축을 중심으로 이동할 수 있다. |
| TrackBallControls | 가장 많이 사용되는 컨트롤로 마우스(또는 트랙볼)를 사용해 쉽게 장면에서 이동하고 패닝하고 줌인할 수 있게 해준다. |
| OrbitControls | 특정한 장면에서 궤도를 도는 위성을 시뮬레이션해 준다. 마우스와 키보드로 이동할 수 있다. |

이 컨트롤들이 가장 많이 사용되는 유용한 컨트롤들이다. 이 외에도 Three.js는 많은 추가 컨트롤을 제공해 준다(하지만 이 책에서 전부 설명하진 못했다). 이들 컨트롤은 이전 표에서 설명한 것과 같은 유사한 방법으로 사용할 수 있다.

| 이름 | 설명 |
|------|------|
| DeviceOrientationControls | 디바이스의 방향에 따라 카메라의 움직임을 제어한다. HTML 디바이스 오리엔테이션 API(http://www.w3.org/TR/orientation-event/)를 내부적으로 사용한다. |
| EditorControls | 온라인 3D 편집기를 위해 특별히 만들어진 컨트롤이다. Three.js 온라인 편집기(http://threejs.org/editor/)에 의해 사용된다. |
| OculusControls | 장면에서 오큘러스 리프트(Oculus Rift) 디바이스를 사용할 수 있도록 해주는 컨트롤이다. |
| OrthographicTrackballControls | TrackBallControls와 동일한 컨트롤이지만 특별히 THREE.OrthographicCamera에서 사용할 수 있도록 만들어졌다. |
| PointerLockControls | 장면이 렌더링된 DOM 요소를 사용해 마우스를 고정시키는 간단한 컨트롤이다. 간단한 3D 게임을 위한 기본 기능을 제공한다. |
| TransformControls | Three.js 편집기가 사용하는 내부 컨트롤이다. |
| VRControls | 장면의 제어를 위해 PositionSensorVRDevice API를 사용하는 컨트롤이다. 이 표준에 대한 자세한 설명은 https://developer.mozilla.org/en-US/docs/Web/API/Navigator.getVRDevices에서 찾을 수 있다. |

이 카메라 컨트롤을 사용하는 것뿐만 아니라, position 속성을 설정해 직접 카메라를 이동하거나 lookAt() 함수를 사용해 카메라가 바라보는 지점을 변경할 수 있다.

 Three.js의 구버전으로 작업했었다면, THREE.PathControls 카메라 컨트롤을 그리워할지도 모르겠다. 이 컨트롤로 경로를 정의(예를 들어 THREE.Spline을 이용)하고 그 경로를 따라 카메라를 이동할 수 있다. Three.js의 최신 버전에서는 코드의 복잡성 때문에 이 컨트롤이 제거되었다. Three.js 개발자들이 이 대체물을 작업 중이지만, 아직은 사용할 수 없다.

첫 번째로 살펴볼 컨트롤은 TrackballControls다.

## TrackballControls

TrackballControls를 사용하려면 먼저 알맞은 자바스크립트 파일을 페이지에 포함해야 한다.

```
<script type="text/javascript" src="../libs/TrackballControls.js"> </
script>
```

이제 컨트롤을 만들고 다음처럼 카메라에 붙인다.

```
var trackballControls = new THREE.TrackballControls(camera);
trackballControls.rotateSpeed = 1.0;
trackballControls.zoomSpeed = 1.0;
trackballControls.panSpeed = 1.0;
```

다음처럼 렌더링 루프에서 카메라의 위치를 업데이트한다.

```
var clock = new THREE.Clock();
function render() {
  var delta = clock.getDelta();
  trackballControls.update(delta);
  requestAnimationFrame(render);
  webGLRenderer.render(scene, camera);
}
```

앞의 코드에서 Three.js의 새로운 객체인 `THREE.Clock`을 볼 수 있다. `THREE.Clock` 객체는 특정한 호출이나 렌더링 루프가 완료되는 데 소요되는 경과 시간을 정확히 계산하는 데 사용된다. `clock.getDelta()` 함수를 호출해 이 작업을 수행한다. 이 함수는 이 호출과 이전 호출 사이의 경과 시간을 반환한다. 카메라의 위치를 업데이트하려면 `trackballControls.update()` 함수를 호출한다. 이 함수에서 이 업데이트 함수가 마지막으로 호출된 이후 경과된 시간을 제공해야 한다. 이를 위해 `THREE.Clock` 객체의 `getDelta()` 함수를 사용한다. 왜 `update` 함수에 프레임 레이트(1/60초)를 전달하지 않는지 궁금할 것이다. 이유는 `requestAnimationFrame`에서 60fps를 기대하지만, 여러 외부 요인에 따라 프레임 레이트가 변할 수 있기 때문에 이것이 보장되지 않기 때문이다. 카메라의 부드러운 전환과 회전을 보장하기 위해 정확한 경과 시간을 전달해야 한다.

이에 대한 동작하는 예제를 04-trackball-controls-camera.html에서 찾을 수 있다. 다음 스크린샷은 이 예제의 정지 이미지를 보여준다.

다음 방법으로 카메라를 컨트롤할 수 있다.

| 컨트롤 | 동작 |
| --- | --- |
| 마우스 왼쪽 버튼을 누르고 이동 | 장면에서 카메라를 회전 |
| 스크롤 휠 | 줌인/줌아웃 |
| 마우스 가운데 버튼을 누르고 이동 | 줌인/줌아웃 |
| 마우스 오른쪽 버튼을 누르고 이동 | 장면을 이동 |

카메라가 동작하는 방법을 미세 조정하는 데 사용할 수 있는 몇 가지 속성이 있다. 예를 들어 rotateSpeed 속성으로 카메라의 회전 속도를 설정하고, noZoom 속성을 true로 설정해 줌인 기능을 비활성화할 수 있다. 이들 속성은 이름으로 설명이 충분하기 때문에, 이 장에서는 이들 속성에 대해 자세히 설명하지는 않는다. 전체 속성에 대한 개요는 이들 속성이 나열되어 있는 TrackballControls.js 파일의 소스 코드를 참조하기 바란다.

## FlyControls

다음에 알아볼 컨트롤은 FlyControls다. FlyControls로 비행 시뮬레이터에 있는 컨트롤을 사용해 장면 위를 비행할 수 있다. 예제는 05-fly-controls-camera. html에서 찾을 수 있다. 다음 스크린샷은 이 예제의 정지 이미지를 보여준다.

FlyControls를 사용하려면 TrackballControls와 동일한 방식으로 사전 작업이 필요하다.

먼저 알맞은 자바스크립트 파일을 로드한다.

```
<script type="text/javascript" src="../libs/FlyControls.js"> </script>
```

다음으로, 다음처럼 컨트롤을 설정하고 이를 카메라에 붙인다.

```
var flyControls = new THREE.FlyControls(camera);
flyControls.movementSpeed = 25;
flyControls.domElement = document.querySelector('#WebGL-output');
flyControls.rollSpeed = Math.PI / 24;
flyControls.autoForward = true;
flyControls.dragToLook = false;
```

다시 한 번 말하지만 여기서 모든 속성을 자세히 설명하지는 않는다. FlyControls. js 소스 코드를 살펴보기 바란다. 이 컨트롤이 동작하도록 설정하는 데 필요한 속성만 골라보자. domElement 속성을 제대로 설정해야 한다. 이 속성은 장면을 렌더링하는 데 필요한 요소를 가리킨다. 이 책의 예제에서는 다음 요소를 사용한다.

```
<div id="WebGL-output"></div>
```

속성을 다음처럼 설정한다.

```
flyControls.domElement = document.querySelector('#WebGL-output');
```

이 속성을 정확히 설정하지 않으면, 마우스를 이동할 때 이상한 동작이 발생할 것이다.

다음과 같은 방식으로 THREE.FlyControls로 카메라를 제어할 수 있다.

| 컨트롤 | 동작 |
| --- | --- |
| 왼쪽과 가운데 마우스 버튼 | 앞으로 이동 시작 |
| 오른쪽 마우스 버튼 | 뒤로 이동 |
| 마우스 이동 | 주위를 둘러봄 |
| W | 앞으로 이동 시작 |
| S | 뒤로 이동 |
| A | 왼쪽으로 이동 |
| D | 오른쪽으로 이동 |
| R | 위로 이동 |
| F | 아래로 이동 |
| 상하좌우 화살표 | 상, 하, 좌, 우로 이동 |
| G | 왼쪽으로 선회 |
| E | 오른쪽으로 선회 |

다음으로 알아볼 컨트롤은 THREE.RollControls다.

## RollControls

RollControls는 FlyControls와 아주 유사하게 동작하기 때문에 자세한 설명은 생략한다. RollControls는 다음처럼 만들 수 있다.

```
var rollControls = new THREE.RollControls(camera);
rollControls.movementSpeed = 25;
rollControls.lookSpeed = 3;
```

이 컨트롤을 사용하려면 06-roll-controls-camera.html 예제를 살펴보자. 검은 화면만 보인다면 마우스를 브라우저의 하단으로 이동한다. 그러면 도시전경이 뷰에 나타날 것이다. 다음 컨트롤로 카메라를 이동시킬 수 있다.

| 컨트롤 | 동작 |
| --- | --- |
| 마우스 왼쪽 버튼 | 앞으로 이동 |
| 마우스 오른쪽 버튼 | 뒤로 이동 |
| 상, 하, 좌, 우 화살표 | 앞, 뒤, 왼쪽, 오른쪽으로 이동 |
| W | 앞으로 이동 |
| A | 왼쪽으로 이동 |
| S | 뒤로 이동 |
| D | 오른쪽으로 이동 |
| Q | 왼쪽으로 선회 |
| E | 오른쪽으로 선회 |
| R | 위로 이동 |
| F | 아래로 이동 |

마지막으로 살펴볼 기본 컨트롤은 FirstPersonControls다.

## FirstPersonControls

이름에서 알 수 있듯이, FirstPersonControls는 1인칭 슈팅 게임처럼 카메라를 제어할 수 있다. 마우스는 주위를 둘러보는 데 사용되고 키보드는 이동하는 데 사용된다. 07-first-person-camera.html 예제를 살펴본다. 다음 스크린샷은 이 예제의 정지 이미지를 보여준다.

이 컨트롤의 사용도 지금까지 살펴본 다른 컨트롤의 원칙을 따른다. 예제는 다음 구성을 사용한다.

```
var camControls = new THREE.FirstPersonControls(camera);
camControls.lookSpeed = 0.4;
camControls.movementSpeed = 20;
camControls.noFly = true;
camControls.lookVertical = true;
camControls.constrainVertical = true;
```

```
camControls.verticalMin = 1.0;
camControls.verticalMax = 2.0;
camControls.lon = -150;
camControls.lat = 120;
```

이 컨트롤을 사용할 때 주의깊게 살펴봐야 할 속성은 마지막의 lon과 lat, 두 개의 속성이다. 이 두 속성은 장면이 처음으로 렌더링되었을 때 카메라가 바라보는 곳을 정의한다.

이 컨트롤은 매우 직관적이다.

| 컨트롤 | 동작 |
|---|---|
| 마우스 이동 | 주위를 둘러봄 |
| 상하좌우 화살표 | 앞으로, 뒤로, 왼쪽으로, 오른쪽으로 이동 |
| W | 앞으로 이동 |
| A | 왼쪽으로 이동 |
| S | 뒤로 이동 |
| D | 오른쪽으로 이동 |
| R | 위로 이동 |
| F | 아래로 이동 |
| Q | 모든 동작을 멈춤 |

다음 컨트롤에서는 이 1인칭 관점을 공간에서의 관점으로 이동한다.

## OrbitControl

OrbitControl 컨트롤은 장면의 중앙에 있는 객체를 중심으로 회전하고 패닝하는 좋은 방법이다. 08-controls-orbit.html에 이 컨트롤이 어떻게 동작하는지 보여주는 예제를 포함했다. 다음 스크린샷은 이 예제의 정지 이미지를 보여준다.

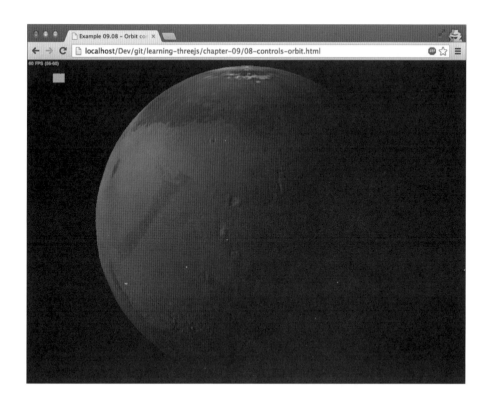

OrbitControl의 사용도 다른 컨트롤만큼 간단하다. 알맞은 자바스크립트 파일을 포함하고, 컨트롤의 업데이트를 위해 THREE.Clock을 다시 사용한다.

```
<script type="text/javascript" src="../libs/OrbitControls.js"> </script>
...
var orbitControls = new THREE.OrbitControls(camera);
orbitControls.autoRotate = true;
var clock = new THREE.Clock();
...
var delta = clock.getDelta();
orbitControls.update(delta);
```

다음 표와 같이 THREE.OrbitControls의 컨트롤은 마우스를 사용하는 방법에 초점을 맞추고 있다.

| 컨트롤 | 동작 |
|---|---|
| 마우스 왼쪽 버튼 클릭 + 이동 | 장면의 중앙을 중심으로 카메라를 회전 |
| 스크롤 휠 또는 마우스 가운데 버튼 클릭 + 이동 | 줌인, 줌아웃 |
| 마우스 오른쪽 버튼 + 이동 | 장면에서 패닝 |
| 상하좌우 화살표 | 장면에서 패닝 |

이것이 카메라 이동에 대한 전부다. 지금까지 재미있는 카메라 동작을 만들 수 있도록 해 주는 많은 컨트롤들을 살펴봤다. 다음 절에서는 좀 더 진보된 애니메이션인 모핑morphing과 스키닝skinning에 대해 알아보겠다.

## 모핑과 스켈레탈 애니메이션

블렌더 같은 외부 프로그램으로 애니메이션을 만들면, 일반적으로 애니메이션을 정의할 때 두 가지 옵션이 있다.

● **모프 타깃**Morph targets: 메시의 변형된 버전, 즉 키key 위치를 정의한다. 이 변형된 대상에 대한 모든 꼭지점의 위치가 저장된다. 형상을 애니메이션시키기 위해서는 모든 꼭지점을 한 위치에서 키 위치로 이동하는 과정을 반복한다. 다음 스크린샷은 얼굴 표정을 표시하는 데 사용된 다양한 모프 타깃(이미지는 블렌더 재단이 제공했다)을 보여준다.

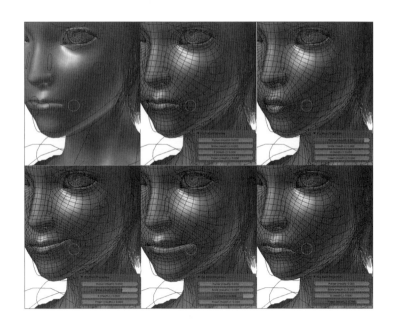

- **스켈레탈 애니메이션**skeletal animation: 대안으로 스켈레탈 애니메이션을 사용할 수
  있다. 스켈레탈 애니메이션으로 스켈레톤, 즉 메시의 골격을 정의하고 특정 뼈
  대에 꼭지점을 연결한다. 이제 뼈대를 움직이면, 연결된 뼈가 적절하게 움직이
  고 연결된 꼭지점이 이동해 뼈의 위치와 이동, 스케일링에 기초해 변형된다. 다
  음 스크린샷(블렌더 재단 제공)은 뼈대가 격체를 이동하고 변형하는 데 어떻게
  사용되는지 보여준다.

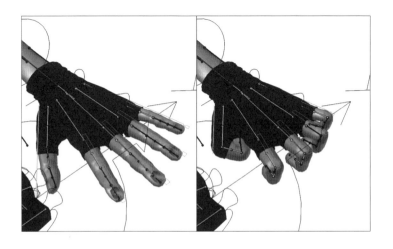

Three.js는 두 가지 모드를 모두 지원하지만, 일반적으로 모프 타깃으로 더 좋은 결과를 얻을 수 있다. 스켈레탈 애니메이션의 가장 큰 문제는 Three.js에서 애니메이션하려면 블렌더와 같은 3D 프로그램의 도움이 있어야 한다는 것이다. 뼈대와 스킨으로 작업하는 것보다 모프 타깃으로 작업하는 것이 훨씬 쉽다.

이번 절에서는 두 가지 옵션 모두 살펴본다. 그리고 Three.js가 지원하는 애니메이션을 정의하는 몇 가지 외부 포맷도 살펴본다.

## 모프 타깃으로 애니메이션

모프 타깃은 애니메이션을 정의하는 가장 쉬운 방법이다. 각각의 중요 위치(또는 키프레임key frame이라고도 함)에 대한 모든 꼭지점을 정의하고, Three.js에게 꼭지점을 한 위치에서 다른 위치까지 이동하도록 한다. 이 방법은 큰 메시와 애니메이션에서 모든 키 위치와 꼭지점의 위치가 반복되기 때문에 모델 파일이 매우 커진다는 단점이 있다.

모프 타깃의 작업 방법을 두 개의 예제를 통해 알아보겠다. 첫 번째 예제에서는 Three.js가 키프레임(또는 지금부터는 모프 타깃으로 부른다) 사이의 전환을 처리하도록 한다. 두 번째 예제에서는 수동으로 처리한다.

### MorphAnimMesh를 이용한 애니메이션

첫 번째 예제에 Three.js 배포판에 있는 말 모델을 사용한다. 모프 타깃 기반의 애니메이션 동작을 이해하는 가장 쉬운 방법은 10-morph-targets.html 예제를 보는 것이다. 다음 스크린샷은 이 예제의 정지 이미지를 보여준다.

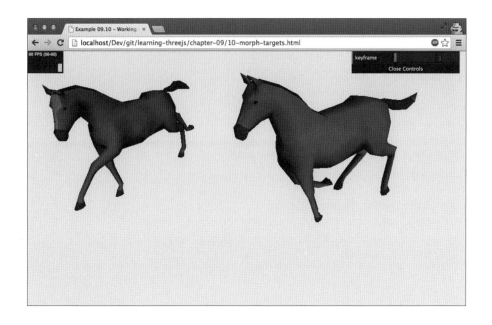

이 예제에서 오른쪽 말은 애니메이션되어 움직이지만 왼쪽 말은 그대로 서 있다. 이 두 번째 말(왼쪽 말)은 기본 모델, 즉 꼭지점의 기본 세트에서 렌더링된다. 오른쪽 상단 모서리의 메뉴로 가능한 모든 모프 타깃을 조정하면 왼쪽 말의 변화된 위치를 확인할 수 있다.

Three.js는 한 위치에서 다음 위치로 이동하는 방법을 제공하지만, 현재 위치와 모프를 변경할 위치를 수동으로 추적 관리해야 하고, 목표 위치에 도달한 후에는 다른 위치들에 대해서도 반복해야 한다. 다행히 Three.js는 이런 세부 사항을 처리해 주는 THREE.MorphAnimMesh라는 특정한 메시도 제공한다. 계속 진행하기 전에 Three.js가 제공하는 또 다른 애니메이션 관련 메시인 THREE.MorphBlendMesh에 대해 간단하게 살펴보고 넘어가자. Three.js가 제공하는 객체들을 잘 살펴보면 이 객체를 알 수 있다. 이 특정 메시를 이용하면 THREE.MorphAnimMesh로 할 수 있는 것과 동일한 작업을 할 수 있다. 소스 코드를 들여다 보면, 이 두 객체의 상당 부분이 중복되어 있음을 알 수 있다. 하지만 THREE.MorphBlendMesh는 제외되어 공식 Three.js 예제에서 더 이상 사용되지 않는 것으로 보인다. THREE.MorphBlendMesh로 할 수 있는 모든 작업은 THREE.

MorphAnimMesh로 할 수 있다. 따라서 이런 종류의 작업에 THREE.MorphAnimMesh
를 사용하도록 하자. 다음 코드는 모델을 로드해 THREE.MorphAnimMesh를 만드는
방법을 보여준다.

```
var loader = new THREE.JSONLoader();
loader.load('../assets/models/horse.js', function(geometry, mat) {

  var mat = new THREE.MeshLambertMaterial({ morphTargets: true,
    vertexColors: THREE.FaceColors});

  morphColorsToFaceColors(geometry);
  geometry.computeMorphNormals();
  meshAnim = new THREE.MorphAnimMesh(geometry, mat );
  scene.add(meshAnim);

},'../assets/models' );

function morphColorsToFaceColors(geometry) {
  if (geometry.morphColors && geometry.morphColors.length) {

    var colorMap = geometry.morphColors[ 0 ];
    for (var i = 0; i < colorMap.colors.length; i++) {
      geometry.faces[ i ].color = colorMap.colors[ i ];
      geometry.faces[ i ].color.offsetHSL(0, 0.3, 0);
    }
  }
}
```

다른 모델을 로딩할 때의 방법과 동일하다. 하지만 이번에는 외부 모델에 모프 타
깃이 포함되어 있다. 일반 THREE.Mesh 객체 대신, THREE.MorphAnimMesh 객체를
생성한다. 애니메이션을 로딩할 때 고려해야 할 사항이 몇 가지 있다.

- 사용하는 물질의 THREE.morphTargets를 true로 설정한다. 이렇게 설정하지
  않으면 메시는 애니메이션되지 않는다.
- THREE.MorphAnimMesh를 생성하기 전에 반드시 지오메트리에서
  computeMorphNormals를 호출한다.
- morphColors 속성으로 특정 모프 타깃의 면 색상을 정의하는 것도 가능하다.

이 속성으로 지오메트리의 형상뿐만 아니라 개별 면의 색상을 모프할 수 있다. `morphColorsToFaceColors` 헬퍼 메소드로 `morphColors` 배열의 첫 번째 세트의 색상만 수정한다.

- 기본 설정은 한 번에 전체 애니메이션을 재생하는 것이다. 동일한 지오메트리에 대해 복수의 애니메이션이 정의되어 있는 경우에는 `parseAnimations()` 함수를 `playAnimation(name, fps)`와 함께 사용해 정의된 애니메이션 중 하나만 재생할 수 있다. 이번 장의 마지막 절에서 MD2 모델에서 애니메이션을 로딩할 때 이 접근 방식을 사용한다.

남은 일은 렌더링 루프에서 애니메이션을 업데이트하는 것이다. 이를 위해 다시한 번 `THREE.Clock`을 사용해 델타값을 산출하고 애니메이션을 업데이트한다.

```
function render() {

  var delta = clock.getDelta();
  webGLRenderer.clear();
  if (meshAnim) {
    meshAnim.updateAnimation(delta *1000);
    meshAnim.rotation.y += 0.01;
  }

  // requestAnimationFrame을 사용해 렌더링
  requestAnimationFrame(render);
  webGLRenderer.render(scene, camera);
}
```

이 방법이 모프 타깃이 정의된 모델의 애니메이션을 설정하는 가장 쉽고 빠른 접근 방법이다. 다른 방법으로 다음 절에서 설명하는 수동으로 애니메이션을 설정하는 방법이 있다.

### morphTargetInfluence 속성으로 애니메이션 생성

정육면체를 다른 모양으로 모프시키는 아주 간단한 예제를 하나 만들어 보겠다. 이번에는 수동으로 모프할 대상을 제어한다. 11-morph-targets-manually.html에서 예제를 확인할 수 있다. 다음 스크린샷은 이 예제의 정지 이미지를 보여준다.

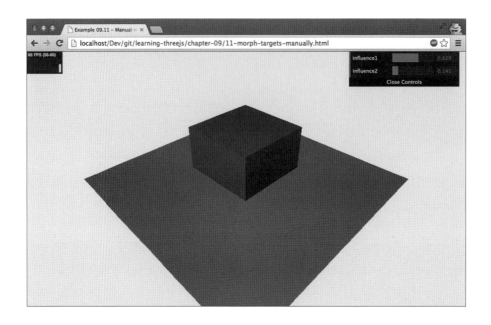

이 예제에서 다음처럼 수동으로 정육면체를 위한 두 개의 모프 타깃을 만들었다.

```
// 정육면체 생성
var cubeGeometry = new THREE.BoxGeometry(4, 4, 4);
var cubeMaterial = new THREE.MeshLambertMaterial({morphTargets: true,
color: 0xff0000});

// 지오메트리의 꼭지점을 이용해 morphtargets를 정의
var cubeTarget1 = new THREE.CubeGeometry(2, 10, 2);
var cubeTarget2 = new THREE.CubeGeometry(8, 2, 8);

// morphtargets를 정의하고 morphnormal을 계산
cubeGeometry.morphTargets[0] = {name: 'mt1', vertices: cubeTarget2.
vertices};
cubeGeometry.morphTargets[1] = {name: 'mt2', vertices: cubeTarget1.
vertices};
cubeGeometry.computeMorphNormals();
var cube = new THREE.Mesh(cubeGeometry, cubeMaterial);
```

예제를 열면 간단한 정육면체가 하나 있다. 오른쪽 상단의 슬라이더로 morphTargetInfluences를 설정할 수 있다. 즉, 정육면체가 mt1와 mt2로 지정된

정육면체로 모프되는지 결정할 수 있다. 수동으로 직접 모프 타깃을 작성할 때 모프 타깃이 소스 지오메트리와 동일한 개수의 꼭지점을 가지도록 해야 한다. 메시의 morphTargetInfluences 속성을 사용해 영향을 설정할 수 있다.

```
var controls = new function () {
  // dat.gui가 올바른 결과물을 보여줄 수 있도록 0.01로 설정한다.
  this.influence1 = 0.01;
  this.influence2 = 0.01;

  this.update = function () {
    cube.morphTargetInfluences[0] = controls.influence1;
    cube.morphTargetInfluences[1] = controls.influence2;
  };
}
```

초기 지오메트리가 동시에 여러 모프 타깃에 의해 영향을 받을 수 있음을 명심한다. 두 개의 예제를 통해 모프 타깃 애니메이션의 가장 중요한 개념을 살펴보았다. 다음 절에서는 뼈대와 스키닝을 사용한 애니메이션에 대해 간단히 살펴본다.

## 뼈대와 스키닝을 이용한 애니메이션

모프 애니메이션은 아주 간단하다. Three.js는 모든 꼭지점의 위치를 알고 있어서 각 꼭지점의 위치를 다음 위치로 전환하기만 하면 된다. 뼈대와 스키닝에서는 조금 더 복잡해진다. 애니메이션에서 뼈대를 사용하는 경우, 뼈대를 이동하면, Three.js는 이에 따라 뼈대에 연결되어 있는 스킨(꼭지점의 집합)을 어떻게 전환해야 하는지 결정해야 한다. 이 예제를 위해 브렌더에서 Three.js 포맷으로 가져온 모델(models 폴더의 hand-1.js)을 사용한다. 이 모델은 완전한 뼈대의 집합으로 이루어진 손 모델이다. 주위의 뼈대를 움직여서 전체 모델을 애니메이션시킬 수 있다. 먼저 모델을 로드하는 방법을 알아본다.

```
var loader = new THREE.JSONLoader();
loader.load('../assets/models/hand-1.js', function (geometry, mat) {
  var mat = new THREE.MeshLambertMaterial({color: 0xF0C8C9, skinning: true});
  mesh = new THREE.SkinnedMesh(geometry, mat);
```

```
  // 손 전체를 회전
  mesh.rotation.x = 0.5 * Math.PI;
  mesh.rotation.z = 0.7 * Math.PI;

  // 메시 추가
  scene.add(mesh);

  // 애니메이션 시작
  tween.start();

}, '../assets/models');
```

뼈대 애니메이션 모델을 로딩하는 방법도 다른 모델과 다르지 않다. 꼭지점과 면, 뼈대의 정의를 포함하고 있는 모델 파일을 지정하고, 이 지오메트리에 기반해 메시를 생성하면 된다. Three.js는 스킨 지오메트리를 위한 THREE.SkinnedMesh 같은 특정한 메시도 제공하고 있다. 반드시 사용하는 물질의 skinning 속성을 true로 설정해야 모델이 업데이트된다. 이 값을 true로 설정하지 않으면, 어떤 뼈대의 움직임도 볼 수 없다. 마지막으로 모든 뼈대의 useQuaternion 속성을 false로 설정한다. 예제에서는 애니메이션을 다루는 데 tween 객체를 사용한다. 이 tween 인스턴스는 다음처럼 정의된다.

```
var tween = new TWEEN.Tween({pos: -1}).to({pos: 0},
3000).easing(TWEEN.Easing.Cubic.InOut).yoyo(true)
.repeat(Infinity).onUpdate(onUpdate);
```

이 tween으로 pos 변수를 -1에서 0으로 전환할 수 있다. 또한 yoyo 속성을 true로 설정해 애니메이션이 다음 번에 실행될 때 반대로 실행되도록 만든다. repeat를 Infinity로 설정해 애니메이션이 계속 실행되도록 한다. 또한 onUpdate 메소드도 지정한다. 이 메소드는 각각의 뼈대의 위치를 지정하는 데 사용된다. 이에 대해서는 다음에 살펴본다.

먼저 12-bones-manually.html 예제를 살펴보자. 다음 스크린샷은 이 예제의 정지 이미지를 보여준다.

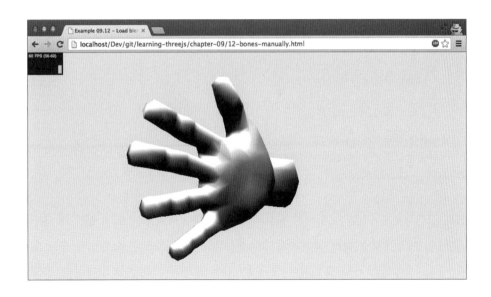

예제를 열면 손이 잡는 듯한 동작을 취하고 있는 것을 볼 수 있다. 다음처럼 onUpdate 메소드에서 손가락 뼈의 z축 회전을 설정하면 된다.

```
var onUpdate = function () {
  var pos = this.pos;

  // 손가락을 회전
  mesh.skeleton.bones[5].rotation.set(0, 0, pos);
  mesh.skeleton.bones[6].rotation.set(0, 0, pos);
  mesh.skeleton.bones[10].rotation.set(0, 0, pos);
  mesh.skeleton.bones[11].rotation.set(0, 0, pos);
  mesh.skeleton.bones[15].rotation.set(0, 0, pos);
  mesh.skeleton.bones[16].rotation.set(0, 0, pos);
  mesh.skeleton.bones[20].rotation.set(0, 0, pos);
  mesh.skeleton.bones[21].rotation.set(0, 0, pos);

  // 손목을 회전
  mesh.skeleton.bones[1].rotation.set(pos, 0, 0);
};
```

이 업데이트 메소드가 호출될 때마다, 관련된 뼈대가 pos 위치로 설정된다. 콘솔에 mesh.skeleton 속성을 출력해 이동시킬 뼈대를 확인하는 것이 좋다. 모든 뼈대와 이름의 리스트를 보여준다.

Three.js는 모델의 뼈대를 보여주는 간단한 헬퍼를 제공한다. 코드에 다음을 추가한다.

```
helper = new THREE.SkeletonHelper( mesh );
helper.material.linewidth = 2;
helper.visible = false;
scene.add( helper );
```

뼈대가 하이라이트되어서 표시된다. 12-bones-manually.html 예제에서 showHelper 속성
을 활성화하면 이 예를 볼 수 있다.

뼈대로 작업하면 더 많은 노력이 필요하지만 고정된 모프 타깃보다 훨씬 더 유연
하다. 이 예제에서 뼈대를 회전시키기만 했지만 위치나 스케일을 변경할 수도 있
다. 다음 절에서는 외부 모델에서 애니메이션을 로딩하는 방법을 알아본다. 해당
절에서 이 예제를 다시 한 번 살펴볼 것이다. 여기서는 뼈대를 수동으로 이동시키
는 대신 이미 정의된 애니메이션을 실행한다.

## 외부 모델을 사용해 애니메이션 생성

8장에서 Three.js가 지원하는 다양한 3D 포맷에 대해 알아보았다. 이들 포맷 중
일부는 애니메이션을 지원한다. 이번 장에서는 다음 예제를 살펴본다.

- **블렌더**Blender**와 JSON 익스포터**: 블렌더로 만들어서 Three.js JSON 포맷으로 내
  보낸 애니메이션으로 시작한다.
- **콜라다**Collada **모델**: 콜라다 포맷은 애니메이션을 지원한다. 예제에서는 콜라다
  파일에서 애니메이션을 로딩해 Three.js로 렌더링한다.
- **MD2 모델**: MD2 모델은 이전 퀘이크 엔진에서 사용되던 간단한 포맷이다. 조
  금 오래 되긴 했지만, 여전히 캐릭터 애니메이션을 저장하기에 아주 좋은 포
  맷이다.

블렌더 모델로 시작한다.

## 블렌더로 뼈대 애니메이션 생성

블렌더로 애니메이션을 시작하기 위해 models 폴더의 예제를 사용한다. hand. blend 파일을 블렌더에서 로드한다. 다음 스크린샷은 이 예제의 정지 이미지를 보여준다.

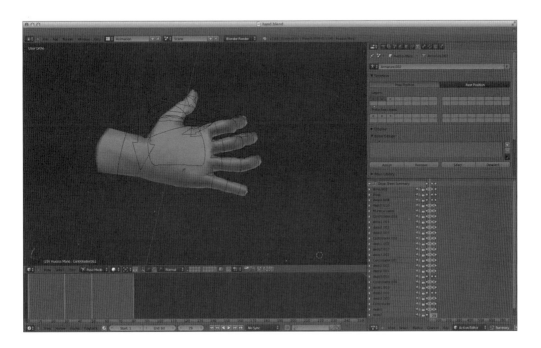

이 책에서 블렌더에서 애니메이션을 생성하는 방법에 대해 자세히 다룰 수는 없지만, 몇 가지 사항은 꼭 명심한다.

- 적어도 모델의 모든 꼭지점을 꼭지점 그룹에 할당해야 한다.
- 블렌더에서 사용하는 꼭지점 그룹의 이름은 이를 제어하는 뼈대의 이름과 일치해야 한다. 이런 방식으로 Three.js는 뼈대를 이동할 때 어떤 꼭지점을 변경해야 하는지 판단할 수 있다.
- 첫 번째 'action'만 내보내진다. 따라서 내보낼 애니메이션이 첫 번째인지 꼭 확인한다.

- 키프레임을 생성할 때, 변경되지 않는 경우에도 모든 뼈대를 선택하는 것이 좋다.

- 모델을 내보낼 때 모델이 다른 포즈에 있는지 확인한다. 그렇지 않으면 아주 기형적인 애니메이션을 보게 될 것이다.

블렌더에서의 애니메이션 생성과 내보내기에 대한 더 상세한 정보는 http://devmatrix.wordpress.com/2013/02/27/creating-skeletal-animation-in-blender-and-exporting-it-to-three-js/를 참조한다.

[1]블렌더에서 애니메이션을 생성한 경우, 이전 장에서 사용한 Three.js의 익스포터로 파일을 내보낼 수 있다. Three.js 익스포터로 파일을 내보낼 때 다음 속성이 체크되어 있는지 반드시 확인한다.

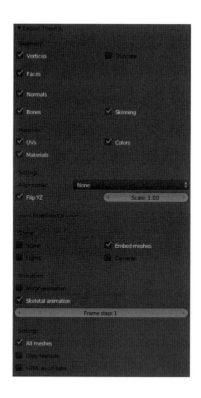

---

1 〈해당 사이트는 현재 폐쇄된 상태입니다.– 옮긴이〉

이렇게 하면 블렌더에서 지정한 애니메이션을 모프 애니메이션 대신 스켈레탈 애니메이션으로 내보낸다. 스켈레탈 애니메이션으로 내보내면 뼈대의 움직임이 보내져서 Three.js에서 이를 재생할 수 있다.

Three.js에서 모델을 로딩하는 방법은 앞 장 예제에서 살펴본 방법과 동일하다. 모델을 로드하면 다음처럼 애니메이션을 생성할 수 있다.

```
var loader = new THREE.JSONLoader();
loader.load('../assets/models/hand-2.js', function (model, mat) {

  var mat = new THREE.MeshLambertMaterial({color: 0xF0C8C9, skinning: true});
  mesh = new THREE.SkinnedMesh(model, mat);

  var animation = new THREE.Animation(mesh, model.animation);

  mesh.rotation.x = 0.5 * Math.PI;
  mesh.rotation.z = 0.7 * Math.PI;
  scene.add(mesh);

  // 애니메이션 시작
  animation.play();

}, '../assets/models');
```

THREE.Animation 인스턴스를 생성하고 이 애니메이션의 play 메소드를 호출하면, 애니메이션을 실행시킬 수 있다. 애니메이션을 보기 위해 아직 한 가지 단계가 남아 있다. 렌더링 루프에서 애니메이션 업데이트를 위해 THREE.AnimationHandler.update(clock.getDelta()) 함수를 호출하면, Three.js는 뼈대를 사용해 올바른 위치에 모델을 설정한다. 이 예제(13-animation-from-blender.html)의 결과로 간단한 흔드는 손 모델을 볼 수 있다.

다음 스크린샷은 이 예제의 정지 이미지를 보여준다.

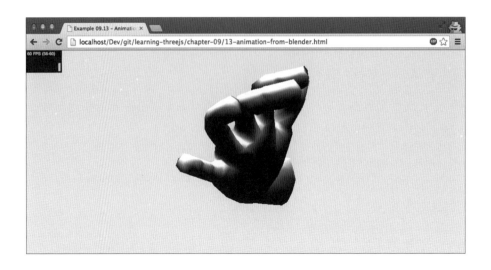

애니메이션을 정의하는 데 Three.js 자체 포맷 외에 몇 가지 외부 포맷을 사용할 수 있다. 먼저 콜라다 모델을 살펴본다.

### 콜라다 모델에서 애니메이션 로딩

콜라다 파일에서 모델을 로딩하는 것도 다른 포맷의 방식과 동일하다. 먼저 알맞은 자바스크립트 로더 파일을 포함시킨다.

```
<script type="text/javascript" src="../libs/ColladaLoader.js"> </script>
```

다음으로, 로더를 생성하고 이 로더로 모델 파일을 로드한다.

```
var loader = new THREE.ColladaLoader();
loader.load('../assets/models/monster.dae', function (collada) {

  var child = collada.skins[0];
  scene.add(child);

  var animation = new THREE.Animation(child, child. geometry.animation);
  animation.play();

  // 메시의 위치를 지정
  child.scale.set(0.15, 0.15, 0.15);
  child.rotation.x = -0.5 * Math.PI;
```

```
  child.position.x = -100;
  child.position.y = -60;
});
```

콜라다 파일은 카메라를 포함한 조명, 애니메이션과 같은 완전한 장면을 포함할 수 있다. 콜라다 모델로 작업할 때는 `loader.load` 함수의 결과를 콘솔에 출력해 사용할 구성요소를 결정하는 것이 좋다. 이 경우, `scene (child)`에 하나의 `THREE.SkinnedMesh`가 있다.

이 모델을 렌더링하고 애니메이션시키려면 블렌더 기반의 모델과 유사하게 애니메이션을 설정하면 된다. 심지어 렌더링 루프는 똑같다. 모델을 렌더링하고 애니메이션시키는 방법은 다음과 같다.

```
function render() {
  ...
  meshAnim.updateAnimation( delta *1000 );
  ...
}
```

결과는 다음과 같다.

모프 타깃을 사용하는 외부 모델의 다른 예제로 MD2 파일 포맷이 있다.

## 퀘이크 모델에서 애니메이션 로드

MD2 포맷은 모델 캐릭터를 모델링하기 위해 1996년 퀘이크<sub>Quake</sub>가 만들었다. 새로운 엔진이 다른 포맷을 사용하고 있음에도 불구하고 여전히 MD2 포맷으로 작성된 재미있는 모델을 많이 찾을 수 있다. 이 포맷의 파일을 사용하려면, 먼저 Three.js 자바스크립트 포맷으로 변환해야 한다. 이 작업은 다음 사이트에서 온라인으로 수행할 수 있다.

http://oos.moxiecode.com/js_webgl/md2_converter/

변환하면, MorphAnimMesh를 사용해 로드하고 렌더링할 수 있는 자바스크립트 파일을 얻을 수 있다. 이미 이전 절에서 이 작업을 수행하는 방법을 다루었으므로, 모델을 로드하는 코드로 건너뛴다. 이 코드에서 흥미로운 일이 일어난다. 전체 애니메이션을 재생하는 대신, 재생해야 할 애니메이션의 이름을 제공한다.

```
mesh.playAnimation('crattack', 10);
```

이유는 일반적으로 MD2 파일이 다수의 다른 캐릭터 애니메이션을 포함하고 있기 때문이다. 하지만 다행히 Three.js는 사용 가능한 애니메이션을 결정하고 playAnimation 함수로 재생하는 기능을 제공한다. 가장 먼저 해야 할 일은 Three.js에게 애니메이션을 파싱하도록 알리는 것이다.

```
mesh.parseAnimations();
```

이 결과로 playAnimation 함수를 사용해 재생할 수 있는 애니메이션 이름의 목록을 구할 수 있다. 예제에서는 오른쪽 상단의 메뉴에서 애니메이션의 이름을 선택할 수 있다. 사용할 수 있는 애니메이션은 다음처럼 결정된다.

```
mesh.parseAnimations();

var animLabels = [];
for (var key in mesh.geometry.animations) {
  if (key === 'length' || !mesh.geometry.animations. hasOwnProperty(key))
continue;
```

```
    animLabels.push(key);
}

gui.add(controls,'animations',animLabels).onChange(function(e) {
    mesh.playAnimation(controls.animations,controls.fps);
});
```

메뉴에서 애니메이션을 선택하면, 지정된 애니메이션 이름으로 mesh.
playAnimation 함수가 호출된다. 이 예제는 15-animation-from-md2.html에
서 확인할 수 있다. 다음 스크린샷은 이 예제의 정지 이미지를 보여준다.

## 요약

9장에서는 장면을 애니메이션하는 다양한 방법을 알아보았다. 몇 가지 기본적인
애니메이션 트릭으로 시작해 카메라 이동과 제어를 알아보았고, 모프 타깃과 스
켈레톤/뼈대 애니메이션으로 마무리했다. 렌더링 루프를 사용하고 있다면 애니메
이션을 추가하는 것은 아주 쉽다. 메시의 속성을 변경하면 다음 렌더링 단계에서
Three.js가 업데이트된 메시를 렌더링한다.

이전 장에서 객체를 스키닝하는 데 사용할 수 있는 다양한 물질을 살펴보았다. 예를 들어, 이들 물질의 색상과 광택, 불투명도를 변경하는 방법을 알아보았다. 아직 자세히 알아보지 않은 것은 외부 이미지(텍스처로도 불린다)를 사용하는 방법이다. 텍스처로 나무나 금속, 돌 같은 다양한 재질의 객체를 쉽게 만들 수 있다. 10장에서는 텍스처의 다양한 측면과 Three.js에서 사용하는 방법을 알아본다.

# 10

# 텍스처 로딩과 작업

4장에서 Three.js에서 사용할 수 있는 다양한 물질에 대해 소개했다. 하지만 메시에 텍스처를 적용하는 방법에 대해서는 다루지 않았다. 10장에서는 이 주제에 대해 알아보겠다. 구체적으로 이번 장에서 다루는 주제는 다음과 같다.

- Three.js에서 텍스처를 로딩하고 메시에 적용하는 방법

- 범프와 법선 맵을 사용해 메시에 깊이와 디테일을 적용

- 라이트 맵으로 페이크 그림자 만들기

- 환경 맵으로 물질에 반영을 추가

- 스페큘라 맵으로 메시의 특정 부분에 광택shininess을 설정

- 메시의 UV 매핑을 미세 조정하고 사용자 정의하기

- HTML5 canvas와 video 요소를 텍스처 입력으로 사용하기

텍스처를 어떻게 로드하고 적용하는지 보여주는 가장 기본적인 예제로 시작한다.

## 물질에서 텍스처 사용

Three.js는 다양한 방법으로 텍스처를 사용한다. 기본적으로 메시의 색상을 정의하는 데 사용하지만, 광택shininess이나 범프bump, 반영reflection을 정의하는 데도 사용할 수 있다. 첫 번째로 메시의 개별 픽셀의 색상을 정의하는 데 텍스처를 사용하는 가장 기본적인 예제를 알아본다.

## 텍스처를 로딩하고 메시에 적용

텍스처의 가장 기본적인 사용법은 물질의 맵으로 설정하는 것이다. 메시를 생성할 때 이 물질을 사용하면, 메시의 색상은 지정된 텍스처에 기반해 메시의 색상이 정해진다.

다음 방법으로 텍스처를 로딩하고 메시에 사용할 수 있다.

```
function createMesh(geom, imageFile) {
  var texture = THREE.ImageUtils.loadTexture("../assets/ textures/
    general/" + imageFile)

  var mat = new THREE.MeshPhongMaterial();
  mat.map = texture;

  var mesh = new THREE.Mesh(geom, mat);
  return mesh;
}
```

이 소스 코드에서 THREE.ImageUtils.loadTexture 함수를 사용해 특정 위치에서 이미지 파일을 로드했다. 텍스처의 입력으로 PNG나 GIF, JPEG 이미지를 사용할 수 있다. 텍스처의 로딩은 비동기적으로 수행된다. 우리의 시나리오에서는 초당 약 60번 정도 장면을 렌더링하는 render 루프가 있기 때문에 문제가 되지 않지만, 텍스처가 로드될 때까지 기다리고 싶다면, 다음 방법을 사용할 수 있다.

```
texture = THREE.ImageUtils.loadTexture('texture.png', {}, function() {
renderer.render(scene); });
```

예제에서 loadTexture에 콜백함수를 제공했다. 텍스처가 로드될 때 이 콜백이 호출된다. 예제에서는 콜백을 사용하지 않고 텍스처가 로드되었을 때 보여주는 render 루프를 사용한다.

거의 모든 이미지를 텍스처로 사용할 수 있다. 하지만 정사각형의 텍스처를 사용할 때 결과가 가장 좋다. 따라서 256×256, 512×512, 1024×1024 같은 크기를 사용하는 것이 좋다. 다음 이미지는 사각형 텍스처의 예를 보여준다.

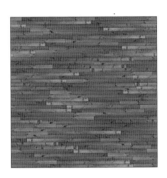

텍스처의 픽셀(텍셀texel이라고도 불린다)이 보통 면의 픽셀과 일대일로 매핑되지 않기 때문에, 텍스처의 확대 또는 축소가 필요하다. 이를 위해 웹GL과 Three.js는 몇 가지 옵션을 제공한다. magFilter 속성으로 텍스처가 어떻게 확대되는지를 설정하고, minFilter 속성으로 얼마나 축소되는지 설정한다. 이들 속성은 다음과 같은 두 가지 기본 값으로 설정할 수 있다.

| 이름 | 설명 |
| --- | --- |
| THREE.NearestFilter | 이 필터는 찾을 수 있는 가장 가까운 텍셀의 색을 사용한다. 확대에 사용하는 경우 결과물이 뭉개지는 문제가 있고, 축소에 사용하는 경우 결과는 많은 디테일을 잃게 된다. |
| THREE.LinearFilter | 이 필터는 좀 더 향상된 필터로, 정확한 색을 결정하기 위해 주변의 네 개의 텍셀의 색상 값을 사용한다. 여전히 축소에서 사용하는 경우 디테일을 잃는다. 하지만 확대에서는 훨씬 부드럽고 덜 뭉쳐지는 결과를 얻는다. |

기본 값 외에 밉맵mipmap을 사용할 수도 있다. 밉맵은 텍스처를 연속적으로 미리 축소시킨 비트맵 이미지의 집합으로 각각 이전 이미지의 절반 크기가 된다. 텍스처를 로드할 때 만들어지며 훨씬 부드러운 필터링을 제공해 준다. 따라서 정사각형 텍스처(2의 제곱)라면 더 나은 필터링을 제공해 주는 몇 가지 추가 접근 방법을 사용할 수 있다. 속성은 다음 값으로 설정할 수 있다.

| 이름 | 설명 |
|------|------|
| THREE.NearestMipMapNearestFilter | 이 속성은 필요한 해상도에 가장 적합한 밉맵을 선택해 이전 표에서 설명한 원칙에 가장 가까운 필터 원리를 적용한다. 확대시 뭉개지는 것은 여전하지만, 축소에서는 훨씬 더 잘 보인다. |
| THREE.NearestMipMapLinearFilter | 이 속성은 하나의 밉맵 대신, 가까운 두 개의 밉맵 레벨을 선택한다. 양쪽 레벨에 가까운 필터를 적용해 두 개의 중간 결과값을 얻는다. 이 두 값이 선형 필터를 통과하면 최종 결과가 구해진다. |
| THREE.LinearMipMapNearestFilter | 이 속성은 필요한 해상도에 가장 적합한 밉맵을 선택하고 이전 표에서 설명한 선형 필터 원리를 적용한다. |
| THREE.LinearMipMapLinearFilter | 이 속성은 하나의 밉맵 대신, 가까운 두 개의 밉뱁 레벨을 선택한다. 양쪽 레벨에 선형 필터를 적용해 두 개의 중간 결과값을 얻는다. 이 두 값이 선형 필터를 통과하면 최종 결과가 구해진다. |

명시적으로 magFilter와 minFilter 속성을 지정하지 않으면, Three.js는 magFilter 속성에 THREE.LinearFilter를, minFilter 속성에 LinearMipMapLinearFilter를 기본값으로 사용한다. 예제에서는 이 기본 속성을 사용한다. 기본 텍스처에 대한 예제는 01-basic-texture.html에서 찾을 수 있다. 다음 스크린샷은 이 예제를 보여준다.

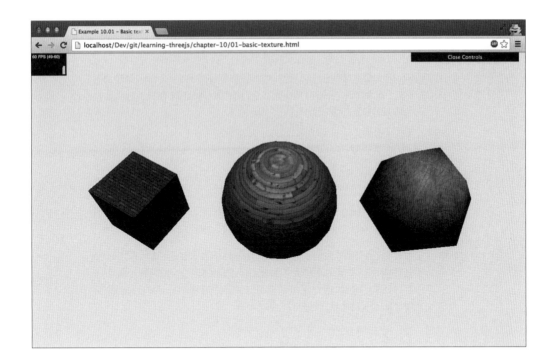

이 예제에서 몇 개의 텍스처(이미 앞에서 보았던)를 로드하고 여러 형상에 적용한다. 예제에서 형상을 텍스처로 멋지게 꾸미는 것을 볼 수 있다. Three.js에서 지오메트리를 생성할 때, 텍스처가 제대로 적용되었는지 확인해야 한다. 이는 UV 매핑(뒤에서 자세히 배운다)에 의해 수행된다. UV 매핑으로 렌더러에 텍스처의 어떤 부분이 특정 면에 적용되어야 하는지 알려줄 수 있다. 가장 쉬운 예는 정육면체다. 한 면에 대한 UV 매핑은 다음과 같다.

`(0,1),(0,0),(1,0),(1,1)`

이것은 또한 이 면에 전체 텍스처(UV 값은 0에서 1의 범위를 가짐)를 사용한다는 것을 의미한다.

`THREE.ImageUtils.loadTexture`로 로드할 수 있는 표준 이미지 포맷 외에도 Three.js는 다른 포맷으로 제공되는 텍스처를 로드할 수 있는 몇 개의 사용자 정의 로더loader를 제공한다. 다음 표는 사용할 수 있는 추가 로더를 보여준다.

| 이름 | 설명 |
|---|---|
| THREE.DDSLoader | 이 로더로 직접 서피스(DirectDraw Surface) 포맷의 텍스처를 로드할 수 있다. 이 포맷은 압축된 텍스처를 저장하는 마이크로소프트의 독자적인 포맷이다. 이 로더의 사용은 매우 쉽다. 먼저 HTML 페이지에 DDSLoader.js 파일을 포함하고 다음처럼 텍스처를 사용한다.<br><br>```\nvar loader = new THREE.DDSLoader();\nvar texture = loader.load( '../assets/ textures/\nseafloor.dds' );\nvar mat = new THREE.MeshPhongMaterial();\nmat.map = texture;\n```<br><br>10장의 01-basic-texture-dds.html에서 이 로더의 예를 볼 수 있다. 내부적으로 이 로더는 THREE.CompressedTextureLoader를 사용한다. |
| THREE.PVRLoader | 파워 VR 역시 압축된 텍스처를 저장하는 독자적인 포맷 중 하나다. Three.js는 파워 VR 3.0 파일 포맷을 지원하고 이 포맷에서 제공하는 텍스처를 사용할 수 있다. 이 로더를 사용하려면 HTML 페이지에 PVRLoader.js 파일을 포함하고, 다음처럼 텍스처를 사용한다.<br><br>```\nvar loader = new THREE.DDSLoader();\nvar texture = loader.load( '../assets/ textures/\nseafloor.dds' );\nvar mat = new THREE.MeshPhongMaterial();\nmat.map = texture;\n```<br><br>01-basic-texture-pvr.html에서 이 로더의 예를 볼 수 있다. 모든 웹GL 구현에서 이 포맷의 텍스처를 지원하지는 않는다는 사실을 주의하라. 따라서 이 포맷을 사용하는 데 텍스처가 표시되지 않는다면 콘솔에서 오류가 있는지 확인한다. 내부적으로 이 로더는 THREE.CompressedTextureLoader를 사용한다. |
| THREE.TGALoader | 타가(Targa)는 아직도 많은 3D 소프트웨어 프로그램에서 사용되고 있는 래스터(raster) 그래픽 파일 포맷이다. THREE.TGALoader 객체로 3D 모델에서 이 포맷에서 제공하는 텍스처를 사용할 수 있다. 이 이미지 파일을 사용하려면 먼저 HTML에 TGALoader.js 파일을 포함하고, 다음처럼 TGA 텍스처를 로드해 사용할 수 있다.<br><br>```\nvar loader = new THREE.TGALoader();\nvar texture = loader.load( '../assets/ textures/crate_\ncolor8.tga' );\nvar mat = new THREE.MeshPhongMaterial();\nmat.map = texture;\n```<br><br>01-basic-texture-tga.html에서 이 로더의 예를 볼 수 있다. |

예제에서는 메시의 픽셀 색상을 정의하는 데 텍스처를 사용했다. 다른 목적으로
텍스처를 사용할 수도 있다. 다음 두 개의 예제는 셰이딩이 물질에 어떻게 적용되
는지 정의하는 데 사용되었다. 메시의 표면에 범프bump와 주름wrinkle을 생성하는
데 이 텍스처를 사용할 수 있다.

## 범프 맵을 사용해 주름 생성

범프 맵bump map은 물질에 깊이를 추가하는 데 사용된다. 02-bump-map.html 예
제를 열어 이 동작을 확인할 수 있다. 다음 스크린샷은 이 예제를 보여준다.

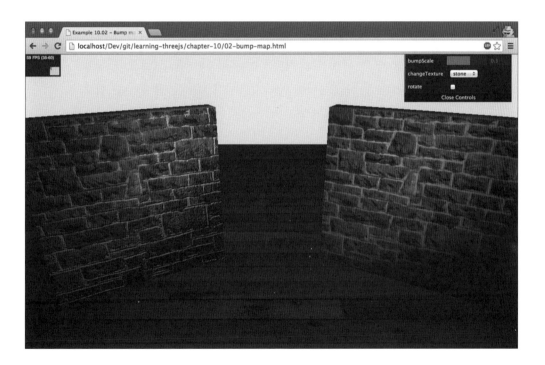

이 예제에서 왼쪽의 벽이 오른쪽의 벽과 비교했을 때 더 세밀하고 훨씬 더 깊이감
이 있음을 알 수 있다. 이는 물질에 범프 맵으로 불리는 추가 텍스처를 설정하면
된다.

```
function createMesh(geom, imageFile, bump) {
  var texture = THREE.ImageUtils.loadTexture("../assets/textures/
    general/" + imageFile)
  var mat = new THREE.MeshPhongMaterial();
  mat.map = texture;

  var bump = THREE.ImageUtils.loadTexture(
    "../assets/textures/general/" + bump)
  mat.bumpMap = bump;
  mat.bumpScale = 0.2;

  var mesh = new THREE.Mesh(geom, mat);
  return mesh;
}
```

이 코드에서 map 속성 설정 외에 텍스처에 bumpMap 속성도 설정했다. 또한 bumpScale 속성을 사용해 범프의 높이(음수로 설정한다면 깊이)를 설정할 수 있다. 이 예제에서 사용된 텍스처는 다음과 같다.

범프 맵은 그레이스케일 이미지이지만, 컬러 이미지도 사용할 수 있다.

픽셀의 강도intensity는 범프의 높이를 정의한다. 범프 맵은 상대적인 픽셀의 높이만 포함한다. 기울기의 방향에 대해서는 아무런 정보도 가지고 있지 않다. 따라서 범프 맵으로 알 수 있는 세부사항과 인식할 수 있는 깊이에는 제한이 있다. 좀 더 세부적인 사항을 원한다면 법선 맵normal map을 사용할 수 있다.

## 법선 맵으로 더 세밀한 범프와 주름 생성

법선 맵normal map에는 높이(변위displacement)가 아닌 각 그림에 대한 법선normal의 방향이 저장된다. 법선 맵에 대해 상세히 알지 못해도 적은 수의 꼭지점과 면만을 이용해서 아주 세밀해 보이는 모델을 만들 수 있다. 예를 들어 03-normal-map. html 예제를 살펴보자. 다음 스크린샷은 이 예제를 보여준다.

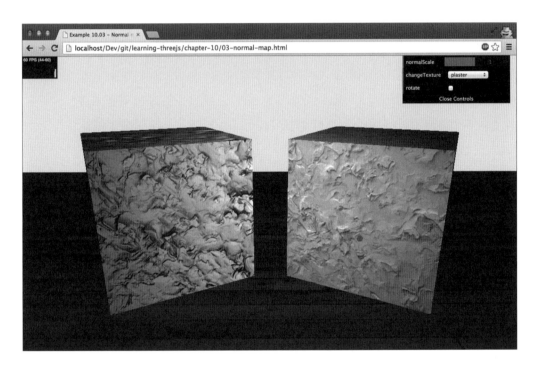

이 스크린샷에서 왼쪽에 아주 세밀한 바름plastered 정육면체를 볼 수 있다. 광원이 정육면체 주의를 이동함에 따라 텍스처가 광원에 자연스럽게 반응한다. 이는 아주 간단한 모델과 몇 가지의 텍스처로 매우 현실감 있는 모델을 제공할 수 있게 해 준다. 다음 코드는 Three.js에서 법선 맵을 사용하는 방법을 보여준다.

```
function createMesh(geom, imageFile, normal) {
  var t = THREE.ImageUtils.loadTexture("../assets/textures /general/" +
    imageFile);
  var m = THREE.ImageUtils.loadTexture("../assets/textures /general/" +
    normal);
```

```
    var mat2 = new THREE.MeshPhongMaterial();
    mat2.map = t;
    mat2.normalMap = m;

    var mesh = new THREE.Mesh(geom, mat2);
    return mesh;
}
```

범프 맵에서 사용한 동일한 접근 방식을 사용한다. 하지만 이번에는 `normalMap` 속성을 법선 텍스처로 설정한다. 또한 `normalScale` 속성을 `mat.normalScale.set(1,1)`로 설정해 범프가 어떻게 보이는지 명확하게 정의할 수 있다. 이 두 속성으로 x와 y축을 따라 확장할 수 있다. 가장 좋은 방법은 이 값들을 가장 좋은 효과의 값과 동일하게 유지하는 것이다. 이 값들이 0 이하가 되면 높이가 거꾸로 된다. 다음 스크린샷은 텍스처(왼쪽)와 법선 맵(오른쪽)을 보여준다.

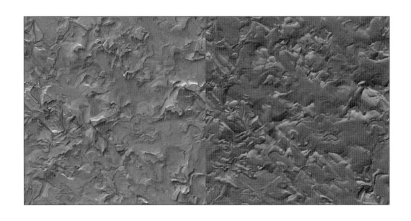

법선 맵은 만드는 것이 쉽지 않다는 문제가 있다. 블렌더나 포토샵 같은 전문 도구를 사용해야 한다. 고해상도 렌더링 또는 텍스처를 입력으로 사용해 법선 맵을 만든다.

Three.js는 런타임 동안 이 작업을 수행할 수 있는 방법도 제공한다. `THREE.ImageUtils` 객체는 자바스크립트/DOM 이미지를 입력으로 받아 법선 맵으로 변환하는 `getNormalMap` 함수를 제공한다.

## 라이트 맵으로 페이크 그림자 생성

앞의 예제에서 조명에 반응하는 진짜 같은 그림자를 만들기 위해 특정한 맵을 사용했다. 페이크 그림자를 만드는 다른 방법도 있다. 이번 절에서는 라이트 맵을 사용한다. 라이트 맵light map은 실제 그림자의 환영을 만드는 데 사용할 수 있는 미리 렌더링된 그림자다. 다음 스크린샷은 04-light-map.html의 예제를 보여준다.

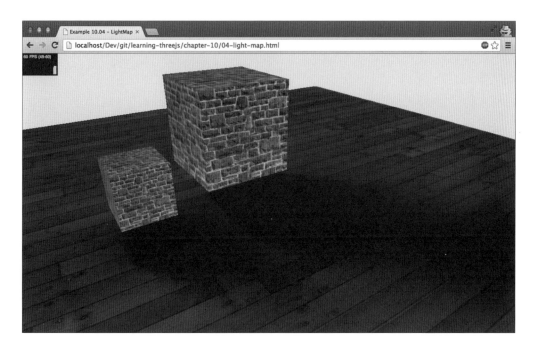

앞의 예제에서, 두 개의 정육면체에서 생긴 것처럼 보이는 멋진 그림자가 보인다. 하지만 이 그림자는 실제로는 다음 같은 라이트 맵 텍스처를 기반으로 만들어진 것이다.

라이트 맵으로 지정되는 그림자는 실제 그림자의 반영을 만들어서 배경판 위에서 그림자로 보여진다. 무거운 렌더링 부담 없이 고해상도 그림자를 만드는 데 이 기술을 사용할 수 있다. 이 방법은 정적인 장면에서만 동작한다. 라이트 맵의 사용 방법은 다른 텍스처와 큰 차이가 없다. 다음처럼 라이트 맵을 사용한다.

```
var lm = THREE.ImageUtils.loadTexture('../assets/textures/ lightmap/lm-1.
png');
var wood = THREE.ImageUtils.loadTexture('../assets/textures/ general/
floor-wood.jpg');
var groundMaterial = new THREE.MeshBasicMaterial ({lightMap: lm, map:
wood});
groundGeom.faceVertexUvs[1] = groundGeom.faceVertexUvs[0];
```

라이트 맵을 적용하려면 물질의 lightMap 속성을 보여주고자 하는 라이트 맵으로 설정하면 된다. 라이트 맵을 보여주기 위해서는 추가 절차가 필요하다. 명시적으로 라이트 맵에 대한 UV 매핑(텍스처의 어떤 부분이 면에서 보여지는지)을 정의해야 한다. 다른 텍스처의 라이트 맵을 독립적으로 적용할 수 있도록 하기 위해 필요하다. 예제에서는 배경판을 만들 때 Three.js에 의해 자동으로 생성된 기본 UV 매핑을 사용한다. 명시적인 UV 매핑이 필요한 배경에 대한 좀 더 자세한 정보를 http://stackoverflow.com/questions/15137695/three-js-lightmap-causes-an-error-webglrenderingcontext-gl-error-gl-invalid-op에서 찾을 수 있다.

그림자 맵이 제대로 배치된 경우, 그림자가 정육면체에서 만들어진 것처럼 보이게 정육면체를 정확한 위치에 놓아야 한다.

Three.js는 향상된 페이크 3D 효과에 사용할 수 있는 또 다른 텍스처를 제공한다. 다음 절에서 환경 맵으로 페이크 반영을 만드는 방법을 알아본다.

## 환경 맵으로 페이크 반영 생성

주변 환경의 반영을 계산하는 것은 아주 많은 CPU가 소모되는 작업이며 일반적으로 광선 추적ray tracer을 필요로 한다. Three.js에서 반영을 사용하려는 경우, 이를 페이크로 만들어야 한다. 주변 환경의 텍스처를 만들고 이를 특정 객체에 적용해 이 작업을 수행할 수 있다. 목표로 하는 결과를 먼저 보여준다. 예제는 05-env-map-static.html을 참조한다.

이 스크린샷에서 구체와 정육면체에 주변 환경이 반영되고 있는 것을 볼 수 있다. 마우스를 이동하면 카메라의 앵글에 따라 도시 환경이 반영된다. 이 예제를 만들기 위해 다음 단계를 수행한다.

1. **CubeMap 객체 생성**: 먼저 CubeMap 객체를 생성한다. CubeMap은 정육면체의 각 면에 적용할 수 있는 6개 텍스처의 집합이다.

2. **CubeMap 객체로 박스를 생성**: CubeMap 박스는 카메라를 이동할 때 볼 수 있는 환경이다. 이 박스는 서 있는 주변 환경의 반영을 제공한다. 실제로는 공간의 반영을 제공하기 위해 텍스처로 렌더링되어 있는 정육면체의 내부에 서 있는 것과 같다.

**3. CubeMap 객체를 텍스처로 적용**: 환경을 시뮬레이션하는 데 사용하는 동일한 CubeMap 객체를 메시의 텍스처로 사용할 수 있다. Three.js는 환경의 반영처럼 보이는지 확인한다.

소스 물질이 있다면 CubeMap을 만드는 것은 아주 간단하다. 전체 환경을 구성하는 여섯 개의 이미지가 필요하다. 따라서 전면(posz), 후면(negz), 위(posy), 아래(negy), 오른쪽(posx), 왼쪽(negx)의 사진이 필요하다. Three.js는 이들을 이어 붙여 환경 맵을 만든다. 이런 사진을 다운로드할 수 있는 여러 사이트들이 있다. 이 예제에서 사용된 사진은 http://www.humus.name/index.php?page=Textures에서 다운로드했다.

여섯 장의 사진이 준비되면, 다음 코드를 사용해 로드한다.

```
function createCubeMap() {

  var path = "../assets/textures/cubemap/parliament/";
  var format = '.jpg';
  var urls = [
    path + 'posx' + format, path + 'negx' + format,
    path + 'posy' + format, path + 'negy' + format,
    path + 'posz' + format, path + 'negz' + format
  ];

  var textureCube = THREE.ImageUtils.loadTextureCube( urls );
  return textureCube;
}
```

THREE.ImageUtils 자바스크립트 객체를 다시 사용한다. 하지만 이번에는 텍스처의 배열을 전달하고, loadTextureCube 함수로 CubeMap 객체를 생성한다. 이미 360도 파노라마 이미지를 가지고 있다면, CubeMap을 만들 때 사용하는 이미지들로 변환할 수도 있다. http://gonchar.me/panorama/[1]에서 이미지를 변환하면 right.png와 left.png, top.png, bottom.png, front.png, back.png 같은 이름의

---

1  해당 사이트는 현재 폐쇄된 상태입니다.– 옮긴이

이미지 여섯 장을 얻을 수 있다. 다음처럼 urls 변수를 생성해 사용할 수 있다.

```
var urls = [
  'right.png',
  'left.png',
  'top.png',
  'bottom.png',
  'front.png',
  'back.png'
];
```

또는 다른 방법으로 다음처럼 textureCube를 생성할 때 장면을 로드해 Three.js 가 변환을 처리하도록 할 수도 있다.

```
var textureCube = THREE.ImageUtils.loadTexture("360-degrees.png", new
THREE.UVMapping());
```

CubeMap으로 먼저 박스를 만든다.

```
var textureCube = createCubeMap();
var shader = THREE.ShaderLib[ "cube" ];
shader.uniforms[ "tCube" ].value = textureCube;
var material = new THREE.ShaderMaterial( {
  fragmentShader: shader.fragmentShader,
  vertexShader: shader.vertexShader,
  uniforms: shader.uniforms,
  depthWrite: false,
  side: THREE.BackSide
});
cubeMesh = new THREE.Mesh(new THREE.BoxGeometry(100, 100, 100), material);
```

Three.js는 CubeMap (var shader = THREE.ShaderLib[ "cube" ];) 기반의 환경을 만들 때 THREE.ShaderMaterial과 함께 사용할 수 있는 특정 셰이더를 제공한다. CubeMap으로 셰이더를 구성하고, 메시를 생성해 장면에 추가한다. 이 메시는 내부에서 보는 경우 서 있는 곳의 페이크 환경을 나타낸다.

동일한 CubeMap 객체가 페이크 반영을 만들어 렌더링할 메시에 반영되어야 한다.

```
var sphere1 = createMesh(new THREE.SphereGeometry(10, 15, 15), "plaster.
jpg");
```

```
sphere1.material.envMap = textureCube;
sphere1.rotation.y = -0.5;
sphere1.position.x = 12;
sphere1.position.y = 5;
scene.add(sphere1);
var cube = createMesh(new THREE.CubeGeometry(10, 15, 15), "plaster.
jpg","plaster-normal.jpg");
sphere2.material.envMap = textureCube;
sphere2.rotation.y = 0.5;
sphere2.position.x = -12;
sphere2.position.y = 5;
scene.add(cube);
```

물질의 envMap 속성을 생성한 cubeMap 객체로 설정했다. 그 결과, 메시가 이 환경을 반영해 야외에 서 있는 것처럼 보이는 장면이 된다. 슬라이더를 사용해 물질의 reflectivity 속성을 설정하면, 이름에서 알 수 있듯이 주위 환경이 물질에 반영되는 정도를 결정할 수 있다.

반영 외에, Three.js에서는 굴절(유리 같은 객체)에도 CubeMap 객체를 사용할 수 있다. 다음 스크린샷은 이를 보여준다.

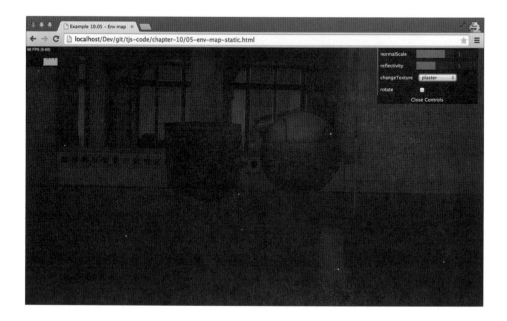

이 효과를 얻기 위해 텍스처의 로딩을 변경한다.

```
var textureCube = THREE.ImageUtils.loadTextureCube( urls, new THREE.
CubeRefractionMapping());
```

reflection 속성처럼, 물질의 refraction 속성으로 refraction 비율을 제어할
수 있다. 예제에서 메시의 정적 환경 맵을 사용했다. 즉, 이 환경에서 환경 반영 외
에 다른 메시는 없다. 다음 스크린샷(05-env-map-dynamic.html 예제)에서 장면에
있는 다른 객체를 보여주는 반영을 만드는 방법을 보여준다.

장면에 있는 다른 객체의 반영도 보여주기 위해서는 다른 Three.js 구성요소가 필
요하다. 먼저 THREE.CubeCamera라는 추가 카메라가 필요하다.

```
Var cubeCamera = new THREE.CubeCamera(0.1, 20000, 256);
scene.add(cubeCamera);
```

THREE.CubeCamera로 모든 객체가 렌더링된 장면의 스냅샷을 찍고, 이를 사용
해 CubeMap을 설정한다. 동적인 반영을 표시하려는 THREE.Mesh의 정확한 위치

에 카메라를 위치시키도록 해야 한다. 예제에서는 가운데 구체에만 반영을 보여준다. 이 구체는 0, 0, 0의 위치에 있다. 따라서 이 예제에서는 명시적으로 THREE.CubeCamera를 배치할 필요가 없다.

구체에만 동적인 반영을 적용한다. 따라서 두 개의 다른 물질이 필요하다.

```
var dynamicEnvMaterial = new THREE.MeshBasicMaterial({envMap: cubeCamera.
renderTarget });
var envMaterial = new THREE.MeshBasicMaterial({envMap: textureCube });
```

앞의 예제와 다른 점은 동적 반영을 위해 envMap 속성을 textureCube 대신 cubeCamera.renderTarget으로 설정했다는 점이다. 예제에서 가운데 구체에는 dynamicEnvMaterial을 사용하고 나머지 두 객체에는 envMaterial을 사용했다.

```
sphere = new THREE.Mesh(sphereGeometry, dynamicEnvMaterial);
sphere.name = 'sphere';
scene.add(sphere);

var cylinder = new THREE.Mesh(cylinderGeometry, envMaterial);
cylinder.name = 'cylinder';
scene.add(cylinder);

cylinder.position.set(10, 0, 0);
var cube = new THREE.Mesh(boxGeometry, envMaterial);
cube.name = 'cube';
scene.add(cube);
cube.position.set(-10, 0, 0);
```

남은 작업은 cubeCamera가 장면을 렌더링한 결과물을 가운데 있는 구체의 입력으로 사용하는 것이다. 이를 위해 다음처럼 render 루프를 업데이트한다.

```
function render() {
  sphere.visible = false;
  cubeCamera.updateCubeMap( renderer, scene );
  sphere.visible = true;
  renderer.render(scene, camera);
  ...
  requestAnimationFrame(render);
}
```

먼저 sphere를 보이지 않게 했다. 이는 다른 두 객체의 반영만 보이게 하기 위해서다. 다음으로 updateCubeMap 함수를 호출해, cubeCamera로 장면을 렌더링한다. 그런 다음, sphere를 다시 보이게 하고 장면을 정상적으로 렌더링한다. 그 결과 정육면체와 실린더 객체의 반영이 구체에 보여진다.

마지막으로 살펴볼 기본 물질은 스페큘라 맵이다.

## 스페큘라 맵

스페큘라 맵specular map으로 물질의 광택과 하이라이트 색상을 정의하는 맵을 지정할 수 있다. 예를 들어 다음 스크린샷에서 지구를 렌더링하기 위해 스페큘라 맵과 법선 맵을 함께 사용했다. 이 예제는 06-specular-map.html에서 볼 수 있다. 결과는 다음 스크린샷과 같다.

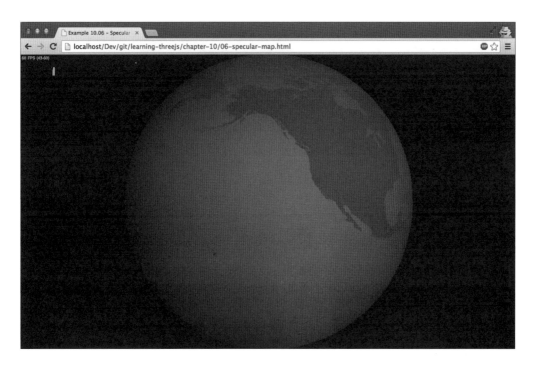

이 스크린샷에서 바다가 하이라이트되고 빛을 반사하고 있다. 반면에 대륙은 매우 어둡고 빛을 (훨씬) 반사하지 않는다. 이 효과를 위해 특정 텍스처를 사용하는 대신 하이라이트를 보여주는 법선 맵과 바다를 하이라이트하는 스페큘라 맵을 사용했다.

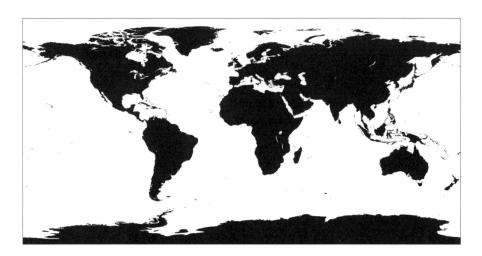

기본적으로 픽셀의 값이 높을수록(검은색에서 흰색으로), 표면이 더 빛난다. 스페큘라 맵은 일반적으로 반사의 색을 결정하는 데 사용하는 specular 속성과 함께 사용된다. 예제의 경우, 적색으로 설정한다.

```
var specularTexture=THREE.ImageUtils.loadTexture("../assets/ textures/
planets/EarthSpec.png");
var normalTexture=THREE.ImageUtils.loadTexture("../assets/ textures/
planets/EarthNormal.png");
var planetMaterial = new THREE.MeshPhongMaterial();
planetMaterial.specularMap = specularTexture;
planetMaterial.specular = new THREE.Color( 0xff0000 );
planetMaterial.shininess = 1;
planetMaterial.normalMap = normalTexture;
```

일반적으로 최적의 효과는 낮은 광택에서 나타나지만, 사용하는 조명과 스페큘라 맵에 따라 원하는 효과를 얻기 위해서는 실험이 필요하다.

## 고급 텍스처 사용

이전 절을 통해 몇 가지 기본 텍스처의 사용법을 알아보았다. Three.js는 고급 텍스처를 사용할 수 있는 옵션도 제공한다. 이번 절에서는 Three.js가 제공하는 몇 가지 옵션을 살펴보겠다.

### 사용자 정의 UV 매핑

UV 매핑에 대해 좀 더 자세히 알아보는 것으로 시작한다. 앞에서 이미 UV 매핑에 대해 설명했다. UV 매핑으로 특정 면에 텍스처의 어떤 부분을 표시할지 지정할 수 있다. Three.js에서 지오메트리를 생성할 때, 이런 매핑은 생성된 지오메트리에 따라 자동으로 생성된다. 대부분의 경우, 기본 UV 매핑을 변경할 필요는 없다. UV 매핑의 동작에 대해 이해하는 데 가장 좋은 방법은 다음 스크린샷처럼 블렌더에서 제공하는 예를 살펴보는 것이다.

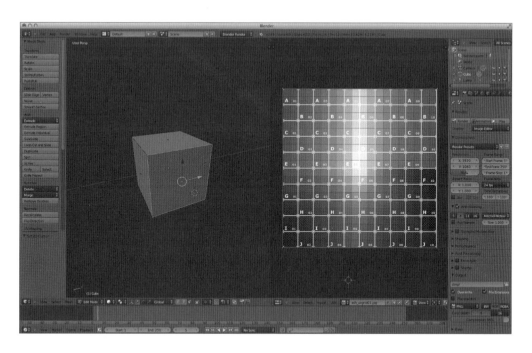

이 예제에서 두 개의 창을 볼 수 있다. 왼쪽 창은 정육면체 지오메트리를 포함한다. 오른쪽 창은 예제 텍스처의 UV 매핑을 보여준다. 이 예제에서 왼쪽 창에서 면하나를 선택하면, 오른쪽 창에서 이 면에 대한 UV 매핑을 보여준다. 보는 바와 같이, 면의 각 꼭지점은 우측 UV 매핑(작은 원)의 모서리 중 하나에 위치된다. 이는 완전한 텍스처가 면에 사용된다는 것을 의미한다. 정육면체의 다른 면들 모두 동일한 방법으로 매핑된다. 따라서 결과로 각각의 면이 전체 텍스처를 보여주는 정육면체를 보여준다. 07-uv-mapping.html 예제를 참조한다. 이 예제는 다음 스크린샷과 같다.

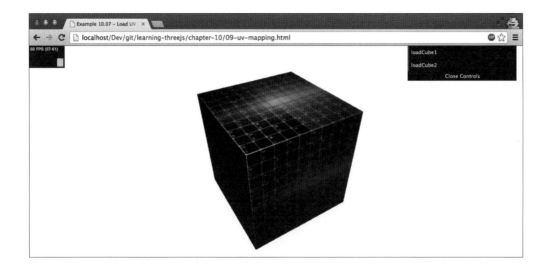

이것은 블렌더 정육면체의 기본이다(Three.js도 마찬가지). 이제 텍스처의 2/3만 선택해 UV를 변경하자(다음 스크린샷에서 선택된 영역을 참조한다).

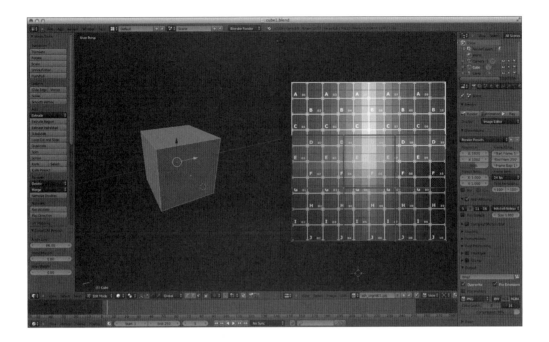

이제 Three.js에 보면, 다음 스크린샷처럼 텍스처가 다르게 적용된 것을 볼 수
있다.

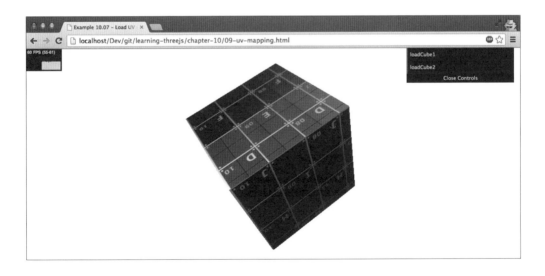

사용자 정의 UV 매핑은 일반적으로 (특히 모델이 복잡해질수록) 블렌더 같은 프로그램을 사용한다. 여기서 기억해야 할 가장 중요한 사항은 UV 매핑이 0에서 1의 범위를 가지는 u와 v의 두 차원에서 동작한다는 것이다. UV 매핑을 사용자 정의하려면 각 면에서 텍스처의 어떤 부분이 보여질지 정의해야 한다. 이 작업은 면을 구성하는 각 꼭지점의 u와 v 좌표를 정의할 수 있다. 다음 코드를 사용해 u와 v 값을 정의한다.

```
geom.faceVertexUvs[0][0][0].x = 0.5;
geom.faceVertexUvs[0][0][0].y = 0.7;
geom.faceVertexUvs[0][0][1].x = 0.4;
geom.faceVertexUvs[0][0][1].y = 0.1;
geom.faceVertexUvs[0][0][2].x = 0.4;
geom.faceVertexUvs[0][0][2].y = 0.5;
```

이 코드는 지정된 값으로 첫 번째 면의 uv 속성을 설정한다. 각 면은 3개의 꼭지점으로 정의된다. 따라서 면의 모든 uv 값을 설정하려면 총 6개의 속성을 설정해야 한다. 07-uv-mapping-manual.html 예제를 열면 수동으로 uv 매핑을 변경할 때 어떤 일이 일어나는지 알 수 있다. 다음 스크린샷은 이 예제를 보여준다.

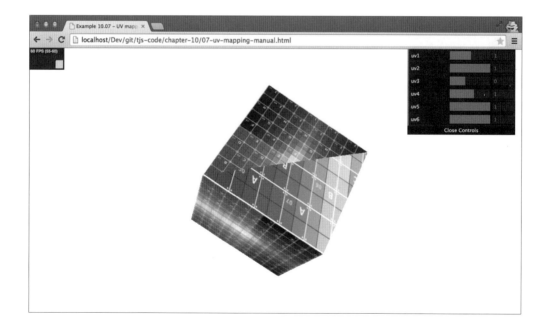

다음으로 약간의 내부 UV 매핑 트릭을 사용해 텍스처를 반복하는 방법을 알아본다.

## 래핑 반복

Three.js에 의해 생성된 지오메트리에 텍스처를 적용할 때, Three.js는 가능한 최적의 텍스처를 적용하려고 시도한다. 예를 들어, 정육면체의 경우, 각 면은 전체 텍스처를 표시하고, 구체의 경우 전체 텍스처로 구체를 감싸는 것을 의미한다. 하지만 경우에 따라 지오메트리를 텍스처 전체가 아닌 일부만 반복해 적용할 필요가 있을 때가 있다. Three.js는 이를 제어할 수 있는 repeat 속성을 제공한다. 이 예제는 08-repeat-wrapping.html이다. 다음 스크린샷은 이 예제를 보여준다.

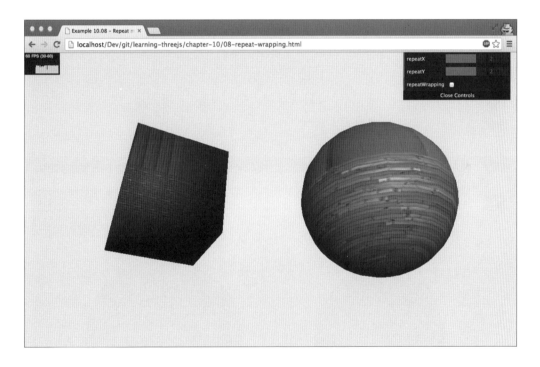

이 예제에서 텍스처 자체의 반복을 제어하는 속성을 설정할 수 있다.

이 속성으로 원하는 효과를 얻기 위해, 먼저 다음 코드처럼 텍스처의 래핑을 THREE.RepeatWrapping으로 설정했는지 확인한다.

```
cube.material.map.wrapS = THREE.RepeatWrapping;
cube.material.map.wrapT = THREE.RepeatWrapping;
```

wrapS 속성은 텍스처가 x축을 따라 어떻게 동작하는지 정의하고, wrapT 속성은 y축을 따라 어떻게 동작하는지 정의한다. Three.js는 이에 대해 다음 두 가지 옵션을 제공한다.

- THREE.RepeatWrapping은 텍스처 자체를 반복한다.
- THREE.ClampToEdgeWrapping은 기본 설정이다. 텍스처 전체가 아닌 엣지<sub>edge</sub>의 픽셀만 반복된다.

repeatWrapping 메뉴 옵션을 비활성화시키면, 다음 그림처럼 THREE.ClampToEdgeWrapping 옵션이 사용된다.

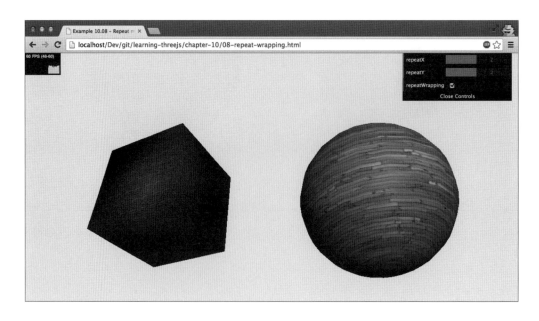

`THREE.RepeatWrapping`을 사용하면, 다음 코드처럼 repeat 속성을 설정할 수 있다.

```
cube.material.map.repeat.set(repeatX, repeatY);
```

repeatX 변수는 x축을 따라 텍스처가 반복되는 빈도를 정하고, repeatY 변수는 y축을 따라 텍스처가 반복되는 빈도를 정한다. 이 값이 1로 설정되어 있으면, 텍스처는 반복되지 않는다. 이 값이 높은 값으로 설정되면 텍스처가 반복되기 시작한다. 1보다 작은 값을 사용할 수도 있다. 이 경우, 텍스처가 줌인된다. repeat 값을 음수로 설정하면 텍스처가 미러링된다.

repeat 속성을 변경하면, Three.js는 자동으로 텍스처를 업데이트하고 이 새로운 설정으로 렌더링한다. `THREE.RepeatWrapping`을 `THREE.ClampToEdgeWrapping`으로 변경하면, 명시적으로 텍스처를 업데이트해야 한다.

```
cube.material.map.needsUpdate = true;
```

지금까지 텍스처에 정적인 이미지만을 사용해 왔다. 하지만 Three.js는 HTML5 캔버스를 텍스처로 사용할 수 있다.

## 캔버스에 렌더링하고 이를 텍스처로 사용

이번 절에서는 두 가지 다른 예를 살펴보겠다. 먼저, 캔버스로 간단한 텍스처를 만들고 이를 메시에 적용하는 방법을 알아본다. 그리고 한 단계 더 나아가 임의로 생성된 패턴을 사용해 범프 맵으로 사용할 수 있는 캔버스를 만들어 본다.

### 캔버스를 텍스처로 사용

첫 번째 예제에서는 리터널리Literally 라이브러리(http://literallycanvas.com/)를 사용해 그림을 그릴 수 있는 대화형 캔버스(스크린샷의 왼쪽 하단)를 만들어 본다. 이 예제는 09-canvas-texture에서 찾을 수 있다. 다음 스크린샷은 이 예제를 보여준다.

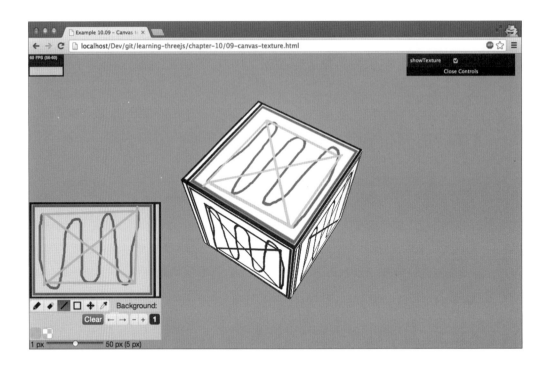

캔버스에 그림을 그리면 바로 정육면체의 텍스처로 렌더링된다. Three.js에서 몇 개의 단계로 아주 간단하게 만들 수 있다. 먼저 canvas 요소를 만든다. 이 예제에 서는 다음처럼 리터럴리 라이브러리와 함께 사용하도록 구성했다.

```
<div class="fs-container">
  <div id="canvas-output" style="float:left">
  </div>
</div>
...
var canvas = document.createElement("canvas");
$('#canvas-output')[0].appendChild(canvas);
$('#canvas-output').literallycanvas(
  {imageURLPrefix: '../libs/literally/img'});
```

자바스크립트에서 canvas 요소를 생성하고 특정 div 요소에 추가했다. literallycanvas를 호출해 직접 캔버스에 그림을 그릴 수 있는 그리기 도구를 만들 수 있다. 다음으로 캔버스 그림을 입력으로 하는 텍스처를 생성한다.

```
function createMesh(geom) {

  var canvasMap = new THREE.Texture(canvas);
  var mat = new THREE.MeshPhongMaterial();
  mat.map = canvasMap;
  var mesh = new THREE.Mesh(geom,mat);

  return mesh;
}
```

코드에서 볼 수 있듯이, 새로운 텍스처를 생성(new THREE.Texture(canvas))할 때, canvas 요소의 참조를 전달하기만 하면 된다. 이 코드는 canvas 요소를 물질로 사용하는 텍스처를 생성한다. 마지막으로 캔버스에 그림을 그리면 정육면체에 나타나도록 물질을 업데이트한다.

```
function render() {
  stats.update();

  cube.rotation.y += 0.01;
  cube.rotation.x += 0.01;

  cube.material.map.needsUpdate = true;
  requestAnimationFrame(render);
  webGLRenderer.render(scene, camera);
}
```

텍스처의 needsUpdate 속성을 true로 설정하면, Three.js가 텍스처를 업데이트한다. 이 예제에서 canvas 요소를 텍스처의 간단한 입력으로 사용했다. 물론, 이 아이디어는 지금까지 살펴본 다른 모든 유형의 맵에도 동일하게 적용할 수 있다. 다음 예제에서는 canvas 요소를 범프 맵으로 사용한다.

## 캔버스를 범프 맵으로 사용

이 장의 앞에서 살펴본 것처럼, 범프 맵으로 간단한 주름진 텍스처를 만들 수 있다. 범프 맵의 픽셀의 강도가 클수록 주름은 깊어진다. 범프 맵이 단순히 흑백 이미지이기 때문에, 캔버스를 범프 맵의 입력으로 사용해도 아무런 문제가 없다.

다음 예제에서 임의의 그레이 스케일 이미지를 생성하는 데 캔버스를 사용한다. 그리고 이 이미지를 범프 맵의 입력으로 사용해 정육면체에 적용한다. 09-canvas-texture-bumpmap.html 예제를 참조한다. 다음 스크린샷은 이 예제를 보여준다.

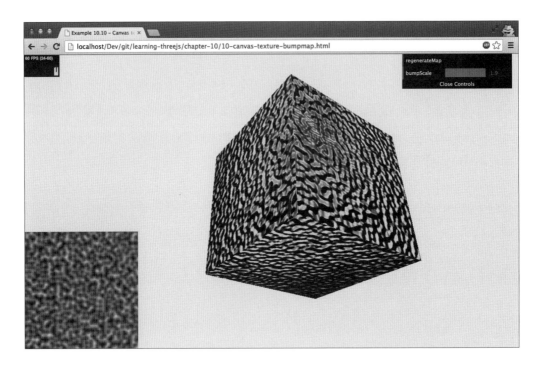

이 예제에 필요한 자바스크립트 코드는 이전의 예제와 큰 차이가 없다. 먼저 canvas 요소를 만들고 임의의 잡음으로 캔버스를 채운다. 잡음 생성을 위해 펄린 잡음Perlin noise을 사용했다. 펄린 잡음(http://en.wikipedia.org/wiki/Perlin_noise)은 아주 자연스러운 임의의 텍스처를 생성해 준다. 이를 위해 https://github.com/wwwtyro/perlin.js에서 펄린 잡음 함수를 사용했다.

```
var ctx = canvas.getContext("2d");
function fillWithPerlin(perlin, ctx) {

  for (var x = 0; x < 512; x++) {
    for (var y = 0; y < 512; y++) {
```

```
        var base = new THREE.Color(0xffffff);
        var value = perlin.noise(x / 10, y / 10, 0);
        base.multiplyScalar(value);
        ctx.fillStyle = "#" + base.getHexString();
        ctx.fillRect(x, y, 1, 1);
      }
    }
}
```

perlin.noise 함수로 canvas 요소의 x축과 y축에 기초한 0에서 1 사이의 값을
생성한다. 이 값은 canvas 요소에 하나의 픽셀을 그리는 데 사용된다. 모든 픽셀에
대해 이 과정을 수행하면 이전 스크린샷의 좌측 하단과 같은 랜덤 맵을 만들 수 있
다. 이 맵을 범프 맵으로 사용할 수 있다. 다음은 랜덤 맵을 생성하는 방법이다.

```
var bumpMap = new THREE.Texture(canvas);

var mat = new THREE.MeshPhongMaterial();
mat.color = new THREE.Color(0x77ff77);
mat.bumpMap = bumpMap;
bumpMap.needsUpdate = true;

var mesh = new THREE.Mesh(geom, mat);
return mesh;
```

 이 예제에서 HTML canvas 요소를 사용해 펄린 잡음을 렌더링했다. Three.js는 동적으
로 텍스처를 만들 수 있는 다른 방법을 제공한다. THREE.ImageUtils 객체는 특정 크기의
THREE.DataTexture 텍스처를 만들어 주는 generateDataTexture 함수를 제공한다. 이
텍스처는 image.data 속성에 직접 텍스처의 RGB 값을 설정할 수 있는 Uint8Array를 포
함한다.

마지막으로 텍스처의 입력으로 사용할 수 있는 요소는 HTML5 video 요소다.

## 비디오의 출력을 텍스처로 사용

캔버스 렌더링에 대한 이전 절을 읽었다면, 비디오를 캔버스로 렌더링하고 이를 텍스처의 입력으로 사용하는 방법을 고려해 보았을 것이다. 옵션이기는 하지만 Three.js(웹GL을 통해)는 이미 HTML5 video 요소를 직접 지원하고 있다. 11-video-texture.html 예제를 확인해 보자. 다음 스크린샷은 이 예제의 정지 이미지를 보여준다.

비디오를 텍스처의 입력으로 사용하는 것도 캔버스를 사용하는 것만큼 아주 쉽다. 먼저 비디오를 재생하는 video 요소가 필요하다.

```
<video id="video"
  style="display: none;
  position: absolute; left: 15px; top: 75px;"
  src="../assets/movies/Big_Buck_Bunny_small.ogv"
  controls="true" autoplay="true">
</video>
```

미디어가 자동으로 재생되도록 설정한 기본 HTML5 video 요소다. 다음으로 Three.js가 이 비디오를 텍스처의 입력으로 사용하도록 설정한다.

```
var video = document.getElementById('video');
texture = new THREE.Texture(video);
texture.minFilter = THREE.LinearFilter;
texture.magFilter = THREE.LinearFilter;
texture.generateMipmaps = false;
```

비디오가 사각형이기 때문에, 물질의 밉맵 생성을 비활성화해야 한다. 또한 물질이 빨리 변화하기 때문에 몇 가지 간단한 고성능 필터를 설정한다. 이제 메시를 생성하고 텍스처를 설정한다. 예제에서는 MeshFaceMaterial을 MeshBasicMaterial과 함께 사용했다.

```
var materialArray = [];
materialArray.push(new THREE.MeshBasicMaterial({color: 0x0051ba}));
materialArray.push(new THREE.MeshBasicMaterial({color: 0x0051ba}));
materialArray.push(new THREE.MeshBasicMaterial({color: 0x0051ba}));
materialArray.push(new THREE.MeshBasicMaterial({color: 0x0051ba}));
materialArray.push(new THREE.MeshBasicMaterial({map: texture }));
materialArray.push(new THREE.MeshBasicMaterial({color: 0xff51ba}));
var faceMaterial = new THREE.MeshFaceMaterial(materialArray);
var mesh = new THREE.Mesh(geom,faceMaterial);
```

이제 마지막으로 다음처럼 render 루프에서 텍스처를 업데이트한다.

```
if ( video.readyState === video.HAVE_ENOUGH_DATA ) {
  if (texture) texture.needsUpdate = true;
}
```

이 예제에서는 정육면체의 한쪽 면에 비디오를 렌더링하기만 했지만, 일반 텍스처이기 때문에 이것으로 원하는 어떤 작업도 할 수 있다. 예를 들어, 사용자 정의 UV 매핑으로 정육면체의 면을 따라 분할하거나, 비디오를 범프 맵이나 법선 맵의 입력으로 사용할 수도 있다.

Three.js 버전 r69에서 특별히 비디오를 다루는 텍스처가 도입되었다. 이 텍스처(THREE.VideoTexture)는 이번 절에서 살펴본 코드를 래핑해 THREE.VideoTexture

를 대안으로 사용할 수 있다. 다음 코드는 `THREE.VideoTexture`로 텍스처를 만드는 방법(11-video-texture.html 예제 참조)을 보여준다.

```
var video = document.getElementById('video');
texture = new THREE.VideoTexture(video);
```

## 요약

이것으로 텍스처에 대한 이번 장을 마친다. 지금까지 살펴본 것처럼, Three.js는 다양한 용도에 사용할 수 있는 다양한 종류의 텍스처를 지원한다. PNG나 JPG, GIF, TGA, DDS 또는 PVR 포맷 등 어떠한 이미지도 텍스처로 사용할 수 있다. 이미지의 로드는 비동기적으로 수행되기 때문에 텍스처를 로드할 때 렌더링 루프를 사용하거나 콜백을 추가해야 한다. 텍스처로 저 폴리 모델부터 범프 맵과 법선 맵으로 페이크 깊이 추가에 이르기까지 다양한 멋있는 객체를 만들 수 있다. Three.js로 HTML5 canvas나 video 요소로 동적 텍스처도 쉽게 생성할 수 있다. 이들 요소를 텍스처의 입력으로 설정하고 needsUpdate 속성을 true로 설정하면 텍스처를 업데이트할 수 있다.

지금까지 Three.js의 중요 개념을 거의 모두 살펴보았다. 하지만 아직까지 살펴보지 못한 Three.js가 제공하는 재미있는 기능이 있다. 후처리postprocessing로 렌더링된 장면에 효과를 추가할 수 있다. 예를 들어, 장면을 흐리게 하거나 색상화, 또는 주사선을 사용해 TV 같은 효과를 추가할 수도 있다. 11장에서는 후처리 방법에 대해 알아보고, 장면에 어떻게 적용하는지 알아보겠다.

# 11

# 사용자 정의 셰이더와 렌더링 후처리

이 책도 거의 끝을 향해 다가가고 있다. 11장에서는 Three.js의 주요 기능 중 하나인 렌더링 후처리에 대해 살펴보겠다. 또한 사용자 정의 셰이더를 제작하는 방법에 대해서도 소개한다. 이번 장에서 다루는 주제는 다음과 같다.

- 후처리를 위한 Three.js 설정
- Three.js가 제공하는 `THREE.BloomPass`와 `THREE.FilmPass` 같은 기본 후처리 패스pass 소개
- 마스크를 이용해 장면의 일부만 효과 적용하기
- `THREE.TexturePass`를 이용한 렌더링 결과 저장
- `THREE.ShaderPass`를 이용한 세피아 필터, 미러 효과, 색상 조정 같은 기본 후처리 효과 추가
- `THREE.ShaderPass`를 이용한 다양한 블러 효과와 고급 필터
- 간단한 셰이더를 작성해 사용자 정의 후처리 효과 만들기

1장에서 렌더링과 장면의 애니메이션을 위해 사용한 렌더링 루프를 설정했다. 후처리를 위해서는 Three.js가 마지막 렌더링 결과물에 후처리할 수 있도록 이 설정에서 몇 가지를 변경해야 한다. 첫 번째 절에서 이 작업을 알아본다.

## 후처리를 위한 Three.js 설정

Three.js에서 후처리를 할 수 있도록 하려면 현재 설정을 일부 변경해야 한다. 다음 단계를 수행한다.

1. 후처리 패스를 추가하는 데 사용하는 THREE.EffectComposer를 만든다.

2. THREE.EffectComposer를 설정해 장면을 렌더링하고 추가 후처리 단계를 적용할 수 있도록 한다.

3. 렌더링 루프에서 THREE.EffectComposer를 사용해 장면을 렌더링하고, 패스를 적용하고 결과를 보여준다.

언제나처럼 실험하고 결과를 적용하는 데 도움이 되는 예제를 제공한다. 이 장의 첫 번째 예제는 01-basic-effect-composer.html이다. 오른쪽 상단의 메뉴를 통해 후처리 단계의 속성을 변경할 수 있다. 이 예제에서 간단한 지구 모양을 렌더링하고 오래된 텔레비전 같은 효과를 추가했다. 이 텔레비전 효과는 장면이 렌더링된 후 THREE.EffectComposer를 사용해 추가되었다. 다음 스크린샷은 이 예제를 보여준다.

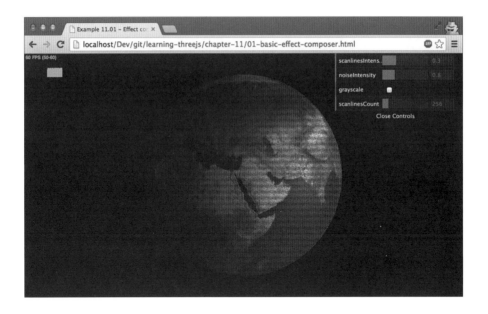

## THREE.EffectComposer

먼저 추가해야 할 자바스크립트 파일들을 살펴보자. 이 파일들은 Three.js 배포판의 examples/js/postprocessing과 examples/js/shaders 디렉토리에서 찾을 수 있다.

THREE.EffectComposer로 작업하는 데 필요한 최소한의 설정은 다음과 같다.

```
<script type="text/javascript" src="../libs/postprocessing/ EffectComposer.
js"></script>
<script type="text/javascript" src="../libs/postprocessing/ MaskPass.
js"></script>
<script type="text/javascript" src="../libs/postprocessing/ RenderPass.
js"></script>
<script type="text/javascript" src="../libs/shaders/ CopyShader.js"></
script>
<script type="text/javascript" src="../libs/postprocessing/ ShaderPass.
js"></script>
```

EffectComposer.js 파일은 후처리 단계를 처리하는 `THREE.EffectComposer` 객체를 제공한다. MaskPass.js와 ShaderPass.js, CopyShader.js 파일은 `THREE.EffectComposer`에 의해 내부적으로 사용되며, RenderPass.js는 `THREE.EffectComposer`에 렌더링 패스를 추가할 수 있게 해 준다. 이 패스 없이는 장면이 전혀 렌더링되지 않는다.

이 예제에서는 장면에 필름 같은 효과를 주기 위해 두 개의 자바스크립트 파일을 더 추가했다.

```
<script type="text/javascript" src="../libs/postprocessing/ FilmPass.
js"></script>
<script type="text/javascript" src="../libs/shaders/ FilmShader.js"></
script>
```

먼저 `THREE.EffectComposer`를 생성한다. 이 작업은 생성자에 `THREE.WebGLRenderer`를 전달해 수행할 수 있다.

```
var webGLRenderer = new THREE.WebGLRenderer();
var composer = new THREE.EffectComposer(webGLRenderer);
```

다음으로 컴포저composer에 다양한 패스를 추가한다.

## 후처리를 위한 THREE.EffectComposer 설정

각각의 패스는 `THREE.EffectComposer`에 추가된 순서로 실행된다. 예제에서 첫 번째로 추가한 패스는 `THREE.RenderPass`다. 다음 패스는 장면을 렌더링하지만 아직 스크린에 출력하지는 않는다.

```
var renderPass = new THREE.RenderPass(scene, camera);
composer.addPass(renderPass);
```

렌더링할 장면과 사용할 카메라를 전달해 `THREE.RenderPass`를 만든다. `addPass` 함수로 `THREE.RenderPass`를 `THREE.EffectComposer`에 추가한다. 다음 단계로 화면에 결과를 출력하는 다른 패스를 추가하지만 모든 패스가 가능한 것은 아니다. 뒤에서 좀 더 자세히 알아보겠지만, 우리가 이 예제에서 사용한 `THREE.FilmPass`

는 이 패스의 결과물을 화면에 출력할 수 있다. THREE.FilmPass를 추가하기 위해, 먼저 THREE.FilmPass를 생성하고 컴포저에 추가한다. 결과 코드는 다음과 같다.

```
var renderPass = new THREE.RenderPass(scene,camera);
var effectFilm = new THREE.FilmPass(0.8, 0.325, 256, false);
effectFilm.renderToScreen = true;

var composer = new THREE.EffectComposer(webGLRenderer);
composer.addPass(renderPass);
composer.addPass(effectFilm);
```

코드에서 보듯이, THREE.FilmPass를 생성하고 renderToScreen 속성을 true로 설정했다. 이 패스는 THREE.EffectComposer에 renderPass 다음으로 추가되었다. 따라서 이 컴포저가 사용되면, 먼저 장면이 렌더링되고 THREE.FilmPass를 통해 결과물이 화면에 출력된다.

## render 루프 업데이트

이제 THREE.WebGLRenderer 대신 컴포저를 사용하도록 render 루프를 약간 수정한다.

```
var clock = new THREE.Clock();
function render() {
  stats.update();

  var delta = clock.getDelta();
  orbitControls.update(delta);

  sphere.rotation.y += 0.002;

  requestAnimationFrame(render);
  composer.render(delta);
}
```

유일하게 수정한 부분은 webGLRenderer.render(scene, camera)를 제거하고 composer.render(delta)로 대체한 것이다. EffectComposer의 render 함수를 호출하고, EffectComposer에 전달한 THREE.WebGLRenderer를 사용한다. FilmPass의

renderToScreen을 true로 설정했기 때문에 FilmPass의 결과가 화면에 보여진다. 이 기본 설정으로, 다음 몇 개의 절에서 알아볼 후처리 패스를 사용할 수 있게 되었다.

## 후처리 패스

Three.js는 THREE.EffectComposer에서 직접 사용할 수 있는 다양한 후처리 패스를 제공한다. 이들 패스의 결과와 어떤 일이 일어나는지 이해하는 데 가장 좋은 방법은 이 장의 예제를 테스트하는 것이다. 다음 표는 Three.js에서 사용할 수 있는 패스의 개요를 보여준다.

| 패스 이름 | 설명 |
| --- | --- |
| THREE.BloomPass | 밝은 영역이 어두운 영역으로 확산되게 만드는 효과를 준다. 카메라가 아주 밝은 빛에 의해 압도되는 효과를 시뮬레이션해 준다. |
| THREE.DotScreenPass | 화면 전체에 검은 점의 레이어를 표시하는 효과를 준다. |
| THREE.FilmPass | 주사선과 왜곡을 적용해 TV 화면처럼 시뮬레이션해 준다. |
| THREE.GlitchPass | 임의의 시간 간격으로 화면에 전자 글리치(glitch)를 나타낸다. |
| THREE.MaskPass | 현재 이미지에 마스크를 적용할 수 있다. 이어지는 패스는 마스킹 영역에만 적용된다. |
| THREE.RenderPass | 제공되는 장면과 카메라를 기반으로 장면을 렌더링한다. |
| THREE.SavePass | 이 패스가 실행되면 현재 렌더링 단계의 복사본을 만든다. 이 패스는 실전에서 그다지 유용하지 않다. 우리 예제에서는 사용하지 않았다. |
| THREE.ShaderPass | 고급 사용자 정의 셰이더나 사용자 정의 후처리 패스에 전달할 수 있다. |
| THREE.TexturePass | 다른 EffectComposer 인스턴스의 입력으로 사용할 수 있도록 텍스처의 컴포저 현재 상태를 저장한다. |

간단한 패스부터 시작한다.

## 간단한 후처리 패스

먼저 간단한 `THREE.FilmPass`와 `THREE.BloomPass`, `THREE.DotScreenPass` 후처리 패스에 대해 알아본다. 이들 패스를 위한 02-post-processing-simple 예제가 준비되어 있다. 이 예제를 통해 이들 패스를 실험해 보고 원본의 결과에 어떻게 다르게 영향을 미치는지 확인할 수 있다. 다음 스크린샷은 이 예제를 보여준다.

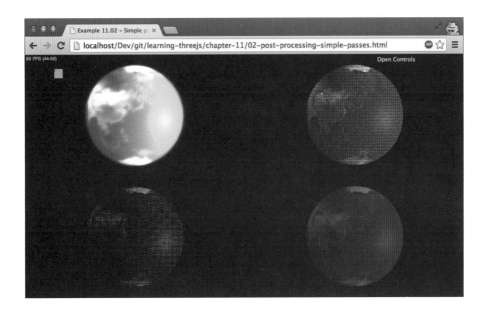

이 예제에서 각기 다른 후처리 패스가 추가된 4개의 장면을 볼 수 있다. 왼쪽 상단은 `THREE.BloomPass`를 보여주고, 오른쪽 상단은 `THREE.FilmPass`를, 왼쪽 하단은 `THREE.DotScreenPass`를, 그리고 오른쪽 하단은 원본 렌더링을 보여준다.

또한 이 예제에서 원본 렌더링의 출력을 다른 세 장면의 입력으로 재사용할 수 있도록 `THREE.ShaderPass`와 `THREE.TexturePass`를 사용했다. 따라서 각각의 패스를 살펴보기 전에 먼저 이 두 패스를 살펴본다.

```
var renderPass = new THREE.RenderPass(scene, camera);
var effectCopy = new THREE.ShaderPass(THREE.CopyShader);
effectCopy.renderToScreen = true;
var composer = new THREE.EffectComposer(webGLRenderer);
```

```
composer.addPass(renderPass);
composer.addPass(effectCopy);

var renderScene = new THREE.TexturePass(composer.renderTarget2);
```

이 코드에서 기본 장면을 출력(오른쪽 하단)하는 THREE.EffectComposer를 설정했다. 이 컴포저는 두 개의 패스를 가지고 있다. THREE.RenderPass는 장면을 렌더링하고, THREE.ShaderPass는 THREE.CopyShader와 구성되었을 때 renderToScreen 속성이 true로 설정되어 있으면, 더 이상의 후처리 없이 화면에 결과물을 출력한다. 예제를 보면 똑같은 장면이 네 번 보여지지만 각기 다른 효과가 적용된 것을 볼 수 있다. THREE.RenderPass를 네 번 사용해 장면을 처음부터 렌더링할 수도 있지만, 첫 번째 컴포저의 결과를 재사용할 수 있기 때문에 낭비다. 이를 위해 THREE.TexturePass를 생성하고 composer.renderTarget2 값을 전달한다. 이제 장면을 처음부터 렌더링할 필요 없이 renderScene 변수를 다른 컴포저의 입력으로 사용할 수 있다. 먼저 THREE.FilmPass를 다시 살펴보고 THREE.TexturePass를 어떻게 입력으로 사용할 수 있는지 알아보자.

## THREE.FilePass를 사용해 TV 효과 생성

11장의 첫 번째 절에서 THREE.FilmPass 만드는 방법에 대해 이미 알아보았다. 따라서 여기서는 이 효과를 THREE.TexturePass와 함께 사용하는 방법에 대해서만 알아본다.

```
var effectFilm = new THREE.FilmPass(0.8, 0.325, 256, false);
effectFilm.renderToScreen = true;
var composer4 = new THREE.EffectComposer(webGLRenderer);
composer4.addPass(renderScene);
composer4.addPass(effectFilm);
```

THREE.TexturePass를 사용할 때 유일하게 필요한 절차는 컴포저에 첫 번째 패스로 추가하는 것이다. 다음으로 THREE.FilmPass를 추가하면 효과가 적용된다. THREE.FilmPass 자체는 다음 네 개의 매개변수를 가진다.

| 속성 | 설명 |
|---|---|
| noiseIntensity | 이 속성은 장면이 거칠게 보이는 정도를 제어한다. |
| scanlinesIntensity | THREE.FilmPass는 장면에 주사선을 추가한다. 이 속성으로 주사선이 얼마나 두드러지게 보이는지 정의할 수 있다. |
| scanLinesCount | 이 속성으로 주사선의 개수를 제어할 수 있다. |
| grayscale | 이 속성이 true로 설정되어 있으면 결과물이 흑백으로 변환된다. |

이 매개변수는 두 가지 방법으로 전달할 수 있다. 이 예제에서는 생성자의 인수로 전달했지만, 다음처럼 직접 설정할 수도 있다.

```
effectFilm.uniforms.grayscale.value = controls.grayscale;
effectFilm.uniforms.nIntensity.value = controls.noiseIntensity;
effectFilm.uniforms.sIntensity.value = controls.scanlines Intensity;
effectFilm.uniforms.sCount.value = controls.scanlinesCount;
```

이 방법에서는 웹GL과 직접 통신하는 데 사용되는 uniforms 속성을 사용한다. uniforms에 대해서는 사용자 정의 셰이더를 만드는 절에서 좀 더 자세히 알아보겠다. 지금은 이 방법으로 후처리 패스와 셰이더의 구성을 직접 업데이트하고 바로 결과를 볼 수 있다는 정도만 알아두자.

### THREE.BloomPass로 장면에 블룸 효과 추가

왼쪽 상단에서 보았던 효과는 블룸 효과Bloom effect라고 불린다. 이 블룸 효과를 적용하면 장면의 밝은 부분은 더욱 눈에 띄게 번지는 효과가 발생한다. THREE.BloomPass를 만드는 코드는 다음과 같다.

```
var effectCopy = new THREE.ShaderPass(THREE.CopyShader);
effectCopy.renderToScreen = true;
...
var bloomPass = new THREE.BloomPass(3, 25, 5, 256);
var composer3 = new THREE.EffectComposer(webGLRenderer);
composer3.addPass(renderScene);
composer3.addPass(bloomPass);
composer3.addPass(effectCopy);
```

이 코드를 THREE.FilmPass와 함께 사용했던 THREE.EffectComposer와 비교해 보면, 추가 패스인 effectCopy가 추가된 것을 알 수 있다. 이 과정은 특수 효과를 추가하지 않고 마지막 패스의 결과물을 복사해 화면으로 전달한다. 이 과정은 THREE.BloomPass가 화면에 직접 렌더링할 수 없기 때문에 추가한다.

다음 표는 THREE.BloomPass에 설정할 수 있는 속성들의 목록을 보여준다.

| 속성 | 설명 |
| --- | --- |
| Strength | 블룸 효과의 강도. 강도가 높을수록 밝은 영역은 더 밝아지고 어두운 영역에 확산된다. |
| kernelSize | 이 속성은 블룸 효과의 오프셋(offset)을 제어한다. |
| sigma | sigma 속성으로 블룸 효과의 선명도를 제어할 수 있다. 값이 높을수록 블룸 효과가 번져 보인다. |
| Resolution | Resolution 속성은 블룸 효과가 만들어지는 정확도를 정의한다. 너무 낮게 설정하면 결과가 뭉그러져 보일 것이다. |

이들 속성을 이해하는 가장 좋은 방법은 앞에서 살펴본 02-post-processing-simple 예제로 이들 속성을 실험해 보는 것이다. 다음 스크린샷은 블룸 효과를 높은 kernelSize와 sigma 값과 낮은 Strength 값으로 설정한 결과를 보여준다.

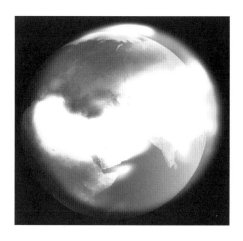

마지막으로 살펴볼 간단한 효과는 THREE.DotScreenPass다.

## 장면을 점의 집합으로 출력

THREE.DotScreenPass는 THREE.BloomPass와 아주 유사하다. 앞에서 THREE.BloomPass의 동작은 살펴보았다. 이제 THREE.DotScreenPass 코드를 살펴보자.

```
var dotScreenPass = new THREE.DotScreenPass();
var composer1 = new THREE.EffectComposer(webGLRenderer);
composer1.addPass(renderScene);
composer1.addPass(dotScreenPass);
composer1.addPass(effectCopy);
```

이 효과를 사용하기 위해서는 결과를 화면에 표시하기 위한 effectCopy를 추가해야 한다. THREE.DotScreenPass는 다음 속성으로 설정할 수 있다.

| 속성 | 설명 |
| --- | --- |
| center | center 속성으로 점들의 오프셋을 조정할 수 있다. |
| angle | 점들은 일정한 방식으로 정렬된다. 이 angle 속성으로 정렬 방법을 변경할 수 있다. |
| Scale | 이 속성으로 점의 크기를 설정할 수 있다. scale이 작을수록 점은 커진다. |

다른 셰이더에 적용되는 속성들을 이 셰이더에 역시 적용할 수 있다. 실험을 통해 올바른 설정 값을 찾는 것이 좋다.

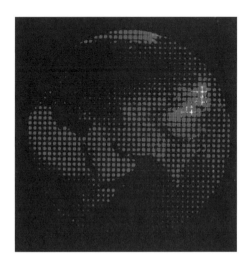

## 동일 화면의 여러 렌더러의 결과 보기

이 절에서는 같은 화면에 있는 네 개의 THREE.EffectComposer 인스턴스의 결과물을 얻는 방법을 설명한다. 먼저 이 예제에서 사용된 렌더링 루프를 살펴보자.

```
function render() {
  stats.update();

  var delta = clock.getDelta();
  orbitControls.update(delta);

  sphere.rotation.y += 0.002;

  requestAnimationFrame(render);

  webGLRenderer.autoClear = false;
  webGLRenderer.clear();

  webGLRenderer.setViewport(0, 0, 2 * halfWidth, 2 * halfHeight);
  composer.render(delta);

  webGLRenderer.setViewport(0, 0, halfWidth, halfHeight);
  composer1.render(delta);

  webGLRenderer.setViewport(halfWidth, 0, halfWidth, halfHeight);
  composer2.render(delta);

  webGLRenderer.setViewport(0, halfHeight, halfWidth, halfHeight);
  composer3.render(delta);

  webGLRenderer.setViewport(halfWidth, halfHeight, halfWidth, halfHeight);
  composer4.render(delta);
}
```

먼저 webGLRenderer.autoClear 속성을 false로 설정하고 명시적으로 clear()
함수를 호출하는 것에 주목한다. 컴포저의 render() 함수를 호출할 때마다 이 과
정을 수행하지 않으면 이전에 렌더링된 장면은 지워진다. 이 방법으로 render 루
프가 시작할 때만 장면을 지울 수 있다.

모든 컴포저가 같은 공간에 렌더링되는 것을 방지하기 위해, 컴포저가 사용하고
있는 webGLRenderer의 뷰포트를 화면의 다른 부분으로 설정했다. 이 함수는 x, y,
width, height의 네 개 인자를 받는다. 예제 코드에서 볼 수 있듯이, 이 함수를 사
용해 네 부분으로 화면을 분할하고 컴포저가 자신의 개별 영역에 렌더링하도록 한
다. 원한다면 복수의 장면과 카메라, WebGLRenderer에서도 이 방법을 사용할 수
있다.

이 절의 시작 부분에 있는 표에서 THREE.GlitchPass에 대해서도 언급했었다. 이
렌더 패스로 장면에 전자 글리치 효과glitch effect를 추가할 수 있다. 이 효과도 지금
까지 살펴본 다른 효과들과 마찬가지로 쉽게 사용할 수 있다. 이 효과를 사용하기
위해서는 먼저 HTML 페이지에 다음 두 개의 파일을 포함시킨다.

```
<script type="text/javascript" src="../libs/postprocessing/ GlitchPass.
js"></script>
<script type="text/javascript" src="../libs/postprocessing/ DigitalGlitch.
js"></script>
```

그런 다음 다음처럼 THREE.GlitchPass 객체를 생성한다.

```
var effectGlitch = new THREE.GlitchPass(64);
effectGlitch.renderToScreen = true;
```

결과로 다음 그림처럼 정상적으로 렌더링되다가 임의의 시간 간격으로 글리치 효
과가 나타난다.

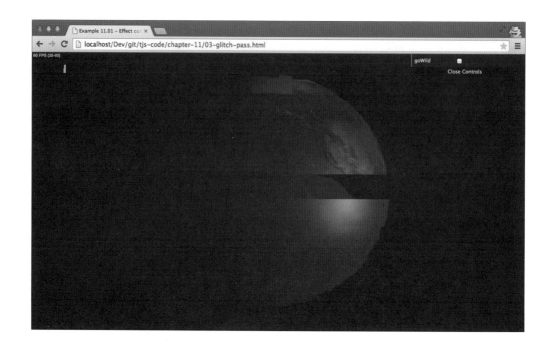

지금까지는 단순한 패스만 연결해왔다. 다음 예제에서는 좀 더 복잡한 `THREE.EffectComposer`를 구성하고 마스크를 사용해 화면의 일부에만 효과를 적용해 보겠다.

## 마스크를 사용한 고급 EffectComposer 흐름

앞의 예제에서 후처리 패스를 전체 화면에 적용했다. 하지만 Three.js는 특정 영역에만 패스를 적용하는 기능도 지원한다. 이번 절에서는 다음 절차를 수행한다.

1. 배경 이미지로 사용될 장면을 만든다.

2. 지구처럼 보이는 구체를 포함하는 장면을 만든다.

3. 화성처럼 보이는 구체를 포함하는 장면을 만든다.

4. 이 세 장면을 하나의 이미지로 렌더링하는 `EffectComposer`를 만든다.

5. 화성으로 렌더링된 구체에 컬러파이colorify 효과를 적용한다.

6. 지구로 렌더링된 구체에 세피아 효과를 적용한다.

복잡해 보이지만 실제로는 의외로 쉽게 할 수 있다. 먼저 03-post-processing-masks.html 예제를 통해 목적하는 바를 확인한다. 다음 스크린샷은 이 절차의 결과를 보여준다.

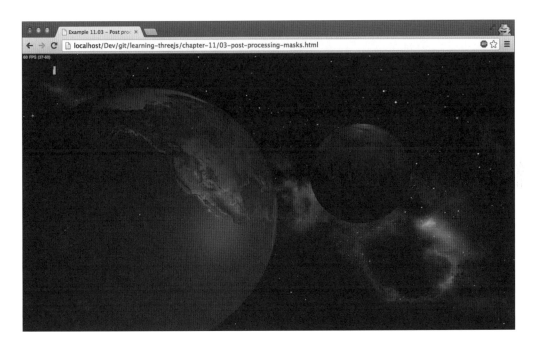

먼저 다음처럼 렌더링할 여러 장면들을 설정한다.

```
var sceneEarth = new THREE.Scene();
var sceneMars = new THREE.Scene();
var sceneBG = new THREE.Scene();
```

지구와 화성을 만들기 위해, 다음 코드처럼 알맞은 물질과 텍스처로 구체를 만들고 각각 장면에 추가한다.

```
var sphere = createEarthMesh(new THREE.SphereGeometry(10, 40, 40));
sphere.position.x = -10;
var sphere2 = createMarshMesh(new THREE.SphereGeometry(5, 40, 40));
sphere2.position.x = 10;
sceneEarth.add(sphere);
sceneMars.add(sphere2);
```

또한 보통의 장면에서처럼 조명도 추가해야 하지만 여기서 설명하지는 않는다(조명에 대해서는 3장을 참조한다). 한 가지 기억해야 할 것은 하나의 조명을 여러 장면에 추가할 수 없다는 것이다. 따라서 두 장면에 추가할 별도의 조명을 만들어야 한다. 두 장면을 위한 설정은 이것이 전부다.

배경 이미지를 위해 THREE.OrthoGraphicCamera를 만든다. 2장에서 살펴본 것처럼, 직교 투영에서는 개체의 크기가 카메라로부터의 거리에 의존하지 않기 때문에 고정된 배경을 만드는 데 좋은 방법이 된다. 다음처럼 THREE.OrthoGraphicCamera를 만든다.

```
var cameraBG = new THREE.OrthographicCamera(-window.innerWidth, window.
innerWidth, window.innerHeight, -window.innerHeight, - 10000, 10000);
cameraBG.position.z = 50;

var materialColor = new THREE.MeshBasicMaterial({ map: THREE.ImageUtils.
loadTexture("../assets/textures/starry-deep-outer-space-galaxy.jpg"),
depthTest: false });
var bgPlane = new THREE.Mesh(new THREE.PlaneGeometry(1, 1),
materialColor);
bgPlane.position.z = -100;
bgPlane.scale.set(window.innerWidth * 2, window.innerHeight * 2, 1);
sceneBG.add(bgPlane);
```

너무 자세히 설명하지는 않겠지만, 배경 이미지를 만드는 데 몇 단계가 필요하다. 먼저, 배경 이미지로부터 물질을 만들어 평면에 적용한다. 다음으로 장면에 이 평면을 추가하고 정확하게 전체 화면을 채우도록 확장한다. 따라서 이 장면을 렌더링하면 배경 이미지가 화면의 전체 폭으로 확장되어 표시된다.

이제 이 세 장면을 가지고 패스와 THREE.EffectComposer의 설정을 시작한다. 먼저 패스의 전체 체인을 알아보고, 다음으로 각각의 패스에 대해 알아본다.

```
var composer = new THREE.EffectComposer(webGLRenderer);
composer.renderTarget1.stencilBuffer = true;
composer.renderTarget2.stencilBuffer = true;
composer.addPass(bgPass);
composer.addPass(renderPass);
composer.addPass(renderPass2);
```

```
composer.addPass(marsMask);
composer.addPass(effectColorify1);
composer.addPass(clearMask);
composer.addPass(earthMask);
composer.addPass(effectSepia);
composer.addPass(clearMask);
composer.addPass(effectCopy);
```

마스크로 작업하기 위해 다른 방식으로 THREE.EffectComposer를 만들어야 한다. 예제의 경우, 새로운 THREE.WebGLRenderTarget을 만들고 내부적으로 사용되는 render 타깃의 stencilBuffer 속성을 true로 설정한다. 스텐실<sub>stencil</sub> 버퍼는 특별한 유형의 버퍼로 렌더링되는 영역을 제한하는 데 사용된다. 따라서 스텐실 버퍼를 활성화하면 마스크를 사용할 수 있다. 먼저 추가되는 세 패스를 살펴보자. 이 세 패스는 다음처럼 배경과 지구, 화성을 렌더링한다.

```
var bgPass = new THREE.RenderPass(sceneBG, cameraBG);
var renderPass = new THREE.RenderPass(sceneEarth, camera);
renderPass.clear = false;
var renderPass2 = new THREE.RenderPass(sceneMars, camera);
renderPass2.clear = false;
```

두 패스의 clear 속성을 false로 설정한 것을 제외하고는 새로운 것은 없다. 이 작업을 수행하지 않으면, renderPass2가 렌더링을 시작하기 전에 모든 것을 삭제하기 때문에, renderPass2의 결과 외에는 아무것도 볼 수 없다. THREE.EffectComposer의 코드를 다시 보면, 다음 세 패스는 marsMask와 effectColorify, clearMask다. 먼저 이들 세 패스가 어떻게 정의되었는지 알아보자.

```
var marsMask = new THREE.MaskPass(sceneMars, camera );
var clearMask = new THREE.ClearMaskPass();
var effectColorify = new THREE.ShaderPass(THREE.ColorifyShader );
effectColorify.uniforms['color'].value.setRGB(0.5, 0.5, 1);
```

먼저 THREE.MaskPass다. THREE.MaskPass를 만들 때 THREE.RenderPass에서 했던 것처럼 장면과 카메라를 전달한다. THREE.MaskPass는 이 장면을 내부적으로 렌더링하지만 화면에 보여주는 대신 마스크를 생성하는 데 사용한다. THREE.

MaskPass가 THREE.EffectComposer에 추가되면 모든 이어지는 패스는 THREE.
ClearMaskPass가 발생할 때까지 THREE.MaskPass로 정의된 마스크에만 적용된
다. 예제에서는 effectColorify 패스가 sceneMars에서 렌더링된 객체에만 적용
된다는 의미다.

지구 객체에 세피아 필터를 적용할 때도 같은 방법을 사용한다. 먼저 지구 장면
을 기반으로 마스크를 만들고 THREE.EffectComposer에 이 마스크를 사용한다.
THREE.MaskPass 다음에 적용할 효과(예제에서는 effectSepia)를 추가한다. 이 작
업이 완료되면, THREE.ClearMaskPass를 추가해 마스크를 제거한다. 이 THREE.
EffectComposer의 마지막 단계로 최종 결과를 화면에 복사해야 한다. 이를 위해
다시 한 번 effectCopy를 사용한다.

THREE.MaskPass로 작업할 때 관심을 가질만한 속성이 하나 있다. 바로 inverse
속성이다. 이 inverse 속성을 true로 설정하면, 마스크는 반전된다. 다른 말로 하
면, 효과가 THREE.MaskPass로 전달된 장면을 제외하고 효과가 적용된다. 다음 스
크린샷을 참조한다.

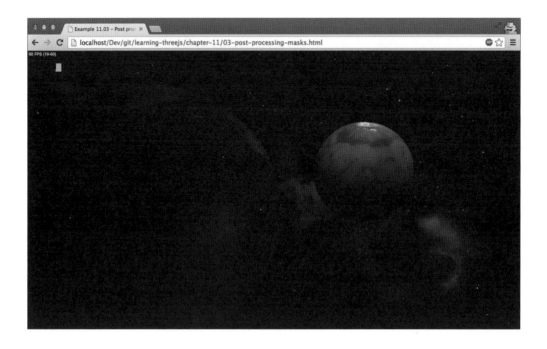

지금까지는 후처리 효과를 위해 Three.js가 제공하는 표준 패스를 사용해 왔다. Three.js는 또한 사용자 정의 효과와 다양한 셰이더에 사용할 수 있는 THREE.ShaderPass를 제공한다.

## THREE.ShaderPass로 사용자 정의 효과 주기

THREE.ShaderPass로 사용자 정의 셰이더를 전달해 장면에 다양한 추가 효과를 적용할 수 있다. 이번 절은 세 부분으로 나누어져 있다. 먼저 다음 간단한 셰이더에 대해 알아본다.

| 이름 | 설명 |
| --- | --- |
| THREE.MirrorShader | 화면의 일부에 미러 효과를 만든다. |
| THREE.HueSaturationShader | 색상의 색조(hue)와 채도(saturation)를 변경한다. |
| THREE.VignetteShader | 비네팅(vignette) 효과를 적용한다. 이 효과는 이미지의 주변 부위에 어두운 경계선을 보여준다. |
| THREE.ColorCorrectionShader | 이 셰이더를 사용하면 색상분포(color distribution)를 변경할 수 있다. |
| THREE.RGBShiftShader | 이 셰이더는 색의 구성요소인 적색과 녹색, 청색으로 분리해준다. |
| THREE.BrightnessContrastShader | 이미지의 밝기(brightness)와 콘트라스트(contrast)를 변경한다. |
| THREE.ColorifyShader | 화면에 색상 오버레이를 적용한다. |
| THREE.SepiaShader | 화면에 세피아(sepia) 같은 효과를 준다. |
| THREE.KaleidoShader | 장면의 중심 주위에 반경 반사를 제공해 만화경(kaleidoscope) 효과를 추가한다. |
| THREE.LuminosityShader | 장면에서 밝게 보이는 곳에 광도(luminosity) 효과를 제공한다. |
| THREE.TechnicolorShader | 옛날 영화에서 볼 수 있는 투 스트립 테크니컬러(two-strip Technicolor) 효과[1]를 시뮬레이션한다. |

---

1 테크니컬러사가 개발한 컬러필름 처리 방식으로 적색과 녹색의 두 색상으로 처리한 필름을 하나로 합쳐 영상을 상영한다. - 옮긴이

다음으로 몇 가지 블러blur 관련 효과를 제공하는 셰이더에 대해 알아본다.

| 이름 | 설명 |
|---|---|
| THREE.HorizontalBlurShader와 THREE.VerticalBlurShader | 전체 장면에 블러 효과를 적용한다. |
| THREE.HorizontalTiltShiftShader와 THREE.VerticalTiltShiftShader | 틸트 시프트(tilt shift) 효과를 준다. 틸트 시프트 효과로 이미지의 일부만 또렷하게 만들어 장면이 미니어처 같아 보이게 만든다. |
| THREE.TriangleBlurShader | 삼각형 기반(triangle-based) 방식으로 블러 효과를 적용한다. |

마지막으로, 몇 가지 고급 효과를 제공하는 셰이더에 대해 알아본다.

| 이름 | 설명 |
|---|---|
| THREE.BleachBypassShader | 블리치 바이패스(bleach bypass) 효과를 만든다. 이 효과로 은(silver) 같은 오버레이가 이미지에 적용된다. |
| THREE.EdgeShader | 이 셰이더는 이미지의 날카로운 엣지(edge)를 검출하고 이를 하이라이트시킨다. |
| THREE.FXAAShader | 이 셰이더는 후처리 단계에서 안티 앨리어싱(anti-aliasing) 효과를 적용한다. 렌더링시에 안티 앨리어싱을 적용하는 것이 어려운 경우 사용한다. |
| THREE.FocusShader | 중심부는 또렷하게 렌더링하고 주변부를 흐릿하게 처리하는 간단한 셰이더다. |

셰이더가 어떻게 동작하는지 이해했다면 나머지의 동작도 쉽게 이해할 수 있다. 따라서 모든 셰이더에 대해 자세히 살펴보지는 않겠다. 다음 절에서는 몇 가지 재미있는 셰이더에 대해 알아보겠다. 각 절에서 제공하는 예제를 통해 셰이더의 동작을 실험해 볼 수 있다.

Three.js는 장면에 보케(bokeh) 효과를 적용할 수 있는 두 가지 고급 후처리 효과도 제공한다. 보케 효과는 메인 주제는 또렷하게 렌더링하면서 장면의 일부에만 블러 효과를 제공한다. Three.js는 보케 효과에 사용할 수 있는 THREE.BrokerPass를 비롯해, THREE.ShaderPass와 함께 사용할 수 있는 THREE.BokehShader2, THREE.DOFMipMapShader를 제공한다. 이들 셰이더의 예제는 Three.js 웹사이트 http://threejs.org/examples/webgl_postprocessing_dof2.html과 http://threejs.org/examples/webgl_postprocessing_dof.html에서 찾을 수 있다.

몇 가지 간단한 셰이더부터 시작한다.

### 간단한 셰이더

기본 셰이더를 실험하고 장면에 미치는 영향을 직접 확인할 수 있는 예제 04-shaderpass-simple.html에서 확인할 수 있다. 다음 스크린샷은 이 예제를 보여준다.

오른쪽 상단 메뉴에서 적용할 셰이더를 선택할 수 있다. 또한 드롭다운 메뉴를 통해 선택한 셰이더의 속성을 설정할 수 있다. 예를 들어 다음 스크린샷은 RGBShiftShader의 동작을 보여준다.

셰이더의 속성을 변경하면, 결과가 바로 업데이트된다. 예를 들어, RGBShiftShader의 값이 변경되면, 다음처럼 셰이더를 업데이트한다.

```
this.changeRGBShifter = function() {
  rgbShift.uniforms.amount.value = controls.rgbAmount;
  rgbShift.uniforms.angle.value = controls.angle;
}
```

다른 몇 가지 셰이더도 살펴보자. 다음 이미지는 VignetteShader의 결과를 보여준다.

MirrorShader는 다음과 같은 효과가 있다.

후처리로 극단적인 효과도 적용할 수 있다. THREE.KaleidoShader가 좋은 예다.
메뉴에서 이 셰이더를 선택하면 다음과 같은 효과를 볼 수 있다.

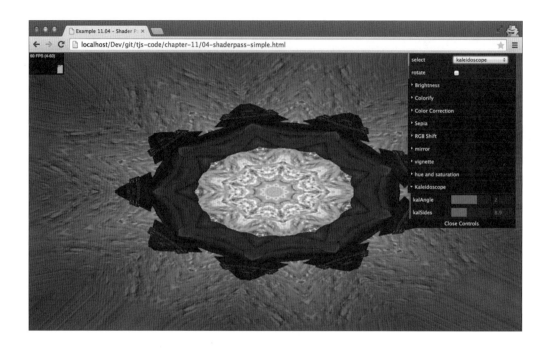

간단한 셰이더는 이것으로 충분하다. 지금까지 확인한 것처럼, 이들 셰이더로 다재다능하고 아주 흥미로운 효과를 만들 수 있다. 이 예제에서는 한 번에 하나의 셰이더를 적용했지만, THREE.EffectComposer에 원하는 만큼 THREE.ShaderPass 단계를 추가할 수 있다.

## 블러링 셰이더

이번 절에서는 직접 코드를 살펴보는 대신 다양한 블러 셰이더의 결과만 보여준다. 05-shaderpass-blur.html 예제를 통해 이들 셰이더를 실험해 볼 수 있다. 다음 장면은 HorizontalBlurShader와 VerticalBlurShader로 블러 처리되었다. 이들 셰이더에 대해서는 다음 절에서 설명한다.

위의 이미지는 THREE.HorizontalBlurShader와 THREE.VerticalBlurShader를
보여준다. 결과로 장면이 블러된(흐릿해진) 것을 알 수 있다. 이 두 블러 효과 외에
Three.js는 추가로 THREE.TriangleShader 셰이더도 제공한다. 예를 들어, 다음
스크린샷과 같이 모션 블러를 묘사하는 데 이 셰이더를 사용할 수 있다.

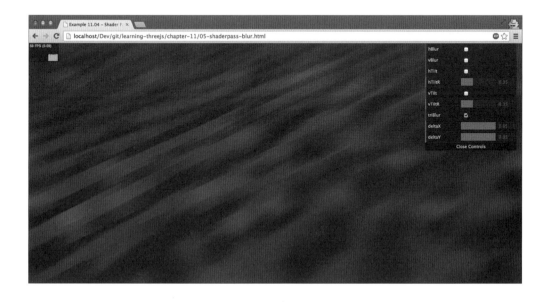

마지막으로 알아볼 블러 효과를 제공하는 셰이더는 THREE.HorizontalTilt
ShiftShader와 THREE.VerticalTiltShiftShader다. 이들 셰이더는 전체 장면
이 아닌 일부 영역만 흐리게 한다. 이 효과는 틸트 시프트tilt shift라고 불린다. 이 효
과는 종종 일반 사진에서 미니어처 같은 장면을 만들 때 사용된다. 다음 이미지는
이 효과를 보여준다.

## 고급 셰이더

고급 셰이더에서는 앞의 블러 셰이더와 동일하게 코드 설명 없이 셰이더의 결과만
보여준다. 구체적인 설정은 06-shaderpass-advanced.html 예제를 참고한다. 다
음 스크린샷은 이 예제를 보여준다.

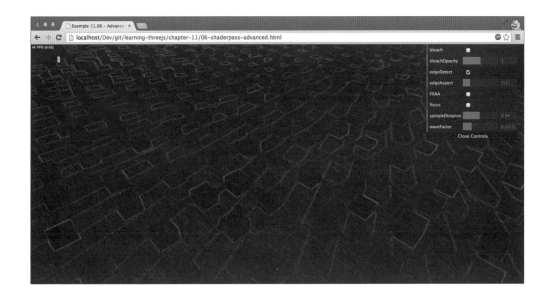

앞의 예제는 THREE.EdgeShader를 보여준다. 이 셰이더로 장면에서 객체의 엣지를 검출할 수 있다.

다음 셰이더는 THREE.FocusShader다. 이 셰이더는 다음 스크린샷과 같이 포커스된 장면의 중심만 렌더링한다.

지금까지는 Three.js가 제공하는 셰이더만 사용했다. 하지만 셰이더를 직접 만드는 것도 아주 쉽다.

## 사용자 정의 후처리 셰이더 생성

이번 절에서는 후처리에 사용할 수 있는 사용자 정의 셰이더를 만드는 방법을 배운다. 두 개의 셰이더를 만든다. 첫 번째는 현재 이미지를 그레이스케일 이미지로 변환하고, 두 번째 예제는 색의 수를 줄여 8비트 이미지로 변환한다. 꼭지점 셰이더와 프레그먼트 셰이더의 생성은 매우 광범위한 주제다. 이번 절에서는 이들 셰이더로 무엇을 할 수 있는지와 어떻게 동작하는지에 대해 간단히 알아본다. 더 자세한 정보는 http://www.khronos.org/webgl/에 있는 웹GL 규격을 참조한다. 추가로 좋은 예제를 셰이더토이Shadertoy(https://www.shadertoy.com/)에서 찾을 수 있다.

### 사용자 정의 그레이스케일 셰이더

Three.js용 사용자 정의 셰이더(다른 웹GL 라이브러리용도 마찬가지)를 만들기 위해서는 꼭지점 셰이더와 프레그먼트 셰이더의 두 개의 컴포넌트를 구현해야 한다. 꼭지점 셰이더는 개별 꼭지점의 위치를 변경하는 데 사용되며 프레그먼트 셰이더는 개별 픽셀의 색상을 결정하는 데 사용된다. 후처리 셰이더는 Three.js가 제공하는 기본 꼭지점 셰이더를 그대로 사용하고 프레그먼트 셰이더만 구현하면 된다. 코드를 살펴보기 전에 알아두어야 할 중요한 요점은 GPU는 일반적으로 복수의 셰이더 파이프라인을 처리할 수 있다는 점이다. 이것은 꼭지점 셰이더 단계에서 프레그먼트 셰이더를 포함한 복수의 셰이더를 병렬로 실행할 수 있음을 의미한다. 이미지에 그레이스케일 효과를 적용하는 셰이더의 전체 소스 코드(custom-shader.js)를 살펴보는 것으로 시작한다.

```
THREE.CustomGrayScaleShader = {

  uniforms: {

    "tDiffuse": { type: "t", value: null },
    "rPower": { type: "f", value: 0.2126 },
    "gPower": { type: "f", value: 0.7152 },
    "bPower": { type: "f", value: 0.0722 }

  },

  vertexShader: [

    "varying vec2 vUv;",
    "void main() {",
      "vUv = uv;",
      "gl_Position = projectionMatrix * modelViewMatrix * vec4( position,
          1.0 );",
    "}"
  ].join("\n"),

  fragmentShader: [

  "uniform float rPower;",
  "uniform float gPower;",
  "uniform float bPower;",
  "uniform sampler2D tDiffuse;",

  "varying vec2 vUv;",

  "void main() {",
      "vec4 texel = texture2D( tDiffuse, vUv );",
      "float gray = texel.r*rPower + texel.g*gPower + texel.b*bPower;",
      "gl_FragColor = vec4( vec3(gray), texel.w );",
    "}"
  ].join("\n")
};
```

코드에서 볼 수 있듯이, 자바스크립트 코드가 아니다. 셰이더를 작성할 때는 C 프로그래밍 언어와 유사한 오픈지엘 셰이딩 언어GLSL, OpenGL Shading Language를 사용한다. GLSL에 대한 자세한 정보는 https://www.khronos.org/registry/ OpenGL-Refpages/es3.1/index.php에서 찾을 수 있다.

먼저 꼭지점 셰이더를 살펴보자.

```
"varying vec2 vUv;","void main() {",
  "vUv = uv;",
  "gl_Position = projectionMatrix * modelViewMatrix * vec4( position, 1.0
      );",
  "}"
```

후처리를 위해 이 셰이더에서 할 일은 아무것도 없다. 위의 코드는 Three. js에서 꼭지점 셰이더를 구현하는 표준 방법이다. 카메라로부터의 투영인 projectionMatrix와 객체의 위치를 전역 위치로 매핑하는 modelViewMatrix로 객체를 화면의 어디에 렌더링할지 결정한다.

후처리에서 유일하게 관심을 가질만한 부분은 텍스처에서 어떤 텍셀을 읽을지 나타내는 uv 값을 "varying vec2 vUv" 변수를 사용해서 프레그먼트 셰이더에 전달하는 코드다. 프레그먼트 셰이더에서 작업할 올바른 픽셀을 구하는데 vUV 값을 사용한다. 이제 프레그먼트 셰이더 코드를 알아보자. 다음 변수 선언부터 시작한다.

```
"uniform float rPower;",
"uniform float gPower;",
"uniform float bPower;",
"uniform sampler2D tDiffuse;",

"varying vec2 vUv;",
```

여기서 uniforms 속성의 인스턴스 네 개를 볼 수 있다. uniforms 속성의 인스턴스는 자바스크립트에서 셰이더로 전달되며 각 프레그먼트에서 동일하게 전달된다. 이 경우, type f(최종 그레이스케일 이미지에 포함되는 색의 비율을 결정하는 데 사용)로 식별되는 세 개의 부동소수와, type t로 식별되는 하나의 텍스처(tDiffuse)를 전달한다. 이 텍스처는 THREE.EffectComposer의 이전 패스의 이미지를 포함하고 있다. Three.js는 이 셰이더에 올바르게 전달되는지 확인한다. 다른 uniforms 속성의 인스턴스는 자바스크립트에서 설정할 수 있다. 자바스크립트에서 이 uniforms 속성을 사용하려면 셰이더에서 어떤 uniforms 속성을 사용할 수 있는지 정의해야 한다. 이것은 셰이더 파일의 상단에서 다음처럼 진행된다.

```
uniforms: {

  "tDiffuse": { type: "t", value: null },
  "rPower": { type: "f", value: 0.2126 },
  "gPower": { type: "f", value: 0.7152 },
  "bPower": { type: "f", value: 0.0722 }

},
```

이 시점에서 Three.js에서 구성 매개변수와 수정할 이미지를 받았다. 각각의 픽셀을 그레이 픽셀로 변환하는 코드를 살펴보자.

```
"void main() {",
  "vec4 texel = texture2D( tDiffuse, vUv );",
  "float gray = texel.r*rPower + texel.g*gPower + texel.b*bPower;",
  "gl_FragColor = vec4( vec3(gray), texel.w );"
```

이 코드는 전달된 텍스처에서 올바른 픽셀을 가져온다. 이 과정은 분석할 현재 이미지(tDiffuse)와 픽셀(vUv)의 위치를 texture2D 함수에 전달하고 호출해 수행한다. 이 결과는 색상과 불투명도(texel.w)를 포함하는 텍셀이다.

다음으로 텍셀의 r, g, b 속성을 이용해 그레이 값을 계산한다. 이 그레이 값은 최종적으로 화면에 표시되는 gl_FragColor 변수로 설정된다. 그리고 이와 함께 우리가 정의한 사용자 정의 셰이더가 있다. 이 셰이더의 사용법은 다른 셰이더와 동일하다. 먼저 THREE.EffectComposer를 설정한다.

```
var renderPass = new THREE.RenderPass(scene, camera);

var effectCopy = new THREE.ShaderPass(THREE.CopyShader);
effectCopy.renderToScreen = true;

var shaderPass = new THREE.ShaderPass(THREE.CustomGrayScaleShader);
```

```
var composer = new THREE.EffectComposer(webGLRenderer);
composer.addPass(renderPass);
composer.addPass(shaderPass);
composer.addPass(effectCopy);
```

렌더링 루프에서 composer.render(delta)를 호출한다. 런타임 시 이 셰이더의
속성을 변경하려면 앞서 정의한 uniforms 속성을 업데이트하면 된다.

```
shaderPass.enabled = controls.grayScale;
shaderPass.uniforms.rPower.value = controls.rPower;
shaderPass.uniforms.gPower.value = controls.gPower;
shaderPass.uniforms.bPower.value = controls.bPower;
```

결과는 07-shaderpass-custom.html에서 볼 수 있다. 다음 스크린샷은 이 예제
를 보여준다.

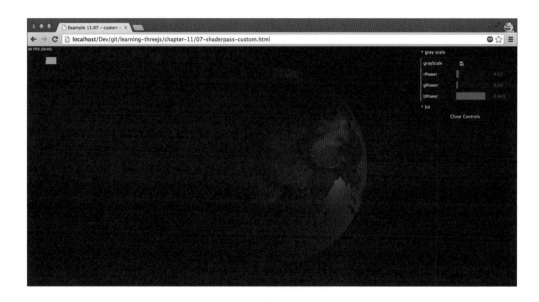

두 번째 사용자 정의 셰이더를 만들어 보자. 이번에는 24비트 출력을 더 낮은 비
트로 줄여본다.

## 사용자 정의 비트 셰이더 생성

일반적으로 색상은 약 1600만 가지 컬러를 제공하는 24비트 값으로 표시된다. 하지만 컴퓨팅 초기에는 색상을 24비트로 표시하는 것이 불가능해 8비트 또는 16비트 색상으로 표현되었다. 이 비트 셰이더로 24비트 출력을 자동으로 8비트(또는 원하는 값으로) 색상 깊이로 변환할 수 있다.

꼭지점 셰이더는 앞의 예제와 동일하므로 생략하고 바로 uniforms 속성의 인스턴스를 설명한다.

```
uniforms: {

  "tDiffuse": { type: "t", value: null },
  "bitSize": { type: "i", value: 4 }

}
```

프레그먼트 셰이더는 다음과 같다.

```
fragmentShader: [

  "uniform int bitSize;",

  "uniform sampler2D tDiffuse;",

  "varying vec2 vUv;",

  "void main() {",

    "vec4 texel = texture2D( tDiffuse, vUv );",
    "float n = pow(float(bitSize),2.0);",
    "float newR = floor(texel.r*n)/n;",
    "float newG = floor(texel.g*n)/n;",
    "float newB = floor(texel.b*n)/n;",

    "gl_FragColor = vec4(newR, newG, newB, texel.w );",

  "}"

].join("\n")
```

이 셰이더를 구성하는 데 사용하는 uniforms 속성의 두 인스턴스를 정의한다. 첫 번째 인스턴스는 Three.js가 현재 화면을 전달하는 데 사용하고, 두 번째 인스턴스는 정수(type: "i")로 정의되며 결과를 원하는 색상 깊이로 렌더링하는 데 사용된다. 코드 자체는 매우 간단하다.

- 먼저 전달된 픽셀의 vUv 위치에 기반한 tDiffuse와 텍스처에서 texel을 구한다.
- bitSize를 제곱해(pow(float(bitSize),2.0)) 색의 수를 계산한다.
- texel을 n으로 곱하고 소수점 이하를 버린 후(floor(texel.r*n)), 다시 n으로 나누어 texel의 새로운 색의 값을 계산한다.
- 결과를 gl_FragColor로 설정(적색, 녹색, 청색 값과 불투명도)하고 화면에 표시한다.

이 사용자 정의 셰이더의 결과는 앞에서 살펴본 07-shaderpass-custom.html 동일 예제에서 확인할 수 있다. 다음 스크린샷은 이 예제를 보여준다.

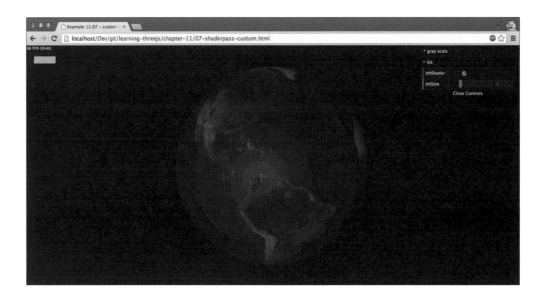

이것으로 후처리에 대한 이번 장을 마친다.

## 요약

11장에서는 다양한 후처리 옵션에 대해 알아보았다. 살펴본 것과 같이 THREE. EffectComposer를 만들고 패스를 연결하는 일은 실제로 아주 간단하다. 다음 몇 가지 사항만 유념하면 된다. 모든 패스가 화면에 출력되지는 않는다. 화면에 표시하려면 THREE.ShaderPass를 항상 THREE.CopyShader와 함께 사용해야 한다. 컴포저에 추가하는 패스의 순서가 중요하다. 효과는 그 순서대로 적용된다. 특정 THREE.EffectComposer 인스턴스의 결과를 재사용하려면 THREE.TexturePass를 사용하면 된다. THREE.EffectComposer에 하나 이상의 THREE.RenderPass가 있다면 반드시 clear 속성을 false로 설정해야 한다. 그렇지 않으면 마지막 THREE. RenderPass 단계의 결과물만 볼 수 있다. 특정 객체에만 효과를 적용하고 싶다면 THREE.MaskPass를 사용하면 된다. 마스크 사용이 끝나면 THREE.ClearMaskPass로 마스크를 초기화해야 한다. Three.js가 제공하는 표준 패스 외에도, 다양한 표준 셰이더를 사용할 수 있다. 이들은 THREE.ShaderPass와 함께 사용할 수 있다. Three.js가 제공하는 표준 방법으로 후처리를 위한 사용자 정의 셰이더를 만드는 것도 아주 쉽다. 프레그먼트 셰이더만 작성하면 된다.

지금까지 우리는 Three.js에 대한 거의 모든 것들을 살펴보았다. 마지막 12장에서는 Three.js를 확장해 충돌collision이나 중력gravity, 제약조건constraint을 제공하는 Physijs 라이브러리에 대해 알아보겠다.

# 12

# 장면에 물리 이론과 사운드 추가

마지막 장에서는 Three.js의 기본 기능을 확장하는 데 사용할 수 있는 Physijs 라이브러리에 대해 알아본다. Physijs 라이브러리로 장면에 물리 이론을 적용할 수 있다. 물리 이론에 의해 객체가 중력의 영향을 받고, 서로 충돌하거나 충격에 의해 이동하고 힌지hinge와 슬라이더로 움직임의 제한할 수도 있다. 이 라이브러리는 내부적으로 잘 알려진 또 다른 물리엔진인 ammo.js를 이용한다. 물리 이론 외에 Three.js에서 장면에 사운드를 추가하는 방법에 대해서도 알아본다.

12장에서는 다음 주제들에 대해 알아본다.

- 중력의 영향을 받고 서로 충돌할 수 있는 객체가 있는 Physijs 장면 생성

- 장면에서 객체의 마찰friction과 복원력(탄성계수)을 변경하는 방법

- Physijs가 지원하는 다양한 형상과 사용 방법

- 간단한 형상을 결합해 복합 형상을 만드는 방법

- 높이 필드로 복잡한 형상을 시뮬레이션하는 방법

- 포인트와 힌지, 슬라이더, 콘 트위스트 및 '자유도degree of freedom' 제약조건으로 객체의 움직임을 제한하는 방법
- 카메라에서의 거리에 따라 사운드 볼륨 및 방향성이 달라지는 사운드 소스의 추가

먼저 Physijs에서 사용할 수 있는 Three.js 장면을 만든다. 이 작업은 첫 번째 예제에서 진행한다.

## 기본 Three.js 장면 제작

Physijs에서 사용할 Three.js 장면 설정은 아주 간단해서 몇 단계의 절차로 충분하다. 가장 먼저 깃허브GitHub 저장소 http://chandlerprall.github.io/Physijs/에서 올바른 자바스크립트 파일을 찾아 포함시킨다. 다음과 같이 HTML 페이지에 Physijs 라이브러리를 추가한다.

```
<script type="text/javascript" src="../libs/physi.js"></script>
```

장면의 시뮬레이션은 프로세서를 많이 소비하는 작업이다. 모든 시뮬레이션 계산을 렌더링 스레드에서 실행하는 경우(기본적으로 자바스크립트가 단일 스레드이기 때문에), 장면의 프레임 수에 영향을 미칠 수 있다. 이를 보상하기 위해 Physijs는 백그라운드 스레드에서 이 계산을 수행한다. 백그라운드 스레드는 오늘날 사용되는 대부분의 브라우저에서 지원하고 있는 '웹 워커Web worker' 규격을 통해 제공된다. 이 규격으로 CPU를 많이 사용하는 작업을 별도의 스레드에서 실행시킬 수 있다. 따라서 렌더링에 영향을 미치지 않는다. 웹워커에 대한 자세한 내용은 http://www.w3.org/TR/workers/를 참조한다.

이는 웹워커를 포함하는 자바스크립트 파일을 구성하고, 장면의 시뮬레이션에 필요한 ammo.js 파일의 위치를 Physijs에 알려주는 것을 의미한다. Ammo.js 파일을 포함해야 하는 이유는 Physijs가 ammo.js를 래퍼해서 사용하고 있기 때문이다. Ammo.js(https://github.com/kripken/ammo.js/에서 찾을 수 있다)는 물리 엔진을 구현

하는 라이브러리다. Physijs는 단지 이 물리 엔진을 쉽게 사용할 수 있도록 인터페이스를 제공하고 있을 뿐이다. Physijs가 단지 래퍼에 불과하기 때문에 Physijs에서 얼마든지 다른 물리 엔진도 사용 가능하다. Physijs 저장소에서 다른 물리 엔진인 Cannon.js를 사용하는 버전도 찾을 수 있다.

Physijs를 구성하려면 다음 두 개의 속성을 설정해야 한다.

```
Physijs.scripts.worker = '../libs/physijs_worker.js';
Physijs.scripts.ammo = '../libs/ammo.js';
```

첫 번째 속성은 실행하고자 하는 웹워커 태스크를 가리키고, 두 번째 속성은 내부적으로 사용되는 ammo.js 라이브러리를 가리킨다. 다음 단계로 장면을 생성한다. Physijs는 Three.js 장면의 래퍼를 제공한다. 따라서 장면을 만드는 코드는 다음과 같다.

```
var scene = new Physijs.Scene();
scene.setGravity(new THREE.Vector3(0, -10, 0));
```

이 코드는 물리 이론이 적용되는 새로운 장면을 만들고 중력을 설정한다. 이 경우, 중력을 y축으로 -10만큼 설정했다. 즉, 개체가 바로 아래로 떨어진다. 중력은 여러 축에 어떤 값으로도 설정할 수 있고 런타임 시 변경할 수도 있다. 장면은 이에 따라 반응한다.

장면에 물리 이론을 적용하고 시뮬레이션하기 전에 객체를 추가한다. 이를 위해 Three.js가 객체를 지정하는 일반적인 방법을 사용할 수도 있지만, Physijs 라이브러리가 관리할 수 있도록 다음 코드처럼 특정 Physijs 객체로 래핑한다.

```
var stoneGeom = new THREE.BoxGeometry(0.6,6,2);
var stone = new Physijs.BoxMesh(stoneGeom, new THREE.
MeshPhongMaterial({color: 0xff0000}));
scene.add(stone);
```

이 예제에서 간단한 `THREE.BoxGeometry` 객체를 만든다. `THREE.Mesh` 대신 `Physijs.BoxMesh`를 만들어, 물리 이론을 시뮬레이션하고 충돌을 검출할 때 지오메트리의 형상을 박스로 처리하도록 Physijs에게 알린다. Physijs는 다양한 형상에 사용할 수 있는 여러 메시를 제공한다. 사용 가능한 형상에 대한 자세한 정보는

12장의 뒷부분에서 제공한다.

THREE.BoxMesh가 장면에 추가되었으므로, Physijs 장면을 위해 필요한 모든 준비는 끝났다. 남은 일은 물리 이론을 시뮬레이션하고 장면에 있는 객체들의 위치와 방향을 업데이트하도록 Physijs에게 지시하는 것이다. 이 작업은 생성한 장면의 simulate 메소드를 호출하면 된다. 따라서 기본 렌더링 루프를 다음처럼 변경한다.

```
render = function() {
  requestAnimationFrame(render);
  renderer.render(scene, camera);
  scene.simulate();
}
```

scene.simulate()를 호출하는 단계를 마지막으로 Physijs 장면에 대한 기본 설정은 끝났다. 하지만 이 예제를 실행해도 별일이 일어나지 않는다. 장면이 렌더링되면 화면의 중앙에서 정육면체 하나가 넘어지는 것이 전부다. 도미노를 넘어뜨리는 좀 더 복잡한 예제를 만들어 보자.

이 예제를 위해, 다음과 같은 장면을 만든다.

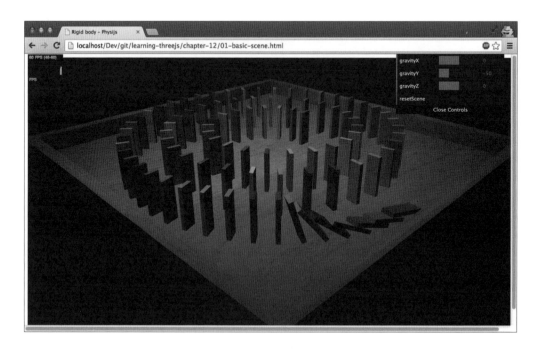

브라우저에서 01-basic-scene.html 예제를 열면, 장면이 로드되자마자 도미노가 쓰러지는 것을 볼 수 있다. 첫 번째 도미노가 두 번째 도미노를 쓰러뜨리고 그 다음 도미노를 넘어뜨리는 모습이 반복된다. 이 장면의 전체 물리는 Physijs에 의해 관리되고 있다. 첫 번째 도미노를 쓰러뜨리는 것이 이 애니메이션을 시작하기 위한 유일한 작업이다. 이 장면의 생성은 아무 쉬워서 다음 몇 단계만 수행하면 된다.

1. Physijs 장면을 정의한다.
2. 도미노가 놓여 있는 배경을 정의한다.
3. 도미노를 놓는다.
4. 첫 번째 도미노를 쓰러뜨린다.

첫 번째 단계는 이미 살펴보았으니 생략하고 바로 모든 도미노가 놓여 있는 샌드박스sandbox를 정의하는 두 번째 단계로 넘어간다. 이 샌드박스는 그룹화된 몇 개의 상자로 구성된다. 다음은 이 작업을 수행하기 위해 필요한 코드다.

```
function createGround() {
  var ground_material = Physijs.createMaterial(new THREE.
    MeshPhongMaterial({ map: THREE.ImageUtils.loadTexture( '../assets/
    textures/general/wood-2.jpg' )}),0.9,0.3);

  var ground = new Physijs.BoxMesh(new THREE.BoxGeometry(60, 1, 60),
    ground_material, 0);

  var borderLeft = new Physijs.BoxMesh(new THREE.BoxGeometry (2, 3, 60),
    ground_material, 0);
  borderLeft.position.x=-31;
  borderLeft.position.y=2;
  ground.add(borderLeft);

  var borderRight = new Physijs.BoxMesh(new THREE. BoxGeometry (2, 3,
    60), ground_material, 0);
  borderRight.position.x=31;
  borderRight.position.y=2;
```

```
    ground.add(borderRight);

    var borderBottom = new Physijs.BoxMesh(new THREE. BoxGeometry (64, 3, 2),
      ground_material, 0);
    borderBottom.position.z=30;
    borderBottom.position.y=2;
    ground.add(borderBottom);

    var borderTop = new Physijs.BoxMesh(new THREE.BoxGeometry (64, 3, 2),
      ground_material, 0);
    borderTop.position.z=-30;
    borderTop.position.y=2;
    ground.add(borderTop);

    scene.add(ground);
}
```

코드가 복잡하지는 않다. 먼저, 배경판 역할을 수행하는 간단한 박스를 하나 만들고 이 배경판에서 객체가 떨어지는 것을 방지하는 경계를 추가한다. 이 경계를 배경 객체에 추가해 복합 객체를 생성한다. 이 객체는 Physijs에 의해 단일 객체로 처리된다. 이 코드에는 몇 가지 새로운 것이 추가됐다. 첫 번째는 ground_material이다. Physijs.createMaterial 함수를 이용해 이 물질을 만든다. 이 함수는 표준 Three.js 물질을 래핑하지만 우리가 직접 물질의 friction과 restitution을 설정할 수도 있다. 이에 대한 자세한 설명은 다음 절에서 한다. 또 다른 새로운 항목은 Physijs.BoxMesh 생성자에 추가한 마지막 매개변수다. 이 절에서 만드는 모든 BoxMesh 객체의 경우, 마지막 매개변수로 0을 추가한다. 이 매개변수는 객체의 무게를 설정한다. 이 설정으로 장면의 객체에 중력이 적용되는 것을 방지해 쓰러지지 않도록 한다.

배경판을 생성했으므로 이제 도미노를 배치한다. 이를 위해 다음처럼 내부적으로 BoxMesh를 래핑하고 배경 메시의 특정 위치에 배치하는 간단한 Three. BoxGeometry 인스턴스를 만든다.

```
var stoneGeom = new THREE.BoxGeometry(0.6,6,2);
var stone = new Physijs.BoxMesh(stoneGeom, Physijs.createMaterial(new
THREE.MeshPhongMaterial(color: scale(Math.random()).
hex(),transparent:true, opacity:0.8})));
stone.position.copy(point);
stone.lookAt(scene.position);
stone.__dirtyRotation = true;
stone.position.y=3.5;
scene.add(stone);
```

각 도미노의 위치를 계산(이 예제의 소스 코드에서 getPoints() 함수를 참조한다)하는 코드는 설명하지 않는다. 이 코드는 도미노를 배치하는 방법을 보여준다. 여기에서 다시 한 번 THREE.BoxGeometry를 래핑하는 BoxMesh를 만든다. 도미노가 올바르게 정렬되어 있는지 확인하기 위해, lookAt 함수를 사용해 올바른 방향을 설정한다. 이렇게 하지 않으면 모든 도미노가 동일한 방향을 바라보고 있어 쓰러지지 않을 것이다. Physijs의 객체의 rotation(또는 position)을 수동으로 업데이트한 후에는 장면에 있는 모든 객체를 업데이트할 수 있도록 Physijs에게 변경된 사실을 알려줘야 한다. rotation에 대해서는 내부 __dirtyRotation 속성으로, 그리고 postion에 대해서는 __dirtyPosition을 true로 설정하면 된다.

이제 남은 일은 첫 번째 도미노를 쓰러뜨리는 것이다. x축의 rotation을 0.2로 설정해 약간 기울여 준다. 그러면 장면의 중력이 나머지를 처리해 첫 번째 도미노를 완전히 쓰러뜨린다. 첫 번째 도미노는 다음 코드로 기울인다.

```
stones[0].rotation.x=0.2;
stones[0].__dirtyRotation = true;
```

이것으로 Physijs의 여러 기능을 보여준 첫 번째 예제를 마친다. 오른쪽 상단의 메뉴를 통해 중력과 관련된 다양한 실험을 할 수 있다. resetScene 버튼을 누르면 중력에 대한 변경이 적용된다.

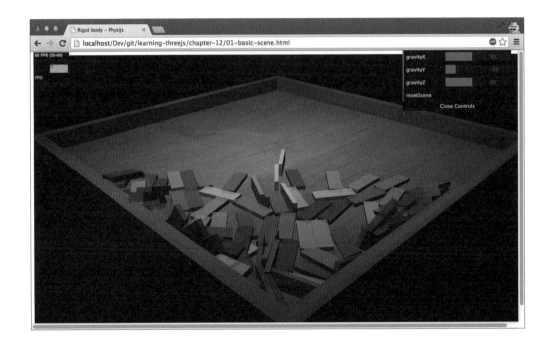

다음 절에서는 Physijs의 물질 속성이 객체에 미치는 영향을 자세히 알아본다.

## 물질 속성

예제의 설명으로 시작하자. 02-material-properties.html 예제를 열면 앞의 예제
와 유사한 빈 박스가 보일 것이다. 이 박스는 x축을 따라 위 아래로 회전된다. 오른
쪽 상단의 메뉴에서 Physijs의 물질 속성을 변경할 수 있는 슬라이더가 있다. 이들
속성은 addCubes와 addSpheres 버튼으로 추가할 수 있는 정육면체와 구체에 적
용된다. addSpheres 버튼을 누르면 다섯 개의 구체가 장면에 추가되고, addCubes
버튼을 누르면 다섯 개의 정육면체가 장면에 추가된다. 다음 예제는 마찰과 복원
의 데모를 보여준다.

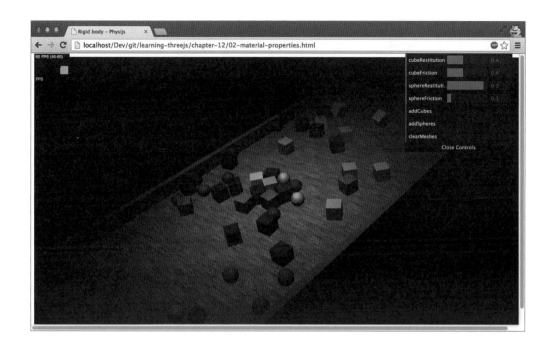

이 예제로 Physijs 물질을 만들 때 설정할 수 있는 restitution(탄성계수)과 friction 속성을 실험할 수 있게 해 준다. 예를 들어, cubeFriction을 1로 설정하고 정육면체를 추가하면, 박스가 움직이는 경우에도 정육면체가 거의 움직이지 않는 것을 볼 수 있다. cubeFriction을 0으로 설정하면, 박스가 움직이자마자 정육면체가 미끄러진다. 다음 스크린샷은 마찰이 크면 정육면체가 중력에 저항할 수 있음을 보여준다.

이 예제에서 설정할 수 있는 다른 속성으로 restitution 속성이 있다. restitution 속성은 객체가 충돌할 때 가지고 있는 에너지가 얼마나 복원되는지를 정의한다. 즉, 높은 복원력은 객체가 바운스되게 만들고, 낮은 복원력은 다른 객체와 부딪혔을 때 바로 멈추게 만든다.

> 물리 엔진을 사용할 때, 일반적으로 충돌 검출에 대해 걱정할 필요가 없다. 물리 엔진이 이에 대한 모든 처리를 해준다. 하지만 경우에 따라 두 객체 사이의 충돌이 발생했을 때 이를 알면 매우 유용할 때가 있다. 예를 들어, 게임을 만들 때 사운드 효과를 만들거나 플레이어의 수를 줄일 수도 있다.
>
> Physijs에서는 다음 코드처럼 이벤트 리스너를 Physijs 메시에 추가할 수 있다.
>
> ```
> mesh.addEventListener( 'collision', function(
>   other_object, relative_velocity, relative_rotation,
>   contact_normal ) {
> });
> ```
>
> 이런 방법으로 메시가 다른 메시와 충돌할 때 통보받을 수 있다.

구체를 이용해 이를 쉽게 확인할 수 있다. restitution을 1로 설정하고 addSpheres 버튼을 몇 차례 클릭한다. 많은 구체들이 만들어져 사방으로 튕겨져 나갈 것이다.

다음 절로 이동하기 전에 이 예제에서 사용된 코드를 살펴보자.

```
sphere = new Physijs.SphereMesh(new THREE.SphereGeometry( 2, 20 ),
Physijs.createMaterial(new THREE.MeshPhongMaterial({color: colorSphere,
opacity: 0.8, transparent: true}), controls.sphereFriction, controls.
sphereRestitution));
box.position.set(Math.random() * 50 -25, 20 + Math.random() * 5, Math.
random() * 50 -25);
scene.add( sphere );
```

장면에 구체를 추가할 때 실행되는 코드다. 여기서는 Physijs의 또 다른 메시인 Physijs.SphereMesh를 사용한다. THREE.SphereGeometry를 생성했고, 제공되는 메시 중에서 논리적으로 가장 잘 매칭되는 것은 Physijs.SphereMesh(이에 대해서는 다음 절에서 자세히 살펴본다)다. Physijs.SphereMesh를 생성할 때 지오메트리를 전달하고 Physijs.createMaterial을 사용해 고유한 Physijs 물질을 만든다. 이 작업으로 이 객체의 friction과 restitution을 설정할 수 있다.

지금까지, BoxMesh와 SphereMesh를 살펴보았다. 다음 절에서는 지오메트리를 래핑하는 데 사용할 수 있는 Physijs가 제공하는 메시의 다른 유형에 대해 알아본다.


## 기본 지원 형상

Physijs는 지오메트리를 래핑하는 데 사용할 수 있는 다양한 형상을 제공한다. 이번 절에서는 예제를 통해 Physijs에서 사용할 수 있는 모든 메시에 대해 알아본다. 이런 메시를 사용하려면 THREE.Mesh 생성자를 메시로 대체하면 된다.

다음 표는 Physijs에서 사용할 수 있는 메시의 개요다.

| 이름 | 설명 |
| --- | --- |
| Physijs.PlaneMesh | 이 메시는 두께가 없는 평면을 만드는 데 사용한다. 또는 BoxMesh를 낮은 높이의 THREE.BoxGeometry와 함께 사용할 수도 있다. |
| Physijs.BoxMesh | 정육면체 같은 지오메트리가 있는 경우, 이 메시를 사용한다. 예를 들어 THREE.BoxGeometry와 잘 매칭된다. |
| Physijs.SphereMesh | 구체의 경우, 이 지오메트리를 사용한다. 이 지오메트리는 THREE.SphereGeometry와 잘 매칭된다. |
| Physijs. CylinderMesh | THREE.Cylinder로 다양한 실린더 같은 형상을 만들 수 있다. Physijs는 실린더의 형상에 따라 다양한 메시를 제공한다. Physijs.CylinderMesh는 상단과 하단의 반경이 동일한 일반적인 실린더에 사용해야 한다. |
| Physijs.ConeMesh | 상단 반경을 0으로 지정하고 바닥의 반경을 양의 값을 사용하는 경우, 원뿔을 만드는 THREE.Cylinder를 사용할 수 있다. 이런 객체에 물리를 적용할 경우, Physijs에서 가장 적합한 메시는 ConeMesh다. |
| Physijs.CapsuleMesh | 캡슐은 THREE.Cylinder와 유사하지만, 상단과 바닥이 둥글다. 이번 절의 뒤쪽에서 Three.js에서 캡슐을 만드는 방법을 살펴본다. |
| Physijs.ConvexMesh | hysijs.ConvexMesh는 복잡한 객체에 사용할 수 있는 형상이다. 복잡한 객체의 형상에 근접한 콘벡스(THREE.ConvexGeometry 같은)를 만든다. |
| Physijs.ConcaveMesh | ConvexMesh가 거친 형상인데 반해, ConcaveMesh는 복잡한 형상을 상세하게 표현해 준다. ConcaveMesh를 사용하면 성능 저하가 발생할 가능성이 높다. 일반적으로 특정한 Physijs 메시로 별도의 지오메트리를 만들거나 함께 그룹으로 묶어 사용(앞의 예제의 바닥처럼)하는 것이 더 좋다. |
| Physijs. HeightfieldMesh | 이 메시는 매우 전문적인 메시다. 이 메시로 THREE.PlaneGeometry에서 높이 필드를 생성할 수 있다. 이 메시에 대해서는 03-shapes.html 예제를 참고한다. |

03-shapes.html 예제를 참고로 해 이들 형상에 대해 간략하게 살펴본다. Physijs.ConcaveMesh는 그 사용이 매우 제한적이기 때문에 더 이상 설명하지 않는다.

예제를 살펴보기 전에, Physijs.PlaneMesh를 잠깐 살펴본다. 이 메시는 다음과 같이 THREE.PlaneGeometry를 기반으로 간단한 평면을 만든다.

```
var plane = new Physijs.PlaneMesh(new THREE. PlaneGeometry(5,5,10,10),
material);

scene.add( plane );
```

이 함수에서 메시를 만들 때 `THREE.PlaneGeometry`를 전달했다. 이것을 장면에 추가하면 이상한 현상을 볼 수 있다. 방금 만든 메시는 중력에 반응하지 않는다. `Physijs.PlaneMesh`는 0으로 고정된 무게를 가지고 있기 때문에, 중력에 반응하거나 다른 객체와 충돌해도 움직이지 않는다. 이 메시 외의 다른 모든 메시는 중력과 충돌에 반응한다. 다음 스크린샷은 다양한 형상을 떨어뜨릴 수 있는 높이 필드 height field를 보여준다.

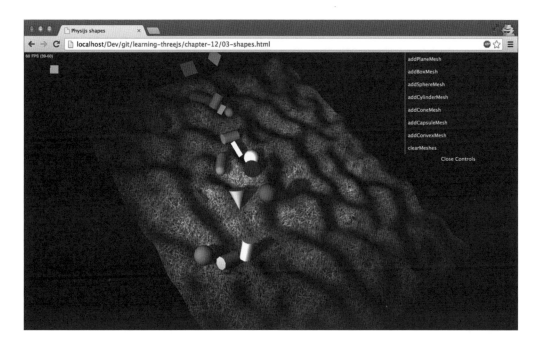

앞의 이미지는 03-shapes.html 예제를 보여준다. 이 예제에서 임의의 높이 필드 (이에 대해서는 뒤에서 자세히 알아본다)를 만들었고, 오른쪽 상단에 다양한 형상의 객체를 떨어뜨릴 수 있는 메뉴를 두었다. 이 예제를 통해 다양한 형상이 높이 맵height map과 다른 물체와의 충돌에 어떻게 다르게 반응하는지 확인할 수 있다.

이들 형상의 일부 구성을 살펴본다.

```
new Physijs.SphereMesh(new THREE.SphereGeometry(3,20),mat);
new Physijs.BoxMesh(new THREE.BoxGeometry(4,2,6),mat);
new Physijs.CylinderMesh(new THREE.CylinderGeometry(2,2,6),mat);
new Physijs.ConeMesh(new THREE.CylinderGeometry(0,3,7,20,10),mat);
```

특별한 것은 없다. 지오메트리를 생성하고 Physijs에서 가장 일치하는 메시를 사용해 객체를 생성하고 장면에 추가한다. 하지만 Physijs.CapsuleMesh를 사용하기 원한다면 어떨까? Three.js는 캡슐 같은 지오메트리를 포함하지 않기 때문에 이런 지오메트리를 직접 만들어야 한다. 다음 코드는 이를 보여준다.

```
var merged = new THREE.Geometry();
var cyl = new THREE.CylinderGeometry(2, 2, 6);
var top = new THREE.SphereGeometry(2);
var bot = new THREE.SphereGeometry(2);

var matrix = new THREE.Matrix4();
matrix.makeTranslation(0, 3, 0);
top.applyMatrix(matrix);

var matrix = new THREE.Matrix4();
matrix.makeTranslation(0, -3, 0);
bot.applyMatrix(matrix);

// 병합해 캡슐을 생성
merged.merge(top);
merged.merge(bot);
merged.merge(cyl);

// physijs 캡슐 메시를 생성
var capsule = new Physijs.CapsuleMesh(merged, getMaterial());
```

Physijs.CapsuleMesh는 실린더처럼 보이지만 상단과 하단이 둥글다. Three.js에서 하나의 실린더(cyl)와 두 개의 구체(top과 bot)를 만들어 이들을 merge() 함수로 병합해 쉽게 만들 수 있다. 다음 스크린샷은 높이 맵 아래로 굴러 떨어지는 여러 캡슐들을 보여준다.

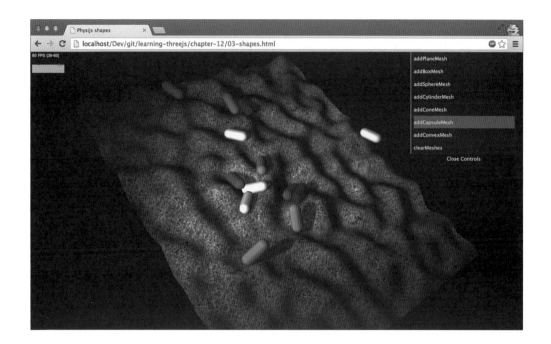

높이 맵을 살펴보기 전에, 예제에서 추가할 수 있는 마지막 형상인 Physijs.
ConvexMesh를 알아본다. 콘벡스는 지오메트리의 모든 꼭지점을 감싸는 최소의 형
상이다. 형상의 결과는 180도보다 작은 각도를 가져야 한다. 다음 코드처럼 토러
스 매듭과 같은 복잡한 형상에 이 메시를 사용할 수 있다.

```
var convex = new Physijs.ConvexMesh(new THREE.TorusKnotGeomet
ry(0.5,0.3,64,8,2,3,10), material);
```

예제의 경우, 물리 이론의 시뮬레이션과 충돌에 토러스 매듭의 컨벡스를 사용했
다. 성능에 미치는 영향을 최소화하면서 복잡한 객체에 대한 충돌을 감지하는 데
물리 이론을 적용하는 아주 좋은 방법이다.

Physijs에서 알아볼 마지막 메시는 Physijs.HeightMap이다. 다음 스크린샷은
Physijs로 만든 높이 맵을 보여준다.

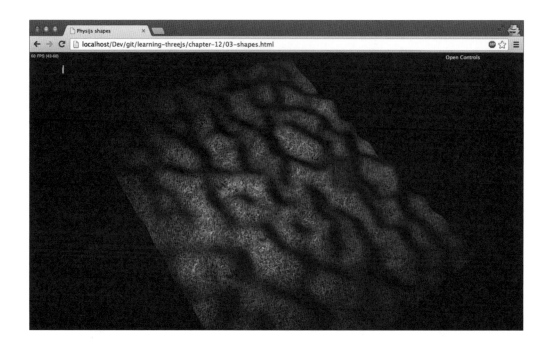

높이 맵으로 굴곡이 포함된 지형을 아주 쉽게 만들 수 있다. Physijs.Heightmap 을 사용해, 모든 객체가 지형의 높이 차이에 알맞게 반응하도록 만들 수 있다. 이 작업에 필요한 코드는 다음과 같다.

```
var date = new Date();
var pn = new Perlin('rnd' + date.getTime());

function createHeightMap(pn) {

  var ground_material = Physijs.createMaterial(
    new THREE.MeshLambertMaterial({
      map: THREE.ImageUtils.loadTexture('../assets/textures /ground/
        grasslight-big.jpg')
    }),
    0.3, // 높은 마찰
    0.8  // 낮은 복원력
  );

  var ground_geometry = new THREE.PlaneGeometry(120, 100, 100, 100);
  for (var i = 0; i < ground_geometry.vertices.length; i++) {
```

```
    var vertex = ground_geometry.vertices[i];
    var value = pn.noise(vertex.x / 10, vertex.y / 10, 0);
    vertex.z = value * 10;
  }
  ground_geometry.computeFaceNormals();
  ground_geometry.computeVertexNormals();

  var ground = new Physijs.HeightfieldMesh(
    ground_geometry,
    ground_material,
    0, // 질량
    100,
    100
  );
  ground.rotation.x = Math.PI / -2;
  ground.rotation.y = 0.4;
  ground.receiveShadow = true;

  return ground;
}
```

이 코드로 예제에서 본 높이 맵을 만드는 데 필요한 단계들을 살펴본다. 먼저 Physijs 물질과 간단한 PlaneGeometry 객체를 만든다. PlaneGeometry에서 울퉁불퉁한 지형을 만들기 위해 이 지오메트리의 각각의 꼭지점의 z 속성을 임의의 값으로 설정한다. 이를 위해 10장에서 범프 맵을 만들 때처럼 펄린 잡음 생성기를 사용한다. 텍스처와 조명, 그림자가 제대로 렌더링되도록 만들기 위해 computeFaceNormals와 computeVertexNormals를 호출한다. 이제 정확한 높이 정보를 포함한 PlaneGeometry를 가진다. PlaneGeometry로 Physijs.HeightFieldMesh를 만들 수 있다. 생성자의 마지막 두 매개변수는 PlaneGeometry의 수평과 수직 세그먼트의 개수로 PlaneGeometry를 생성하는 데 사용된 마지막 두 속성과 일치해야 한다. 마지막으로 HeightFieldMesh를 원하는 위치로 회전하고 장면에 추가한다. 이제 모든 다른 Physijs 객체들이 이 높이 맵과 잘 상호작용할 수 있게 되었다.

# 제약조건을 사용해 객체의 움직임 제한

지금까지 몇몇 기본 물리 이론의 동작을 살펴보았다. 다양한 형상들이 중력이나 마찰, 복원, 충돌에 어떻게 반응하는지 살펴보았다. 또한 Physijs는 객체의 움직임을 제한하는 고급 제약조건도 제공한다. Physijs에서 이들 객체는 제약조건 constraint으로 불린다. 다음 표는 Physijs에서 사용할 수 있는 제약조건의 개요다.

| 이름 | 설명 |
| --- | --- |
| PointConstraint | 객체의 위치를 다른 객체의 위치에 고정시킨다. 하나의 객체가 이동하면 객체 사이의 거리와 방향을 유지하면서 함께 이동한다. |
| HingeConstraint | HingeConstraint는 문의 힌지 같이 객체의 움직임을 제한한다. |
| SliderConstraint | 이름에서 알 수 있듯이, 슬라이딩 도어처럼 객체의 움직임을 하나의 축으로 제한한다. |
| ConeTwistConstraint | 이 제약조건으로 객체의 회전과 움직임을 다른 객체로 제한한다. 예를 들어 구상관절 같은 소켓과 볼의 제한으로 동작한다. |
| DOFConstraint | DOFConstraint는 세 축에서의 움직임과 최대와 최소 허용 각도를 설정한다. 가장 다재다능한 제약조건이다. |

어떻게 동작하는지 직접 살펴보는 것이 이들 제약조건에 대해 이해하는 가장 쉬운 방법이다. 모든 제약조건들을 실험해 볼 수 있는 04-physijs-constraints.js 예제를 제공한다. 다음 스크린샷은 이 예제를 보여준다.

이 예제를 통해 다섯 가지 제약조건 중 네 가지를 알아본다. DOFConstraint에 대해서는 별도의 예제를 작성한다. 먼저 PointConstraint에 대해 알아보자.

## PointConstraint를 사용해 두 지점 사이의 움직임 제한

예제를 열면 두 개의 빨간 구체를 볼 수 있다. 이 두 구체는 PointConstraint를 사용해 서로 연결되어 있다. 왼쪽 상단의 메뉴를 통해 녹색 슬라이더를 움직일 수 있다. 슬라이더가 빨간 구체 하나를 치면, 무게와 중력, 마찰 등 물리규칙을 준수하면서 둘 사이의 거리를 유지한 채 두 구체가 동일하게 움직이는 것을 볼 수 있다.

이 예제의 PointConstraint는 다음처럼 생성했다.

```
function createPointToPoint() {
  var obj1 = new THREE.SphereGeometry(2);
  var obj2 = new THREE.SphereGeometry(2);

  var objectOne = new Physijs.SphereMesh(obj1, Physijs. createMaterial(new
    THREE.MeshPhongMaterial({color: 0xff4444, transparent: true,
    opacity:0.7}),0,0));
```

```
objectOne.position.x = -10;
objectOne.position.y = 2;
objectOne.position.z = -18;

scene.add(objectOne);

var objectTwo = new Physijs.SphereMesh(obj2,Physijs. createMaterial(new
    THREE.MeshPhongMaterial({color: 0xff4444, transparent: true,
    opacity:0.7}),0,0));

objectTwo.position.x = -20;
objectTwo.position.y = 2;
objectTwo.position.z = -5;

scene.add(objectTwo);

var constraint = new Physijs.PointConstraint(objectOne, objectTwo,
objectTwo.position);
  scene.addConstraint(constraint);
}
```

여기에서 Physijs의 특정 메시(이 경우 SphereMesh)를 사용해 객체를 생성하고 장면에 추가했다. Physijs.PointConstraint 생성자로 제약조건을 만들었다. 이 constraint는 세 개의 매개변수를 받는다.

- 처음 두 인수는 서로 연결하려는 객체를 정의한다. 예제에서는 두 개의 구체를 서로 연결했다.
- 세 번째 인수는 제약조건이 결합되는 위치를 정의한다. 예를 들어 첫 번째 객체를 아주 큰 객체에 결합하는 경우, 객체의 오른쪽으로 위치를 설정할 수 있다. 일반적으로는 두 객체를 연결할 때 그냥 두 번째 객체의 위치로만 설정하는 것이 좋은 선택이다.

객체를 다른 객체가 아닌 장면의 정적인 위치에 고정하고 싶다면, 두 번째 매개변수를 생략한다. 이 경우 첫 번째 객체는 중력과 다른 물리 규칙들을 따르면서 지정한 위치에서 동일한 거리를 유지한다.

제약조건이 만들어지면 addConstraint 함수로 장면에 추가해 사용한다. 제약조건에 대한 실험을 시작하면 이상한 문제가 발생할 가능성이 크다. addConstraint 함수에 true를 전달하면 디버깅을 쉽게 할 수 있다. 이렇게 하면 제약조건의 포인트와 방향이 장면에 표시된다. 제약조건의 올바른 회전과 위치를 구하는 데 도움이 된다.

## HingeConstraint로 문 같은 제약조건 생성

HingeConstraint는 이름에서 알 수 있듯이, 힌지처럼 동작하는 객체를 생성한다. 이것은 특정 축을 중심으로 회전할 때 지정된 각도로 움직임을 제한한다. 예제에서 HingeConstraint는 장면 중앙에 두 개의 하얀색 플리퍼flipper(오리발 모양)로 표시된다. 이들 플리퍼는 작은 갈색 정육면체를 중심으로만 회전할 수 있도록 제한된다. 이들 힌지의 동작을 실험하려면 hinge 메뉴의 enableMotor 박스를 클릭해 활성화한다. 일반 메뉴에서 지정한 속도로 플리퍼를 움직인다. 음수로 속도를 지정하면 힌지를 아래로 이동시키고 양수의 속도로 지정하면 위로 이동시킨다. 다음 스크린샷은 위쪽과 아래쪽에 위치한 힌지를 보여준다.

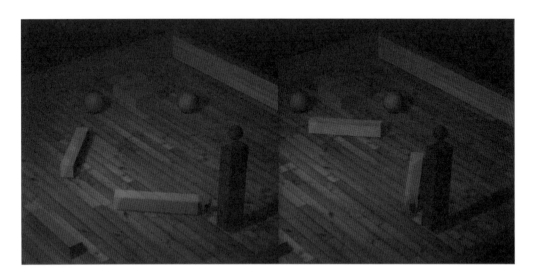

이 플리퍼를 생성하는 방법을 자세히 알아보자.

```
var constraint = new Physijs.HingeConstraint(flipperLeft, flipperLeftPivot,
flipperLeftPivot.position, new THREE.Vector3(0,1,0));
scene.addConstraint(constraint);
constraint.setLimits(-2.2, -0.6, 0.1, 0);
```

이 제약조건은 네 개의 매개변수를 받는다. 각각에 대해 자세히 살펴본다.

| 매개변수 | 설명 |
|---|---|
| mesh_a | 함수에 전달된 첫 번째 객체는 제한될 객체다. 예제에서 첫 번째 객체는 플러퍼 역할을 하는 하얀색 정육면체. 이것은 움직임에 제한을 받는 객체다. |
| mesh_b | 두 번째 객체는 어떤 객체가 mesh_a를 제한하는지 정의한다. 예제에서 mesh_a는 작은 갈색 정육면체에 제한된다. 이 메시를 이동하면 mesh_a는 HingeConstraint의 자리를 유지하면서 이를 따른다. 모든 제약이 이 옵션을 가지고 있는 것을 볼 수 있다. 예를 들어 자동차를 만들고 문을 여는 제약조건을 만들 때 이를 사용할 수 있다. 두 번째 매개변수가 생략되면, 힌지는 장면에 제한된다 (그리고 움직일 수 없다). |
| position | 제약조건이 적용되는 지점이다. 예제의 경우, mesh_a가 회전하는 힌지 포인트 다. 만약 mesh_b를 지정하면, 이 힌지 포인트는 mesh_b 주위를 이동한다. |
| axis | 힌지가 회전하는 축이다. 예제에서 힌지를 수평 (0,1,0)으로 설정했다. |

HingeConstraint를 장면에 추가하는 작업은 PointConstraint에서 사용한 방법과 같다. 추가할 제약조건을 지정하고, 선택적으로 디버깅을 위해 제약조건의 정확한 위치와 방향을 보여주는 true를 추가해 addConstraint 메소드를 사용한다. HingeConstraint에서는 추가로 허용되는 움직임의 범위를 정의할 필요가 있다. 이는 setLimits 함수로 수행한다.

이 함수는 다음 네 개의 매개변수를 받는다.

| 매개변수 | 설명 |
|---|---|
| low | 라디안으로 지정되는 움직임의 최소 각도다. |
| high | 라디안으로 지정되는 움직임의 최대 각도다. |

(이어짐)

| 매개변수 | 설명 |
|---|---|
| bias_factor | 이 속성은 제약조건의 위치에 오류가 발생했을 때 오류를 정정하는 속도를 정의한다. 예를 들어 힌지가 다른 객체에 의해 밀려났을 때, 올바른 위치로 이동한다. 이 값이 높을수록, 올바른 위치로 복귀하는 속도가 빠르다. 0.5 이하로 유지하는 것이 좋다. |
| relaxation_factor | 제약조건에 의해 변화되는 속도를 정의한다. 이 값이 높게 설정될수록, 객체가 움직임의 최대 또는 최소 각도에 도달하자마자 바운스된다. |

필요하면 런타임할 때도 이들 속성을 변경할 수 있다. 이들 속성을 지정해 HingeConstraint를 추가하면 많은 움직임을 볼 수 없다. 메시는 다른 객체와 부딪히거나 중력에 의해서만 이동한다. 하지만 이 제약조건은 내부 모터에 의해 이동될 수 있다. 예제의 hinge 서브메뉴에서 enableMotor 박스를 체크하면 볼 수 있다. 다음 코드는 이 모터를 활성화하는 데 사용된다.

```
constraint.enableAngularMotor( controls.velocity, controls.acceleration );
```

이것은 메시(예제의 경우 플리퍼)를 지정한 속도로 가속시킨다. 플리퍼를 다른 방법으로 움직이려면 음수로 속도를 지정하기만 하면 된다. 다른 제한을 두지 않으면 플리퍼는 모터가 동작하는 동안 계속 회전한다. 모터를 사용하지 않으려면 다음 코드를 호출하면 된다.

```
flipperLeftConstraint.disableMotor();
```

이제 메시는 마찰과 충돌, 중력 또는 다른 물리 요인에 의해 느려진다.

## SliderConstraint로 움직임을 단일 축으로 제한

다음 제약조건은 SliderConstraint다. 이 제약조건으로 객체의 움직임을 하나의 축으로 제한할 수 있다. 04-constraints.html 예제의 녹색 슬라이더는 sliders 서브메뉴에서 제어할 수 있다. 다음 스크린샷은 이 예제를 보여준다.

SlidersLeft 버튼을 누르면 슬라이더가 왼쪽으로 이동(하한까지)하고, SlidersRight 버튼을 누르면 오른쪽으로 이동(상한까지)한다. 이 제약조건을 만드는 코드는 다음처럼 아주 쉽다.

```
var constraint = new Physijs.SliderConstraint(sliderMesh, new THREE.
Vector3(0, 2, 0), new THREE.Vector3(0, 1, 0));

scene.addConstraint(constraint);
constraint.setLimits(-10, 10, 0, 0);
constraint.setRestitution(0.1, 0.1);
```

코드에서 보듯이, 이 제약조건은 세 개의 인수를 받는다(다른 객체에 대해 제한 조건을 적용하려는 경우 네 개). 다음 표는 이 제약조건의 인수를 설명한다.

| 매개변수 | 설명 |
|---|---|
| mesh_a | 함수에 전달된 첫 번째 객체는 제한될 객체다. 예제에서는 슬라이더 역할을 하는 녹색 정육면체가 첫 번째 객체다. 이 객체가 움직임에 제약을 받는다. |
| mesh_b | 두 번째 객체로, mesh_a가 어떤 객체에 제한되는지를 정의한다. 이 인수는 선택 사항으로 예제에서는 생략되었다. 생략될 경우 메시는 장면에 제한된다. 이 값이 지정되면 슬라이더는 메시가 이동하거나 방향이 변화되었을 때만 움직인다. |

(이어짐)

| 매개변수 | 설명 |
|---|---|
| position | 제약조건이 적용되는 지점이다. mesh_a를 mesh_b에 제한시킬 경우 특히 중요하다. |
| axis | mesh_a가 슬라이드될 축이다. mesh_b가 지정된 경우 mesh_b의 방향에 상대적이다. Physijs의 현재 버전에서 선형 모터(linear motor)를 선형 한계(linear limit)로 사용할 때 축에 이상한 오프셋이 발생한다. 다음 코드는 이런 경우에 사용할 수 있다.<br>• x 축: new THREE.Vector3(0,1,0)<br>• y 축: new THREE.Vector3(0,0,Math.PI/2)<br>• z 축: new THREE.Vector3(Math.PI/2,0,0) |

제약조건을 생성하고 `scene.addConstraint`를 사용해 장면에 추가한 후, `constraint.setLimits(-10, 10, 0, 0)`으로 슬라이더가 움직이는 제한을 설정할 수 있다. `SliderConstraint`에 다음 제한을 설정할 수 있다.

| 매개변수 | 설명 |
|---|---|
| linear_lower | 객체의 하단 선형 한계다. |
| linear_upper | 객체의 상단 선형 한계다. |
| angular_lower | 객체의 하단 각도 한계다. |
| angular_higher | 객체의 상단 각도 한계다. |

마지막으로 이런 한계에 도달했을 때 발생할 수 있는 복원력(바운스)을 설정할 수 있다. 이것은 `constraint.setRestitution(res_linear, res_angular)`로 설정할 수 있다. 첫 번째 매개변수는 선형 한계에 도달했을 때 바운스되는 양을 설정하고, 두 번째는 각도 한계에 도달했을 때 바운스되는 양을 설정한다.

이제 전체 제약조건이 구성되었다. 슬라이드와 주변 객체 간 충돌이 발생할 때까지 기다리거나, 모터를 사용할 수 있다. `SlideConstraint`에는 두 가지 옵션이 있다. 설정한 각도 한계angular limit를 준수하면서 지정한 축을 따라 가속하는 각도 모터angular motor를 사용하거나, 또는 설정한 선형 한계linear limit를 준수하면서 지정한 축을 따라 가속하는 선형 모터linear motor를 사용할 수 있다. 예제에서는 선형 모터를 사용했다. 각도 모터의 사용에 대해서는 이 장의 뒷부분에서 설명하는 DOFConstraint를 참고한다.

## ConeTwistConstraint로 구상관절 같은 제약조건 생성

ConeTwistConstraint로 움직임이 각도의 집합으로 제한되는 제약조건을 만들 수 있다. 한 객체의 x, y, z축에 대한 최소 및 최대 각도를 지정할 수 있다. 다음 스크린샷은 ConeTwistConstraint에 의해 객체의 움직임이 특정 각도로 제한되는 것을 보여준다.

ConeTwistConstraint를 이해하는 가장 쉬운 방법은 필요한 코드를 살펴보는 것이다. 이 작업의 수행에 필요한 코드는 다음과 같다.

```
var baseMesh = new THREE.SphereGeometry(1);
var armMesh = new THREE.BoxGeometry(2, 12, 3);

var objectOne = new Physijs.BoxMesh(baseMesh, Physijs.createMaterial(new
THREE.MeshPhongMaterial({color: 0x4444ff, transparent: true, opacity:0.7}),
0, 0), 0);
objectOne.position.z = 0;
```

```
objectOne.position.x = 20;
objectOne.position.y = 15.5;
objectOne.castShadow = true;
scene.add(objectOne);

var objectTwo = new Physijs.SphereMesh (armMesh,Physijs.createMaterial(new
THREE.MeshPhong Material({color: 0x4444ff, transparent: true,
opacity:0.7}), 0, 0), 10);
objectTwo.position.z = 0;
objectTwo.position.x = 20;
objectTwo.position.y = 7.5;
scene.add(objectTwo);
objectTwo.castShadow = true;

var constraint = new Physijs.ConeTwistConstraint(objectOne, objectTwo,
objectOne.position);

scene.addConstraint(constraint);

constraint.setLimit(0.5*Math.PI, 0.5*Math.PI, 0.5*Math.PI);
constraint.setMaxMotorImpulse(1);
constraint.setMotorTarget(new THREE.Vector3(0, 0, 0));
```

이 자바스크립트 코드에서 앞에서 설명한 여러 개념을 인지할 수 있다. 제약조건으로 서로 연결할 객체 objectOne(구체)과 objectTwo(박스)를 생성하는 것으로 시작한다. objectTwo가 objectOne 아래에 달리도록 객체를 배치한다. 이제 ConeTwistConstraint를 만든다. 이 제약조건에 전달되는 인수는 이미 다른 제약조건에서 살펴보았던 인수와 다르지 않다. 첫 번째 매개변수는 제한할 객체고, 두 번째 매개변수는 첫 번째 객체가 구속되는 객체다. 그리고 마지막 매개변수는 제약조건이 구성되는 위치(예제의 경우, objectOne이 회전하는 주변 지점)다. 장면에 제약조건을 추가한 후, setLimit 함수로 제한을 설정할 수 있다. 이 함수는 각각의 축에 대한 최대 각도를 지정하는 세 개의 라디안 값을 받는다.

다른 제약조건과 마찬가지로, 제약조건에서 제공하는 모터를 사용해 objectOne을 이동할 수 있다. ConeTwistConstraint를 위해 MaxMotorImpulse(모터가 적용할 수 있는 힘의 세기)와 모터가 objectOne을 이동시킬 타깃 각도를 설정한다. 예제에서 구체 바로 아래 위치로 이동시킨다. 다음 스크린샷처럼 이 타깃 값을 설정해 예제에서 다양한 결과를 실험할 수 있다.

마지막으로 살펴볼 제약조건은 가장 다재다능한 DOFConstraint다.

## DOFConstraint로 상세한 제어 생성

자유도 제약조건이라고도 불리는 DOFConstraint로 객체의 선형 및 각도 움직임을 정확히 제어할 수 있다. 간단한 자동차 같은 형상을 만드는 예제를 통해 이 제약조건을 설명한다. 이 형상은 본체 역할을 하는 하나의 정육면체와 바퀴 역할을 하는 네 개의 구체로 구성된다. 먼저 바퀴를 만들어 보자.

```
function createWheel(position) {
  var wheel_material = Physijs.createMaterial(
    new THREE.MeshLambertMaterial({
      color: 0x444444,
      opacity: 0.9,
      transparent: true
    }),
```

```
    1.0, // 높은 마찰
    0.5  // 중간 복원력
  );
  var wheel_geometry = new THREE.CylinderGeometry(4, 4, 2, 10);
  var wheel = new Physijs.CylinderMesh(
    wheel_geometry,
    wheel_material,
    100
  );

  wheel.rotation.x = Math.PI / 2;
  wheel.castShadow = true;
  wheel.position = position;
  return wheel;
}
```

이 코드에서 자동차의 바퀴로 사용할 간단한 CylinderGeometry와 CylinderMesh 객체를 생성했다. 다음 스크린샷은 이 코드의 결과를 보여준다.

다음으로, 자동차의 몸체를 만들고 모두 장면에 추가한다.

```
var car = {};
var car_material = Physijs.createMaterial(new THREE. MeshLambertMaterial({
    color: 0xff4444,
    opacity: 0.9, transparent: true
  }), 0.5, 0.5
);

var geom = new THREE.BoxGeometry(15, 4, 4);
var body = new Physijs.BoxMesh(geom, car_material, 500);
body.position.set(5, 5, 5);
body.castShadow = true;
scene.add(body);

var fr = createWheel(new THREE.Vector3(0, 4, 10));
var fl = createWheel(new THREE.Vector3(0, 4, 0));
var rr = createWheel(new THREE.Vector3(10, 4, 10));
var rl = createWheel(new THREE.Vector3(10, 4, 0));

scene.add(fr);
scene.add(fl);
scene.add(rr);
scene.add(rl);
```

지금까지는 자동차를 구성하는 개별 구성요소를 만들었다. 모든 구성요소를 함께 묶기 위해 제약조건을 만든다. 각 바퀴는 몸체에 종속된다. 제약조건은 다음처럼 만든다.

```
var frConstraint = new Physijs.DOFConstraint(fr,body, new THREE.
Vector3(0,4,8));
scene.addConstraint(frConstraint);
var flConstraint = new Physijs.DOFConstraint (fl,body, new THREE.
Vector3(0,4,2));
scene.addConstraint(flConstraint);
var rrConstraint = new Physijs.DOFConstraint (rr,body, new THREE.
Vector3(10,4,8));
scene.addConstraint(rrConstraint);
var rlConstraint = new Physijs.DOFConstraint (rl,body, new THREE.
Vector3(10,4,2));
scene.addConstraint(rlConstraint);
```

각 바퀴(첫 번째 인수)는 그 자체로 제약조건을 가지고 있으며, 자동차(두 번째 인수)에 부착된 위치는 마지막 인수로 지정된다. 이 구성을 실행하면 네 바퀴가 자동차 몸체를 떠 받치게 된다. 자동차를 움직이려면 두 가지 작업이 더 필요하다. 바퀴(바퀴가 이동할 축과 함께)에 대한 제약조건을 설정하고, 올바른 모터를 구성해야 한다. 먼저 앞 바퀴 두 개에 대한 제약조건을 설정한다. 앞 바퀴는 z축을 따라 회전해 자동차를 구동하며 다른 축으로는 이동하면 안 된다.

이 작업의 수행에 필요한 코드는 다음과 같다.

```
frConstraint.setAngularLowerLimit({ x: 0, y: 0, z: 0 });
frConstraint.setAngularUpperLimit({ x: 0, y: 0, z: 0 });
flConstraint.setAngularLowerLimit({ x: 0, y: 0, z: 0 });
flConstraint.setAngularUpperLimit({ x: 0, y: 0, z: 0 });
```

얼핏 보기에 이상해 보인다. 상한값과 하한값을 동일하게 설정함으로써 지정한 방향으로 회전할 수 없도록 만든다. 이것은 z축으로도 회전할 수 없음을 의미한다. 이처럼 지정하는 이유는 특정 축의 모터를 사용할 수 있을 때 이 제한은 무시되기 때문이다. 따라서 지금 시점에서 z축에 제한을 가해도 앞 바퀴에는 아무런 영향을 미치지 않는다.

이제 뒷 바퀴를 조정하고 바퀴가 넘어지지 않도록 x축을 수정한다. 다음 코드로 x축(상한과 하한을 0으로 설정)과 y축을 수정해 바퀴를 사용할 수 있도록 하고, z축의 제한을 없앤다.

```
rrConstraint.setAngularLowerLimit({ x: 0, y: 0.5, z: 0.1 });
rrConstraint.setAngularUpperLimit({ x: 0, y: 0.5, z: 0 });
rlConstraint.setAngularLowerLimit({ x: 0, y: 0.5, z: 0.1 });
rlConstraint.setAngularUpperLimit({ x: 0, y: 0.5, z: 0 });
```

제한을 해제하려면, 특정 축의 하한을 상한보다 높게 설정한다. 이는 해당 축에 자유 회전을 허용한다. z축을 이렇게 설정하지 않으면 이 두 바퀴는 단지 끌려갈 수 있을 뿐이다. 이 경우, 지면과의 마찰 때문에 다른 바퀴와 함께 회전한다. 이제 앞 바퀴를 위한 모터를 설정하는 일만 남았다. 다음처럼 수행하면 된다.

```
flConstraint.configureAngularMotor(2, 0.1, 0, -2, 1500);
frConstraint.conAngularMotor(2, 0.1, 0, -2, 1500);
```

생성할 모터에 세 개의 축이 있기 때문에, 모터에 작동 축을 지정해야 한다. 0은 x축을, 1은 y축을, 2는 z축을 지정한다. 두 번째와 세 번째 인수는 모터의 각도 한계를 정의한다. 여기서 다시 한 번 하한(0.1)을 상한(0)보다 높게 설정해 자유 회전을 허용한다. 세 번째 인수로 도달하고자 하는 속도를 지정하고 마지막 인수로 이 모터에 적용할 힘을 지정한다. 마지막 인수가 너무 작으면 자동차가 움직이지 않는다. 반대로 너무 크면, 뒤 바퀴가 지면에서 들어 올려진다.

다음 코드로 모터를 활성화시킨다.

```
flConstraint.enableAngularMotor(2);
frConstraint.enableAngularMotor(2);
```

05-dof-constraint.html 예제를 열면 다양한 제약조건과 모터로 자동차를 움직이게 할 수 있다. 다음 스크린샷은 이 예제를 보여준다.

다음 절에서는 이 책의 마지막 주제인 Three.js 장면에 사운드를 추가하는 방법에 대해 알아본다.

424

## 장면에 사운드 추가

지금까지 살펴본 주제로 아름다운 장면과 게임, 그리고 3D 시각화를 만들 수 있는 다양한 재료들을 갖게 되었다. 하지만 아직 Three.js 장면에 사운드를 추가하는 방법은 살펴보지 못했다. 이번 절에서는 장면에 사운드를 추가할 수 있는 두 가지 Three.js 객체를 알아보겠다. 이러한 사운드 소스는 카메라의 위치에 반응하기 때문에 아주 흥미롭다.

● 음원과 카메라 사이의 거리에 따라 음원의 볼륨을 결정한다.
● 카메라의 위치가 좌측에 있는지 우측에 있는지에 따라 상대적으로 좌우 스피커의 볼륨을 결정한다.

실제 동작을 통해 설명한다. 브라우저에서 06-audio.html 예제를 열면 동물 사진이 있는 세 개의 정육면체를 볼 수 있다. 다음 스크린샷은 이 예제를 보여준다.

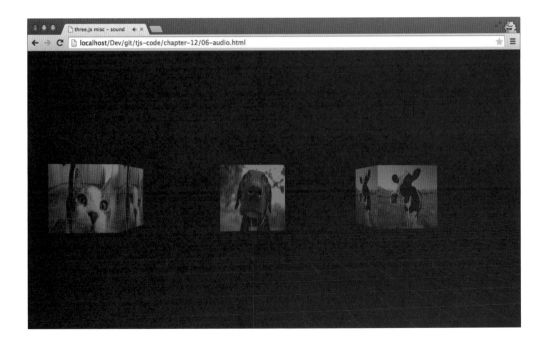

이 예제는 9장에서 살펴본 1인칭 컨트롤first-person controls을 사용해 장면 이동에 마우스와 함께 화살표 키를 사용할 수 있다. 특정한 정육면체에 가까워질수록 해당 동물의 소리가 더 크게 들린다. 카메라를 개와 소 사이에 위치하면, 오른쪽에서는 소의 소리를 왼쪽에서는 개의 소리를 들을 수 있다.

 예제에서 정육면체 아래에 있는 그리드를 그리는 데 Three.js의 헬퍼인 THREE.GridHelper를 사용했다.

```
var helper = new THREE.GridHelper( 500, 10 );
helper.color1.setHex( 0x444444 );
helper.color2.setHex( 0x444444 );
scene.add( helper );
```

그리드를 만들려면 그리드의 크기(예제의 경우 500)와 개별 요소의 크기(예제의 경우 10)를 지정해야 한다. 또한 필요한 경우 color1과 color2 속성을 지정해 수평선의 색상을 설정할 수 있다.

이 작업은 약간의 코드로 달성할 수 있다. 다음처럼 THREE.AudioListener를 정의하고 THREE.PerspectiveCamera에 추가한다.

```
var listener1 = new THREE.AudioListener();
camera.add( listener1 );
```

다음으로 THREE.Mesh를 생성하고 해당 메시에 THREE.Audio 객체를 추가한다.

```
var cube = new THREE.BoxGeometry(40, 40, 40);

var material_1 = new THREE.MeshBasicMaterial({
  color: 0xffffff,
  map: THREE.ImageUtils.loadTexture("../assets/textures/
    animals/cow.png")
});

var mesh1 = new THREE.Mesh(cube, material_1);
mesh1.position.set(0, 20, 100);

var sound1 = new THREE.Audio(listener1);
```

```
sound1.load('../assets/audio/cow.ogg');
sound1.setRefDistance(20);
sound1.setLoop(true);
sound1.setRolloffFactor(2);

mesh1.add(sound1);
```

코드에서 보듯이, 먼저 표준 THREE.Mesh 인스턴스를 만든다. 다음으로 THREE.Audio 객체를 만들어 앞에서 생성한 THREE.AudioListener 객체와 연결한다. 마지막으로 THREE.Audio 객체를 메시에 추가하면 작업이 완료된다.

THREE.Audio 객체의 동작을 구성할 수 있는 속성이 몇 가지 있다.

- load: 재생될 오디오 파일을 로드할 수 있게 해준다.

- setRefDistance: 사운드 볼륨이 감소될 객체부터의 거리를 결정한다.

- setLoop: 기본값으로 사운드는 한 번 재생된다. 이 속성을 true로 설정하면 사운드가 반복된다.

- setRolloffFactor: 음원으로부터 멀리 이동할 때 볼륨이 감소되는 정도를 결정한다.

내부적으로 Three.js는 사운드를 재생하고 올바른 볼륨을 결정하는 데 웹 오디오 API(http://webaudio.github.io/web-audio-api/)를 사용한다. 모든 브라우저가 이 규격을 지원하지는 않는다. 크롬과 파이어폭스가 이 규격을 가장 잘 지원하고 있다.

## 요약

마지막 장에서는 물리 이론을 추가해 Three.js의 기본 3D 기능을 확장하는 방법을 알아보았다. 이를 위해, 중력과 충돌, 제약조건 등을 추가할 수 있는 Physijs 라이브러리를 사용했다. 또한 THREE.Audio와 THREE.AudioListener 객체를 사용해 장면에 위치 사운드positional sound를 추가하는 방법도 알아보았다. 이 주제를 끝으로 이 책의 마지막에 도달했다. 지금까지 Three.js가 제공하는 거의 모든 주제들을 다루었다. 첫 장에서 Three.js의 핵심 개념과 아이디어를 살펴보았고, 그 후 사용할 수 있는 조명과 어떻게 물질이 객체가 렌더링되는 방법에 영향을 주는지 알아보았다. Three.js의 기본 주제를 살펴본 후, Three.js가 제공하는 다양한 지오메트리와 이들을 조합해 새로운 지오메트리를 생성하는 방법도 알아보았다.

이 책의 후반부에서는 몇 가지 고급 주제들을 살펴보았다. 파티클 시스템을 생성하는 방법과 외부 소스로부터 모델을 로드하는 방법, 그리고 애니메이션을 생성하는 방법을 배웠다. 마지막으로 스키닝에서 사용할 수 있는 고급 텍스처와 장면이 렌더링된 후에 적용할 수 있는 후처리 효과를 살펴보았다. Three.js 장면에 물리를 추가하는 방법에 대한 설명과 함께 Three.js와 관련된 활발한 커뮤니티의 프로젝트도 살펴본 물리 엔진에 대한 주제로 이 책을 마쳤다.

이 책을 즐겁게 읽었기 바란다. 또한 작성하면서 나도 즐겁게 실험했던 예제들로 Three.js를 즐겁게 탐구했기를 바란다.

# 찾아보기

## ㄱ

가시성  128
각도 모터  417
각도 한계  417
감마 색상공간  99
객체  62
고스퍼 곡선  157
과포화  97
광도 효과  375
광선 추적  334
광원  30, 48, 94
광택  324
그라데이션  131
그레이스케일 셰이더  384
그룹핑 객체  81
그룹화  252
글리치 효과  369
깃허브  35
깊이 버퍼  129, 241

## ㄴ

노트패드++  34
높이 맵  405
높이 필드  405

## ㄷ

다각형  128
다면체  184
대시 효과  158

## ㄹ

라디안  82
라이트 맵  333
래스터 그래픽  328
래핑 반복  347
렌더러  32
렌즈 플레어  94, 119
로컬 스토리지 API  260
로컬 웹 서버  37, 115
루빅스 큐브  142
리터널리 라이브러리  349

## ㅁ

마스크  370
마찰  400
만화경 효과  375
메시  72
모션 블러  381
모프 타깃  127, 304
모핑  304
몽구스  38
물리엔진  393
물리 이론  393
물질  29, 48, 125
미러 효과  375
밉맵  326

## ㅂ

바름 정육면체  331
바빌론  278

반구형 조명   115
반영   324
범프   324
범프 맵   329, 351
법선   139
법선 맵   331
법선 벡터   75, 139
베벨   198, 209
변환 행렬   256
병합   254
보안 설정 비활성화   39
보조 축   47
보케 효과   377
복원   402
뷰포인트   114
브레이크 포인트   34
브렌딩   128
브렌딩 모드   229
브렌딩 속성   127
블러링 셰이더   380
블렌더   264, 315
블룸 효과   365
블리치 바이패스 효과   376
비네팅 효과   375

ㅅ

사면체   186
사용자 정의 UV 매핑   343
사용자 정의 로더   327
사용자 정의 비트 셰이더   389
사용자 정의 셰이더   30, 126, 148, 375
사용자 정의 폰트   210
삼차 베지어 곡선   202
색상분포   375
색상 오버레이   375
샌드박스   397

서브라임 텍스트 에디터   34
선형 모터   418
선형 색상공간   99
선형 스케일   99
선형 한계   417
세피아 필터   374
센트로이드   140
셰이더 프로그램   93
셰이딩   131
솔리드 객체   47
스케일링   81
스켈레탈 애니메이션   305
스켈레톤   305
스키닝   127, 304, 311
스킨   125
스텐실   373
스페큘라 맵   341
스포트라이트   64
스프라이트   225
스플라인   170, 194

ㅇ

아티팩트   109, 123
안개 효과   69
압출   196
애니메이션   51, 286
앨리어싱 효과   376
오픈지엘   129
오픈지엘 셰이딩 언어   386
오픈타입   210
와이어프레임   47, 79
원근   85
웹스톰   33
웹 오디오 API   427
웹 워커   394
웹GL   29, 129

이동 81
이벤트 리스너 58
이징 291
이항 연산 212
익스포터 264
입방형 89

**ㅈ**

자동 전개 33
자유도 420
장면 29
장면 그래프 62
전자 글리치 362
정반사성 하이라이트 147
정적인 지오메트리 126
제약조건 410
조명 62
종횡비 59
주변광 64, 146
주사선 365
지수 비율 스케일 99
지오메트리 29, 72, 161
직교 85

**ㅊ**

충돌 검출 402

**ㅋ**

카메라 62
카메라 컨트롤 293
커피스크립트 213
컨벡스 홀 192
컴포저 360
코드 자동완성 33
코드 하이라이팅 34

콘솔 출력 34
콜라다 모델 274, 318
쿼드 75
퀘이크 모델 320
클라인 항아리 207
키프레임 306

**ㅌ**

타가 328
탄성계수 401
텍셀 325
텍스처 29, 237, 324
텍스트 렌더링 207
토러스 180
토러스 매듭 182
투명도 127
투 스트립 테크니컬러 효과 375
트루타입 210
트위닝 290
트윈 292
틸트 시프트 382
틸트 시프트 효과 376

**ㅍ**

파워 VR 328
파이썬 38
파티클 224
팔면체 187
펄린 잡음 352
페이딩 효과 134
페이크 그림자 333
평평한 뫼비우스의 띠 207
포인트 클라우드 30, 242
폰트 캐시 211
필터 325

**ㅎ**

하프 램버트 기술  146
헥사값  98
헥사문자열  98
헬퍼  79
헬퍼 라이브러리  52
헬퍼 함수  152
환경 맵  334
회전  81
후처리 패스  358, 362

**A**

ammo.js  393
anti-aliasing 효과  376
aspect  89
Assimp  277
AWD  277

**B**

bleach bypass 효과  376
bokeh 효과  377
bump  324
bump map  329

**C**

camera 객체  46
Cannon.js  395
console 객체  67
createMesh  194
CSG  212
CSS 기반 값  99
CTM  277

**D**

d3-threeD 라이브러리  203
dash 효과  158
dat.GUI  56
dat.GUI 리스너  103

**E**

easing  291
exponential scale  99

**F**

fading  134
FirstPersonControls  301
FlyControls  297
fov  89

**G**

GLSL  386

**H**

HTML5 video 요소  354
HTML5 캔버스  29
HTML 스켈레톤  41

**I**

iewebgl 플러그인  31
intersect 함수  219

**J**

JSON 포맷  259

**K**

kaleidoscope 효과  375

**L**

lens flare  94
light  48
light map  333
Lights  62
linear 스케일  99
Literally 라이브러리  349
lookAt  91, 295
luminosity 효과  375

**M**

material  29
MD2 포맷  320
mesh  72
mipmap  326
morphing  304
MTL 포맷  270

**N**

near  89
Node.js  38
normal map  331
Notepad++  34

**O**

OBJ  270
Objects  62
onResize 함수  58
OpenType  210
OrbitControl  302

**P**

PDB 포맷  279
Perlin noise  352
perspective  85
Physijs 라이브러리  393
plastered 정육면체  331
PLY 포맷  281

orthographic  85
overrideMaterial  70

**R**

raster 그래픽  328
ray tracer  334
reflection  324
render  69, 286
renderer  32
renderer 객체  46
RGB 값  99
RollControls  300
rotation  81, 82

**S**

sandbox  397
scale  82
scaling  81
scene  29
Scene graph  62
scene 객체  46
setHSL  157
setInterval  51, 286
shininess  324
skinning  304
stencil  373

STL 276

subtract 함수 214

SVG 203

**T**

texel 325

texture 29

THREE.AmbientLight 95

THREE.AreaLight 116

THREE.Audio 427

THREE.BoxGeometry 174

ThreeBSP 212

THREE.CircleGeometry 165

THREE.Color 98, 99

THREE.ConvexGeometry 192

THREE.CylinderGeometry 178

THREE.DirectionalLight 111

THREE.DodecahedronGeometry 188

THREE.DotScreenPass 367

THREE.EffectComposer 359, 372

THREE.ExtrudeGeometry 197

THREE.HemisphereLight 114

THREE.IcosahedronGeometry 186

THREE.ImageUtils.loadTexture 236

THREE.LatheGeometry 194

THREE.LensFlare 120

THREE.LineBasicMaterial 156

THREE.LineDashedMaterial 158

THREE.Material 126

THREE.MeshBasicMaterial 131

THREE.MeshDepthMaterial 134

THREE.MeshFaceMaterial 142

THREE.MeshLambertMaterial 145

THREE.MeshPhongMaterial 147

THREE.MorphAnimMesh 307

THREE.MorphBlendMesh 307

THREE.Octahedron Geometry 187

THREE.ParametricGeometry 204

THREE.PlaneGeometry 163

THREE.PointCloud 226

THREE.PointLight 101

THREE.PolyhedronGeometry 184

THREE.RingGeometry 167

THREE.Scene 62

THREE.ShaderMaterial 148

THREE.SphereGeometry 176

THREE.SpotLight 105

THREE.Sprite 225

THREE.TetrahedronGeometry 186

THREE.TorusGeometry 180

THREE.TorusKnotGeometry 182

THREE.TubeGeometry 199

tilt shift 382

TrackballControls 295

translate 84

translation 81

traverse 68

TrueType 210

tween 292

Tween.js 290

two-strip Technicolor 효과 375

**U**

union 220

UVGenerator 속성 171

UV 매핑 171, 199, 327

**V**

VRML 278

VTK 277

**W**

WebGL  29

WebStorm  33

Web worker  394

**번호**

2D 지오메트리  163

3D 지오메트리  174

3D 텍스트 효과  207

3D 프로그램  264

3차원 뫼비우스의 띠  207

# Three.js로 3D 그래픽 만들기 2/e

**WebGL을 위한 자바스크립트 3D 라이브러리**

발 행 | 2016년 4월 28일

지은이 | 요스 디륵센
옮긴이 | 류 영 선

펴낸이 | 권 성 준
편집장 | 황 영 주
편 집 | 조 유 나
디자인 | 윤 서 빈

에이콘출판주식회사
서울특별시 양천구 국회대로 287 (목동)
전화 02-2653-7600, 팩스 02-2653-0433
www.acornpub.co.kr / editor@acornpub.co.kr

한국어판 ⓒ 에이콘출판주식회사, 2016, Printed in Korea.
ISBN 978-89-6077-854-2
ISBN 978-89-6077-210-6 (세트)
http://www.acornpub.co.kr/book/threejs

이 도서의 국립중앙도서관 출판시도서목록(CIP)은 서지정보유통지원시스템 홈페이지(http://seoji.nl.go.kr)와
국가자료공동목록시스템(http://www.nl.go.kr/kolisnet)에서 이용하실 수 있습니다.(CIP제어번호: CIP2016010216)

책값은 뒤표지에 있습니다.